中央编译局文库编辑委员会

主　任：贾高建
副主任：俞可平　魏海生　王学东　陈和平　杨金海
委　员：贾高建　俞可平　魏海生　王学东　陈和平　杨金海
　　　　柴方国　何增科　季正聚　郝卫东　张文成　曹荣湘
　　　　卿学民　刘明清　薛晓源

中央编译出版社文库编辑中心编辑小组

薛晓源　董　巍　苗永姝　冯　章　侯天保　李媛媛　盛菊艳
薛迎春　董　妍

中国的民主治理
理论与实践

Democratic Governance in China
Theory and Practice

主编　俞可平
副主编　何增科

国家出版基金项目
NATIONAL PUBLICATION FOUNDATION

民主选举

DEMOCRATIC ELECTIONS

闫健　主编

中央编译出版社
Central Compilation & Translation Press

《中国的民主治理：理论与实践》编辑委员会

主　编：俞可平
副主编：何增科
委　员：陈国权　丁元竹　龚维斌　何增科　黄卫平　姜晓萍　景跃进　蓝志勇
　　　　马　骏　米加宁　浦兴祖　王长江　王绍光　王正绪　吴建南　徐　勇
　　　　薛　澜　燕继荣　杨大利　杨光斌　杨雪冬　俞可平　余逊达　赵树凯
　　　　周光辉　朱光磊

总　序　·　俞可平　·　1
导　论　中国民主选举：从广度到深度　·　黄卫平　陈家喜　·　1

梨树县村委会换届选举观察　·　张　静　·　3
家族、地缘与"城中村"的选举
　　——湖北省武汉市一个城中村换届选举的实证研究　·　刘金海　·　19
制度引入与利益主导
　　——余村村委会换届选举的观察与思考　·　贺雪峰　·　36
保护性政策与妇女公共参与
　　——湖北广水 H 村 "性别两票制" 选举
　　试验观察与思考　·　陈　琼　刘筱红　·　54
直选乡长，是扩大农村基层民主的一次探索
　　——关于四川步云乡个案的思考　·　浦兴祖　·　70
云南省红河州乡镇党委换届直选观察报告　·　周梅燕　·　89
局部创新和制度瓶颈
　　——四川省遂宁市市中区 "公推公选" 乡镇长和
　　乡镇党委书记　·　杨雪冬　·　108

论"两票制"对我国基层民主政治建设的贡献
　　——以深圳市龙岗区为例 · 王乐夫 · 141
从确认性选举转向竞选性选举：动因与意义
　　——以2003年深圳区级人大代表竞选群体性
　　案例为解读对象 · 唐　娟 · 149
深圳人大代表选举事件及其对中国基层人大选举改革的意义 · 李　凡 · 159
城乡按相同人口比例选举人大代表事件的宪法学思考
　　——以山东淄川选举事件为例 · 秦　强 · 169
弱势群体公共参与：准行政性组织的作为空间
　　——河北迁西妇代会直选个案分析 · 陈雪莲 · 180
工会直接选举：中国地方民主的新发展
　　——以浙江省的余杭、余姚、温岭
　　　　为个案 · 陈剩勇　吴　巍　陈　燕 · 200
选举行为背后：投机博弈
　　——以武汉市C社区居委会直接选举为例 · 陈伟东　姚　亮 · 221

· **插图图次** ·

图1　湖北省武汉市团结村村民年龄曲线图　·　22
图2　居民的选举行为与需求之间的关系　·　224

插表表次

表1　梨树县四届村委会选举统计 · 9
表2　得票总数在50票以上候选人名单 · 26
表3　各职位候选人 · 26
表4　正式候选人 · 27
表5　检票结果 · 30
表6　H村村委会换届选举委员会得票情况（总共83票）· 59
表7　H村第六届村民委员会成员候选人提名选举职务 · 63
表8　H村换届选举候选人得票情况（总共879票）· 64
表9　两位女候选人情况对比 · 66
表10　"性别两票制"输入前、后妇女公共参与对比 · 68
表11　保石镇镇长候选人笔试前六名基本情况 · 119
表12　保石镇"公选"镇长民主推荐投票结果 · 120
表13　四个乡镇"公选"资格比较 · 125
表14　保石、横山镇长"公选"资格要求与《暂行办法》规定的资格要求比较 · 128
表15　深圳市群发性竞选现象7位当事人基本情况 · 151
表16　7个参选者的参选动机 · 155
表17　迁西县农村妇女骨干参与意识培训班日程安排 · 186
表18　农村妇女骨干参政素质培训班日程 · 187
表19　居民需求满足状况（N=145）· 229

总　序

尽管与社会经济迅速发展的进程和人们日益增长的需求相比，我国的政治体制还存在许多严峻的挑战，深化政治体制改革依然是一项极为紧迫的任务，但不能否认，改革开放30多年来中国的政治发展取得了重大的进步。30多年的改革开放进程，是一个包括政治生活、经济生活和文化生活在内的全方位的社会进步过程。然而，坦率地说，与人们对经济改革成就的评价不同，对政治改革的成就充满着争议。典型的争论呈两个极端：一种观点认为，中国的政治改革与经济改革一样，进步迅速，成就巨大；另一种观点则认为，与中国的经济发展不同，中国的政治发展几乎停滞不前，没有多少重大成就。海外一些专家甚至认为，不改革政治只改革经济，正是中国创造经济发展奇迹的原因所在。

其实，上述争论在相当程度上是因为观察问题的立场和视角不同，如果从宏观政治框架上看，那么中国的政治变迁确实很少。中共一党执政的政党体制没有变，人民代表大会和人民政协的基本制度没有变，党领导行政、立法、司法的政治格局没有变，马克思主义主导的一元化政治意识形态也没有变。然而，如果换一种视角和立场，从国家治理的角度来观察中国的政治变迁，就会发现截然不同的另一幅景象：中国的政治生活在过去30多年中也同样发生了巨大的变化。例如，从人治开始逐渐走向法治，首次确立了建设法治国家的根本目标，着手建构较为完备的法律体制，政府行为更多地受到法律的约束；从封闭政治逐渐走向透明政治，首次颁布了政务公开的法规，各级党政权力部门逐渐推行政务公开；从管制政府走向服务政府，出台一系列的措施，大幅度减少行政审批事项，同时为公民提供更多的公共服务；从高度集权走向适度分权，中央政府从财政、税收、审批等多个方面向地方政府分权，同时将更多原先政府管制的事务转交给民间组织，开始向社会分权。

毋庸讳言，国家治理更多属于工具理性的范畴。换言之，无论哪一种社会政治体制中，统治者都希望有更高的行政效率、更加稳定的社会环境、更加完善的公共服务，从而有广泛的民意基础。但是，工具理性与价值理性之间并非存在不可跨越的鸿沟，工具理性的改革通常需要价值理性的指导，而且也或迟或早会催生新的价值理性。更进一步说，国家治理的改革虽然是达到既定政治和经济目标的手段，是一种工具理性的改革，但治理改革本身必然体现着某种政治价值，而且势必导致新的政治需求。因此，我一直坚持认为，治理改革是政治改革的重要内容，甚至也是政治体制改革的组成部分。改革开放以来，中国政治生活的进步与变革，主要体现在国家治理领域和社会治理领域的改革和进步。

迄今为止，我一直是增量改革的倡导者和践行者。我在20世纪末提出了"增量民主"理论，并且在21世纪初主持发起了"中国地方政府改革创新研究与奖励计划"。在社会各界已有广泛影响力的"中国地方政府创新奖"，便是该计划的重要内容，也是以"增量民主"推动社会政治进步的一个重要尝试。从2000年开始，我与中共中央编译局比较政治与经济研究中心的同事们一道，利用"中国地方政府创新奖"这个重要平台，对过去十多年中各级政府的改革创新案例进行了搜集、整理、分析和研究，对其中的先进案例进行了奖励、宣传和推广。可以自豪地说，关于中国的民主治理改革和政府创新，我们中央编译局比较政治与经济研究中心拥有最齐全的案例数据库。我们一直希望能够通过某种方式，使我们的案例数据和研究成果能够为更多的学术同行和党政官员分享，这套丛书便是这种努力的一个重要结果。展示在读者面前的这套《中国的民主治理：理论与实践》，按主题共分十卷，分别由"中国地方政府改革创新研究与奖励计划"的骨干成员主持编选。这十卷的目录和主编依次是：《民主选举》（闫健）、《民主决策》（陈家刚）、《民主管理》（龙宁丽）、《民主监督》（何增科）、《党内民主》（靳呈伟）、《法治政府》

(李月军)、《透明政府》(刘承礼)、《效率政府》(陈雪莲)、《服务政府》(徐焕)和《社会管理创新》(周红云)。

丛书各卷的选材主要依据"中国地方政府改革创新研究与奖励计划"的案例和成果,但并非局限于此。除此之外,我们还广泛选取了在相关主题方面的经典案例和代表性研究成果。从这个意义上说,这套丛书是我国在民主治理的实践探索和理论研究方面较为重要的一个成果汇编,读者从中可以大体了解21世纪以来我国治理改革的现实进展和研究现状。所以,作为丛书的主编,我特别希望这套丛书对于党政部门的实践者来说,具有一定的借鉴意义;对于学术部门的研究者来说,则具有一定的史料价值。

俞可平

2013年端午节于京郊方圆阁

导 论

中国民主选举：从广度到深度

黄卫平　陈家喜
（深圳大学当代中国政治研究所）

引　言

经过三十多年的改革开放，中国不但取得了高速的经济增长，在政治领域也发生了显著的变化，一个重要的方面即是中国选举民主不断拓展和深化。在中国广大的农村，农民开始自主选择当家人，村民委员会选举成为中国亿万农民学习政治参与的重要途径。20世纪90年代末以来，长期的村级选举实践推动了乡镇长直接选举、乡镇党委"公推直选"，以及城市社区居委会直接选举等改革探索的出现，同时一些地方还出现了公民自主竞选基层人大代表的现象。中国的选举民主正呈现多向度的发展，而选举的竞争性也得到提升。

许多研究者对中国选举的关注较多聚焦于农村，他们注意到中国农村选举所具有的政治效应，尤其是在增强中央对基层干部的约束，[1] 改善农村的治

---

1. Kelliher, Daniel, "The Chinese Debate over Village Self - Government", *The China Journal*, No. 37 (1997): 63 - 86; O'Brein, Kevin J. and Li, Lianjiang, "Accommodating Democracy in a One - Party State: Introducing Village Elections in China", *The China Quarterly*, No. 162 (2000): 465 - 489; 郎友兴：《外国非政府组织与中国村民选举》，载《浙江学刊》，2004年第4期。

理结构,¹ 增进干群的信任关系,² 以及培育村民政治参与的意识和技能等方面具有积极意义。³ 还有些研究者注意到乡镇长选举⁴ 以及城市社区选举的改革⁵,这些研究往往通过对选举的考察,进而探究中国的政治变迁与民主发展的轨迹。

既有的研究已经相当深入,本文在此基础上从历史的和宏观的视野,对 1978 年以来中国选举领域的变化,尤其是直接选举的变化,从广度和深度两个方面作出全景式的观察,以解析 1978 年以来中国选举民主发展的成就及其动因。

一、中国的选举体制:特征与演变

所谓选举,被认为是一种选择领导人的程序和方法,它是"由种种程序、司法的和具体的行为构成的一个整体,其主要目的是让被统治者任命统治者"⁶。作为一种具有公认规则的程序形式,人们根据选举从所有的人或一些

---

1. Shi, Tianjian, "Economic Development and Village Elections in Rural China", *Journal of Contemporary China*, Vol. 8, No. 22 (1999): 425 - 442.
2. Manion, Melanie, "The Electoral Connection in the Chinese Countryside", *American Political Science Review*, Vol. 90, No. 4. (1996): 736 - 748; Manion, Melanie, "Democracy, Community, Trust: The Impact of Elections in Rural China", *Comparative Political Studies*, Vol. 39, No. 3 (2006): 301 - 324.
3. O'Brien, Kevin J., "Villagers, Elections, and Citizenship in Contemporary China", *Modern China*, Vol. 27, No. 4 (2001): 407 - 435; O'Brien, Kevin J., "Implementing Political Reform in China's Villages", *Australian Journal of Chinese Affairs*, No. 32 (1994): 33 - 59; Kent, Jennings M., "Political Participation in the Chinese Countryside", *American Political Science Review*, Vol. 91, No. 2 (1997): 361 - 372; Zhong, Yang and Chen, Jie, "To Vote or Not To Vote: An Analysis of Peasants' Participation in Chinese Village Elections", *Comparative Political Studies*, Vol. 35, No. 6 (2002): 689 - 691.
4. Manion, Melanie, "Chinese Democratization in Perspective: Electorates and Selectorates at the Township Level", *The China Quarterly*, No. 146 (2000): 764 - 782; He, Baogang and Lang, Youxing, "China's First Direct Election of the Township Head: A Case Study of Buyun", *Japanese Journal of Political Science*, Vol. 2, No. 1 (2001): 1 - 22; Cheng, Joseph Y. S., "Direct Elections of Town and Township Heads in China: The Dapeng and Buyun Experiments", *China Information*, Vol. 15, No. 1 (2001): 104 - 37; Li, Lianjiang, "The Politics of Introducing Direct Township Elections in China", *The China Quarterly*, No. 173 (2003): 704 - 723. Saich, Tony and Yang, Xuedong, "Innovation in China's Local Governance: 'Open Recommendation and Selection'", *Pacific Affairs*, Vol. 76 (2003): 185 - 208.
5. Gui Yong ets al, "Cultivation of Grass - Roots Democracy. A Study of Direct Elections of Residents Committees in Shanghai", *China Information*, Vol. 20, No. 1, (2006): 7 - 31.
6. [法] 让-马克·科雷格、克洛德·埃梅里:《选举制度》,张新木译,北京:商务印书馆1996年版,第8页。

人中，选择几个或一个担任一定职务。[1] 选举同时还承担着公民参与的作用，是公民参与政治决策，监督政府官员的简便措施，"通过选举，公民可以审定或否决送审的政治决定，同时，送审的统治者也就对公民负起政治责任。"[2] 经常进行选举，会使统治者和被统治者之间产生一种相互依赖和相互信任，从而使政治生活得以延续。

（一）中国选举体制的形成与演变

中国是一个有着几千年封建君主专制传统的国度，长期依靠自然经济的农业生产方式，奉行君臣父子的等级纲常伦理，缺乏民主选举的传统资源。即使到了近代，民国政府开始学习和引入西方的选举制度，但总体上乏善可陈。中国共产党在夺取全国政权以前，曾经高举民主的旗帜来反对国民党的独裁统治，开展了民主选举的尝试。从 1937 年下半年开始，陕甘宁边区和各敌后抗日根据地就相继进行了普遍的民主选举，并由此产生边区和根据地的各级人民政府和参议会。边区政权先后颁布了《陕甘宁边区选举条例》（1937年）和《陕甘宁边区各级参议会选举条例》（1941年），并成立专门的选举委员会和选举训练班。为了动员更多文盲群众参与选举，边区政权还印行了大量的小报和宣传品，组织村剧团、宣传队和歌咏队来宣传选举。更具创新意义的是选举方式的探索，如票选法、画圈法、画杠法、画点法、投豆法、烧洞法、投纸团法、背箱子法等。[3]

中国共产党夺取中国大陆政权后，1953 年 3 月《中华人民共和国选举

---

1. [英]戴维·米勒、韦农·波格丹诺：《布莱克维尔政治学百科全书》，邓正来等译，北京：中国政法大学出版社 2002 年版，第 229 页。
2. [法]让-马克·科雷格、克洛德·埃梅里：《选举制度》，张新木译，北京：商务印书馆 1996 年版，第 95 页。
3. 王铁群：《黄豆选举和三三制政权》，http://www.21ccom.net/articles/lsjd/lsjj/article_2010092419726.html，访问时间 2011 年 10 月 1 日。

法》颁布实施。该法规定乡、镇、市辖区和不设区的市人民代表大会代表，由选民直接选举产生。随后各级政府动员人民开展了第一次全国范围的人大代表选举。在新政权领导下的群众，具有高昂的参政热情，积极参与投票。从1953年3月到1954年6月，在3.2亿合格选民当中，共有2.8亿人参加了投票，参选率达86%，新中国完成了第一次普选。[1]

但在此后的相当时期内，由于受到复杂的国内外因素的影响，中央最高领导层，特别是以毛泽东为代表的党中央主要领导在思想认识上的历史局限性，他们并没有将民主法治作为根本的建国方略，反而受制于长期革命斗争的思维惯性，错误地判断形势，不仅将阶级斗争扩大化，而且搞"以阶级斗争为纲"，直至"文化大革命"（1966—1976年）期间，社会主义民主法制遭到破坏，人大代表选举几乎完全停滞，党内民主生活和选举制度遭到极大破坏。

1978年，十一届三中全会开始改革开放，党中央逐步全面否定"文化大革命"的路线，中国的民主法制渐趋恢复。从此，民主选举步入了渐进发展的轨道。1979年颁布了新的《选举法》，并随后进行了五次较大的修改，恢复和发展了人大代表的选举，推动了制度化民主的进程。市场经济的发展，也加速了中国公民民主意识的觉醒，人们政治参与要求日益提高，在许多地方出现了普通公民自荐"竞选"基层人大代表的现象，为人大选举改革注入了体制外的动力，推动了《选举法》的修改。

1987年，《村委会组织法》（试行）使村民委员会选举走上制度化的轨道。在村民参与和中央支持双重动力推动下，村民自治逐渐完善。1997年，十五大关于发展基层民主的重要精神，以及1998年《村委会组织法》的颁行，使农村基层社会选举不断走向制度化、规范化。

村民委员会选举还产生了扩展效应，从1998年至2001年间，四川、广

---

[1]. 刘飞宇：《新中国直接选举制度的发展》，http://www.china.com.cn/chinese/zhuanti/rdzd/653257.htm，访问时间2011年10月1日。

东、湖北等省移植村级选举的经验作法，用于乡镇长直选以及乡镇党组织公推直选的试点。这些现象表明村级民主已经扩展到了乡镇。而由城市基层社会治理结构的重组带来社区选举的出现，则标志着基层民主正由农村扩展到城市。在山东、北京、上海、广西、浙江、广东等地出现了社区居委会直接选举改革，推动着城市草根民主的发展。

与选举民主实践进步相伴的是，领导层对于选举的认识也不断深化。长期以来，在中国政治选举的实际运行中，《宪法》和《选举法》关于差额选举的规定并未完全落实，实际遵循的规则是由执政党推荐候选人进行等额选举或准等额选举，差额度极低，又或者是竞争性较弱的陪选，使政治选举呈现某种确认性质。这与历史传统、社会背景、发展阶段、选民素质有着深刻联系，也曾被大多数公民认可和接受。但随着改革所带来的人民政治参与积极性的提高，最高决策层对于选举民主的认识也在深化。改革开放的总设计师邓小平早在上世纪80年代就明确表示"并不反对西方国家"的民主制度，只是认为简单照搬西方的选举制度不符合中国的国情，因为"像我们这样一个大国，人口这么多，地区之间又不平衡，还有这么多民族，高层搞直接选举现在条件还不成熟，首先是文化素质不行"，[1] 他大胆地预言"大陆在下个世纪，经过半个世纪以后可以实行普选"。[2] 2007年召开的十七大上，胡锦涛也强调指出，"要健全民主制度，丰富民主形式，拓展民主渠道，依法实行民主选举、民主决策、民主管理、民主监督，保障人民的知情权、参与权、表达权、监督权。"

(二) 中国选举体制的类型与特征

纵观中国的民主选举，大体上可以分为如下类型。首先，人民代表大会

---

1. 《邓小平文选》第3卷，北京：人民出版社1993年版，第242页。
2. 同上，第220页。

民主选举
Democratic Elections

制度是中国的基本政治制度，由人民选举产生的各级人民代表大会，不仅是立法机关，还是权力机关，它负责产生同级"一府两院"（政府、法院和检察院），并且监督它们的工作，讨论决定辖区内的重大事项。围绕人大制度出现两类选举：其一，选举人大代表；其二，由人大代表选举各级政府。县乡两级人大代表的选举是直接选举，县级以上人大代表的选举，以及人大对同级政府组成人员的选举实行的是间接选举。

在中国农村和城市基层社会，存在着两种基层群众自治组织——村民委员会和居民委员会，围绕这些组织领导人的产生而出现的基层民主选举也成为中国公民政治参与的重要形式。从20世纪90年代以来，村委会的直接选举日益普遍，而居民委员会的直接选举也在2000年以来在越来越多的城市中拓展。

按照党章规定，各级中国共产党的组织要按照民主集中制的原则，定期召开党员大会和代表大会，按期改选党的各级委员会。党内选举被认为是扩大党内民主的重要形式。除此之外，中国还存在其他一系列的选举形式，如工会选举、业主委员会选举等，这些选举实践是普通民众学习民主知识，熟悉民主程序，养成民主习惯的过程，也是广大职工及业主维护权益的有效参与形式。[1]

中国选举大体上具有这样一些特征：（1）人大选举是国家政治选举制度的主体。尽管中国存在各种各样的选举形式，但人民代表大会的选举却是其中最重要的政治选举形式。围绕人大代表的一系列选举制度是国家选举制度的主体，也是最具有决定意义的选举形式。（2）中国共产党作为执政党对选举工作的领导。党对选举的领导是落实党管干部原则的重要内容，这一领导体现为政策指导、推荐候选人、主持或参与选举工作、选举的舆论宣传等。[2]

---

[1]. 陈剩勇、张明：《地方工会改革与基层工会直选》，载《学会》，2005年第4期；Read, Benjamin L ，"Democratizing the Neighborhood? New Private Housing and Home - Owner Self - Organization in Urban China"，*The China Journal*, No. 49 (2003): 31 - 59.

[2]. 蔡定剑主编：《中国选举状况的报告》，北京：法律出版社2002年版，第36—37页。

中国的政治选举制度总体上从属于党的干部选拔制度。(3) 直接选举与间接选举共存。中国的选举类型多种多样,其中采用直接选举方式的包括农村村委会和城市居委会选举、县级以下人大代表的选举,以及基层党组织的选举。

(三) 中国选举民主的广度与深度

改革开放以来,中国选举改革尤其是直接选举,呈现多向度的发展,并可以从广度和深度两个方面来评估这一变化的过程。从广度上看,1978 年以来,人大选举、基层群众选举、党内选举、乡镇长及乡镇党组织选举方面的改革,推动了中国政治民主的进步。中国选举民主纵向发展的深度可以从三个方面来加以研判:一是选举的广泛性,包括选举试点的地域、直接选举的范围、选民资格限制状况;二是选举的竞争性,包括候选人的提名方式、选举差额比例、竞选形式等;三是选举的公平性,包括候选人的资格条件、投票的规范程度等。

二、中国民主选举的维度

(一) 村民委员会选举:农村民主的实验场

关于中国农村村委会选举的研究一度成为一门"显学",引起了海内外学者的广泛关注。[1] 其原因可能在于,村委会选举是改革以来最先出现的直接选举形式,7—8 亿农民参与其中,无疑也是世界上参与人数最多的选举。中国的村级选举不仅是对基层群众自治组织的选举,同时也逐渐成为广大农民学

---

1. 郭正林:《当代中国农村政治研究的理论视界》,载《中共福建省委党校学报》,2003 年第 7 期。

习民主政治的技能，进行有序政治参与的最重要形式。

1. 村委会选举的缘起与发展

村级民主选举的出现具有一定的必然性。随着市场导向的经济改革的推进，1978年之前以农村"人民公社"为代表的政权机关、经济组织、基层社会三种功能高度混合的体制，很快就被"联产承包责任制"的改革所瓦解，短时间内农村社会出现"权力真空"，农村公共事务如社会治安、社会福利、土地管理等处于无人问津的状态。在这一背景下，1980年年底广西的部分农村自发组建村民委员会，协助乡镇政府维持社会治安，后经中央政府推广，成为基层农村群众的自治性组织。[1] 1982年年底，全国许多地区都出现了类似村民委员会组织。

尽管村委会的出现具有自发性，但是其后的命运及发展得到了政府的肯定和推动。[2] 当时担任全国人大常委会副委员长的彭真同志即指出，"有了村民委员会，农民群众按照民主集中制的原则，实行直接民主，要办什么，不办什么，先办什么，后办什么，都由群众自己依法决定，这是最广泛的民主实践。"[3] 正是在中央积极推动下，1982年《宪法》明确规定了城市居民委员会和农村村民委员会作为基层群众性自治组织的地位和作用。1987年，《村委会组织法》（试行）颁布实施。

围绕村民委员会的产生，全国范围的村委会第一次统一选举在1983年至1985年之间进行。1985年至1987年之间又进行了第二次选举。[4] 1998年《村委会组织法》得到修订并颁布实施，为村委会选举走向规范化提供了法律依据。该法不仅规定村委会由村民自主选举产生，而且还规定村民参与村干部

---

1. 米有录：《静悄悄的革命从这里开始——寻访中国第一个村委会》，载《乡镇论坛》，1998年第12期。
2. Kelliher, Daniel, "The Chinese Debate over Village Self-Government", *The China Journal*, No. 37 (1997): 63 - 86.
3. 彭真：《彭真文选》，北京：人民出版社1991年版，第608页。
4. 白钢、赵寿星：《选举与治理》，北京：中国社会科学出版社2001年版，第39—79页。

候选人的提名以及实行差额选举等。此后,全国所有的省、自治区、直辖市全都完成了三轮村委会换届选举。在2005—2007年全国623690个村已完成选举,平均选举完成率达99.53%,95.85%设立秘密划票间,一次选举成功率约占参选村的85.35%。有17个省份试点或较大规模实行由村民直接投票表决产生候选人的"海选"。[1]

2. 村级选举的创新

在开始选择当家人的过程中,朴素的农民和基层干部创造出各种选举方法,以确保选举的公平公正,其中"海选"是一种颇为典型的形式。1991年吉林省梨树县双河乡平安村采取"海选"产生村委会主任,首先由全体有选举权的村民无记名投票提名初步候选人,然后再经全体村民无记名投票预选确定正式候选人,最后再进行正式选举。经过这么多环节所产生的领导人就如大海捞针一样,故称"海选"。[2] 在选举的全过程,任何组织和个人都不准"划框定调,或内定名单,包办代替"。

"预选"是福建省统一实行的确定候选人的方式。该方式将村委会正式候选人的产生看做是村委会选举中最关键的一环,为保证正式候选人能够代表选民的意愿,从初步候选人到正式候选人的筛选过程,一般采用由村民代表会议组成人员投票决定正式候选人。

"两票制"的出现是为了处理村委会选举所带来的村级权力格局的变化。村党支部是党在农村的最基层组织,同时发挥着在村级事务中的领导核心作用。然而,选举在提高村委会民意支持度的同时,也使村党支部有被"夺权"和边缘化的倾向。[3] 一些地方"两委"矛盾甚至发展成党支部和村委会干部之

---

1. 吴兢:《中国村官选举走向"常态化"》,载《人民日报》,2008年1月9日。
2. 史卫民:《基层民主政治35年》,载《中国社会报》,2003年2月25日。
3. Li, Lianjiang, "The Two-Ballot System in Shanxi Province: Subjecting Village Party Secretaries to A Popular Vote", *The China Journal*, No. 42 (1999): 103-118.

间的暴力冲突。[1] 为了化解"两委"矛盾以及与此相关的干群矛盾，山西省河曲县岱狱殿村进行了"两票制"的探索。"两票制"将村党支部的选举过程分为两个阶段，投两次票。首先是由村民投一次"推荐票"，推荐党支部候选人；然后再召开党员大会由党员正式投票产生党支部成员。[2] "两票制"的实施，让有较高民意基础和党内威望的村党支部书记参与竞选村委会主任，有效地协调了"两委"关系，推动村民自治的同时坚持了党的领导。到了2000年年底，全国有20多个省市实行了"两票制"或者"两推一选"的试点，其中四川省和重庆市更是达到95%以上。[3] 在"两票制"的基础上，各地也不断创造出许多与其类似的选举方法，如"双推制"、"公推直选"、"两推一选"、"两步两轮制"等多种选举方法。[4]

3. 农村选举的效应与困境

尽管存在认识上的分歧，学界大体都认可基层选举民主已经取得了诸多的进步，带来积极的效应。首先村民选举培育了村民民主意识与民主技能，经过选举，"建立起一系列民主规则和程序，并通过运用民主规则和程序的民主实践形式，训练民众，使得民众得到运用民主方式争取和维护自己的权益，从而不断赋予民主以真实内容。"[5] 村民逐渐提高了公民意识，开始学会辨别和挑战不规范、难以体现真实民意的假选举。[6]

---

1. 郭正林：《村民直选后的村委会与党支部：现状与调适》，见李凡主编：《中国基层民主发展报告 2000 – 2001》，北京：东方出版社 2002 年版，第 105—122 页；Guo, Zhenglin, and Bernstein, Thomas P., "The Impact of Elections on the Village Structure of Power: The Relation Between the Village Committees and the Village Party Branches", *Journal of Contemporary China*, Vol. 13, No. 39 (2003): 257 - 275.
2. 白钢、赵寿星：《选举与治理：中国村民自治研究》，北京：中国社会科学出版社 2001 年版，第 139 页。
3. 项继权：《世纪之初的乡村民主：2000—2001 年度中国村民自治的发展》，见李凡主编：《中国基层民主发展报告 2000—2001》，北京：东方出版社 2002 年，第 29—60 页。
4. 陈家喜：《农村基层党组织选举：进展与问题》，载《云南行政学院学报》，2006 年第 1 期。
5. 徐勇：《中国的民主之路：从形式到实体》，载《开放时代》，2000 年第 11 期。
6. O'Brien, Kevin J., "Villagers, Elections, and Citizenship in Contemporary China", *Modern China*, Vol. 27, No. 4 (2001): 407 - 435.

选举还具有治理的绩效。选举增进了村民对干部的信任,让群众参与选举规则的制定,增强选举的竞争性,更能够提升普通公民对于村干部的认同。[1]民主选举还改变了农村的既有权力格局,为了获得连任,村干部必须保持与村民的密切联系,对村民愿望的回应性提高,选举增进了村干部与村民间的信任程度。[2]

尽管村委会选举带来了明显的成效,然而它在发展过程中仍然面临很多阻力以及不利的环境。村委会直接选举在扩大农民权力的同时,也相应弱化了乡镇政府安排干部的权力。在很多情况下,地方官员往往不适应民主选举的要求,进而成为村委会民主选举发展的阻力。[3]对于乡镇官员来说,他们更为看重的是村干部能否完成工作任务以及维持社会稳定,并不希望选举产生的村干部只对村民负责,却不买他们的账。一些地方出现了乡镇政府对工作不力的村委会干部进行"诫勉"、"停职"、"撤换"等现象。[4]

此外,近年来富人参政对村民选举也带来了重要影响。随着党的私营经济政策的变化,村民对富人的青睐,以及私营企业主与基层官员的密切关系,使私营企业主当选村干部的现象日益普遍。[5]一些地方政府发展经济的迫切愿望进一步加剧了这一趋势,某些省份要求在村委会选举中贯彻"双培双带"的方针,即"把农村党员干部培养成致富能手,把农村发展能手培养成党员

---

1. Manion, Melanie, "Democracy, Community, and Trust: The Impact of Elections in Rural China", *Comparative Political Studies*, Vol. 39, No. 3 (2006): 301 - 324.
2. Manion, Melanie, "The Electoral Connection in the Chinese Countryside", *American Political Science Review*, Vol. 90, No. 4 (1996): 736 - 748. [德]根特·舒伯特:《当代中共的村选,政权合法性的新生成空间?》,陈雪莲译,见何增科等主编:《城乡公民参与和政治合法性》,北京:中央编译出版社2007年版,第3—39页。
3. Kelliher, Daniel, "The Chinese Debate over Village Self - Government", *The China Journal*, No. 37 (1997): 63 - 86; 蔡定剑:《中国选举状况的报告》,北京:法律出版社2002年版,第222页。
4. 《关于山东省栖霞市57名村委会主任、委员集体辞职事件有关材料》,见李凡主编:《中国基层民主发展报告2000—2001》,北京:东方出版社2002年版,第29—60页;黄广明、何红卫:《三年撤了187名村官》,载《南方周末》,2002年9月14日。
5. Levy, Richard, "Village Elections, Transparency, and Anticorruption: Henan and Guangdong Provinces", in *Grassroots Political Reform in Contemporary China*, edited by Elizabeth J. Perry and Merle Goldman, Cambridge: Harvard University press, 2007, pp. 46 - 47.

干部；（党员干部要）带头致富，带领群众共同致富。"[1] 私营企业主竞选村委会干部，使村委会选举的竞争性提高，带来村委会选举越来越多的竞选"拉票"，同时也出现了更多的贿选现象，一些经济发达地区和资源丰富的村委会选举拉票"费用"甚至达到百万元之巨。[2]

农村经济与社会结构的变化也对村民选举的走向带来影响。面对不断扩大的城乡差距，以及有限的土地收入，越来越多中西部省份的农村青壮年人走出家门，流向城市和东部沿海省份"打工"，农村出现了"空心化"以及衰败的景象。村委会选举期间参与投票者越来越少，选举参与主体有缺失的趋势。从 2005 年开始，中央在全国取消农业税，原先最容易引发干群矛盾的税费征收已不复存在，村委会管理的公共事务大为减少，村民与村委会的利益关联度大大降低，同时参与村委会的选举积极性也日趋下降。

尽管如此，总体上看，当前村民选举已经步入了制度化的轨道，在选举过程中产生的许多实用的选举技术和方法已经被规范化，并得到较大范围的普及。农村选举带来了显著的外溢效应，正是村民选举的成功实践，一定程度推动了乡镇长和乡镇党组织领导人的选举改革，也使得在城市对应的基层自治组织——社区居委会出现了类似的直接选举试验。

（二）社区居委会选举：城市基层民主的出现

与农村选举相比，城市基层选举相对滞后。20 世纪 80 年代初，村委会就开始了直接选举；而到了 20 世纪 90 年代末，一些大中城市才零星地出现社区居委会直接选举的案例。2000 年以来，与村委会选举常态化，社会关注度

---

1. 《中共安徽省委组织部关于在农村实施"双培双带"先锋工程的意见》，http://oa.ahxf.gov.cn/nzyd/show.asp?id=8979，访问时间：2011 年 10 月 5 日。
2. 韩雪：《完善立法，清除村委会选举中的"黑幕"》，载《检察日报》，2007 年 11 月 28 日；《山西"194 万买村官"内幕》，载《当代商报》，2003 年 10 月 1 日。

逐步降低相比，城市社区的直接选举反而渐渐预热，在广西、北京、上海、广东、浙江相继开展大范围社区直接选举的改革。[1]

1. 社区直接选举的萌生

随着市场经济改革不断深化，特别是城市住宅市场化改革以来，出现了由购买同一小区住房的不同人群构成新的城市空间——社区。而伴随市场化改革的深入所导致的"单位制"解体，新兴城市社区开始承接"单位"所释放的各种社会职能，社区建设成为推动城市基层社会重构的重要步骤。为了加强对基层社会的管理和服务，20世纪90年代初，民政部提出城市社区建设的目标，拉开了城市基层管理体制改革的序幕。2000年民政部开始在全国范围内推动社区建设，并倡导"扩大民主、居民自治"的原则，要求社区实行民主选举、民主决策、民主管理、民主监督，逐步实现社区居民自我管理、自我教育、自我服务、自我监督。

2. 社区选举的展开进程

伴随社区建设的开展和深入，社区居委会的直选逐渐成为社区建设深入的动力。1998年青岛四方区瑞昌路街道的第二居委会和第六居委会开启了城市社区直选的序幕。随后在1999年至2001年间，上海市卢湾区和浦东新区，北京市石景山区等先后进行社区直选的试点。2000年底到2002年10月，广西先后在南宁、柳州、武鸣、北海等开展社区直选试验。从2002年开始，社区直接选举逐步普及，北京、广州、深圳、沈阳、宁波、苏州、上海、长沙等城市相继进行社区直接选举的试点。[2] 截至2004年年底，全国共有社区居委

---

1. 详见李凡主编：《中国城市社区直接选举改革》，西安：西北大学出版社2003年版。
2. 李凡：《中国城市社区居委会直接选举改革的启动：1998—2003》，见李凡主编：《中国城市社区直接选举改革》，西安：西北大学出版社2003年版，第9—25页。

会 71375 个，其中 43053 个居委会进行了换届选举。采用直接选举方式的有 9715 个，户代表选举方式有 12975 个，居民小组代表选举有 22078 个。[1]

为了进一步推动城市基层民主的发展，从 2006 年开始，民政部鼓励社区居委会选举的竞选行为，包括采取公开演讲、见面会、墙报、广播、社区局域网络等多种形式；还规范了公开唱票、当场公布选举结果等具体程序。2007 年宁波全市 235 个社区全面推开社区居委会的直接选举，2008 年深圳全市 70% 以上的社区居委会开始试行直接选举。

城市社区居委会的直选显然与早期村委会选举的实践密不可分。许多城市的选举技术与方法直接参照了村委会选举，比如社区居委会候选人的提名采取居民联名推荐的方式，或是召开居民代表大会对正式候选人进行预选，允许初步候选人进行竞选演说等。广西柳州市社区选举还直接搬用村委会直选的机制，采用"海选"进行候选人提名，对初步候选人进行预选和对正式候选人展开竞选、设置秘密写票处等。2003 年，浙江省宁波市海曙区进行社区居委会直选，候选人提名权完全交给群众；采用无记名投票、差额选举，使用半透明投票箱和封闭式划票间等等。[2] 继海曙区的成功试点，2007 年宁波在全市社区直选中，除了继续以往的选举方法之外，还改造了社区治理的模式，即实行委员代议制与社工职业化的"选聘分离"体制。[3]

虽然社区居委会选举在许多方面进行了创新，但总体上并未超越村级选举的水平，在制度规范、选举方法、操作技术、竞争程度以及选民参与等方面仍然落后于农村选举。推动村民选举走向制度化的《村民委员会组织法》已在 1998 年就颁布实施，而社区居委会的选举继续沿用 1990 年颁布的《城市居民委员会组织法》，只规定居委会是基层群众自治组织，却未对社区居委

---

1. 郑权：《中国社区基本情况调查报告》，载《社区》，2005 年第 11 期。
2. 何伟：《宁波海曙：59 个居委会全部直选》，载《人民日报》，2003 年 12 月 9 日。
3. 孔令泉：《宁波社区直选激活民主空间 候选人彩车巡游拉票》，http://news.zj.com/detail/822931.shtml，访问时间 2011 年 10 月 4 日。

会直接选举作出细致规定。当农村村委会选举已经在全国全面铺开，并走向制度化和规范化之际，城市社区居委会的直接选举还处于探索和试点阶段，截至2006年底，全国12个省市社区居委会换届选举当中，仅有22%的居委会实行了直接选举。[1] 当村委会直接选举已经成为村民常识时，社区居委会选举仍以居民小组选举和居民代表会议选举为主要方式。[2] 从选举的动力来看，与村民对村委会选举高昂的参与热情相比，居民自发参与的主动性很微弱。社区选举往往只有在政府的强力动员和民政部门的积极主导下，才能够顺利展开。

3. 城市民主发展的绩效与限度

城市社区的直接选举带来了多方面的绩效。首先，选举培育了城市居民的民主意识，训练他们的民主技巧，提升了他们的公民意识，并将选举确立为一种内化的自发需求；[3] 选举还进一步提升社区居民的自治意识。[4] 尽管无法与农村选举参与率相比，社区选举仍然吸引了"社区群众"的主体——离退休的老年人、非单位人、再就业人员，部分业主委员会的积极分子，以及驻辖区单位的领导人的积极参与。社区选举还改善了社区权力关系，使社区内的利益主体有了交流和协商的平台；选举增强了社区治理的合法性，也强化了居委会组织和居民之间的委托代理关系，优化了居委会成员的结构。[5]

社区居委会与村委会参与率与"选举条件说"形成了鲜明的反差，即在

---

1. 潘跃：《2006年基层民主质量新提升》，载《人民日报》，2006年12月29日。
2. 郑权：《中国社区基本情况调查报告》，载《社区》，2005年第11期。
3. [德] 托马斯·海贝勒：《城市选举带来制度变化和合法性？——城市社区居民的选举认知和参与意识》，见何增科等主编：《城乡公民参与和政治合法性》，北京：中央编译出版社2007年版，第135—169页；敬乂嘉、刘春荣：《居委会直选与城市基层治理——对2006年上海市居委会直接选举的分析》，载《复旦学报（社会科学版）》，2007年第1期。
4. 耿曙：《居委会选举的政治意义：中国大陆动员式选举参与对其城市居民参与意识的影响》，见何增科等主编：《城乡公民参与和政治合法性》，北京：中央编译出版社2007年版，第245—284页。
5. 敬乂嘉、刘春荣：《居委会直选与城市基层治理——对2006年上海市居委会直接选举的分析》，载《复旦学报（社会科学版）》，2007年第1期。

民主选举
Democratic Elections

经济发展状况及选民文化素质都高于农村社区的城市社区，反而社区参选率很低。一个合理的解释是，利益关联度抵消了选举的外在条件，是决定参与选举的最重要的动因。[1] 由于村委会选举曾事关村民的切身利益，事关村级公共事务的处置和集体资产的分配，村民通过选举关照这些切身的利益。然而，社区居委会与社区居民之间并没有太多的利益往来，连接社区与居民的纽带多是小区的环境卫生、绿化、治安等问题。只有那些离退休人员、领取救济金的失业以及低保户才对社区居委会具有利益依赖性，社区选举的积极参与者也往往是这些人。社区里的年轻人，高学历、高素质的居民反而对社区事务并不感兴趣，参与主体的欠缺成为社区民主发展的一大障碍。随着社区内业主委员会的不断兴起，广大的业主将可能成为社区居委会选举中的重要主体。

在社区直接选举过程中，如何协调党的领导与社区自治的关系仍然是一个尚待破解的难题。传统的街居体制下，居委会辖区面积小，人员少，大多没有设立党组织。社区建设的开展初期，社区曾一度成为执政党组织建设的"空白"区域。为了扩展党在新社会领域的组织影响，地方党委积极推动社区党组织建设，并且赋予它们在社区的"领导核心"作用。社区党支部领导着居委会选举的全过程，包括领导选举委员会，动员党员及积极分子参与投票，使社区选举的竞争性大为降低，"选举"往往成了组织人事调整的一种合法化途径。[2] 为了化解社区"两委"矛盾，在成都、深圳尝试引入农村"公推直选"的方法来进行社区党组织选举改革，以应对选举带来的社区居委会与社区党支部的关系变化。[3] 这一做法还处于试点阶段。

---

1. 蔡定剑主编：《中国选举状况的报告》，北京：法律出版社2002年版，第241—252页。
2. Gui, Yong ets al., "Cultivation of Grass - Roots Democracy. A Study of Direct Elections of Residents Committees in Shanghai", *China Information*, Vol. 20, No. 1 (2006): 7 - 31.
3. 杜钰：《成都：社区"公推直选"破题基层民主自治》，载《中国经济时报》，2007年12月4日；《下沙社区党总支首试"公推直选"》，载《南方日报》，2008年4月3日。

(三) 乡镇长选举：基层政权的民主实验

从1998年以来，随着中央对基层民主重视程度的提高，许多省份在成功进行了村委会选举实践的基础上，开始探索乡镇长的直接选举改革。

1. 直选乡镇长：村级民主的外溢效益

四川省是最先以"公推公选"的方式进行乡镇长选举改革的省份。1998年5月，四川省眉山市南城乡开始"公推公选"乡长。该乡乡长、副乡长的候选人不再由乡人大提名，而是实行由个人自荐、选民推荐和党组织推荐三种方式产生。此外，候选人被允许开展竞选演说以吸引选民投票。随后四川省遂宁市市中区在所辖的13个乡镇进行大规模地乡镇长的"公推公选"试点。与传统的干部选拔制度相比，这种"公推公选"仍然是组织内部的干部选拔，并非严格意义的直接选举改革，是通过一定程度的民意考察，加大了"人民公认"的权重，以完善干部选拔制度。

1998年的11月—12月间，四川省遂宁市步云乡率先在全国进行乡长直接选举的探索。根据"直选试行办法"，候选人由政党、人民团体、群众组织单独或联合推荐；选民30人以上联名推荐，由此产生初步候选人。随后召开由村干部、村民小组组长和村民代表组成的选区联席会议，在初步候选人施政演讲的基础上，投票方式产生2名正式候选人。随后2名正式候选人加上1名政党推荐的候选人在全乡巡回演讲答辩，开展投票动员。1998年12月31日，正式投票，政党推荐的候选人获得投票总数的50.19%当选。[1] 几乎与此同时，在四川省其他地方，如绵阳市、南部县、青神县等也先后进行了类似

---

1. 中共四川省组织部课题组：《关于公选、直选乡镇领导干部与党的领导问题的调查与思考》，载《马克思主义与现实》，2003年第2期。

的乡镇长直接选举的实验。

继步云乡长直选不久,深圳市大鹏镇也开展了镇长的选举改革试验。它采取的是"三轮两票制"的选举办法,选举分为三轮投票:第一轮投票由大鹏镇党委提出镇长推选办法及候选人条件,全镇所有选民"海选"产生镇长初步候选人,获得100票以上作为初步候选人,参加下一轮选举。第二轮产生正式候选人的投票当中,全体党员、干部、职工和户代表参与投票,得票最多的作为正式候选人。第三轮在镇人民代表大会的投票,由镇党委将正式候选人推荐给镇人大主席团,该候选人获得全票当选。上述三轮投票中,第一轮的公众性民意票和第二轮的代表性民意票,合称为民意推荐票(即所谓"两推"),再加上第三轮的法定性选举票(即所谓"一选"),统称为"三轮两票制"或"两推一选"。[1] 在随后的两年间,乡镇长选举在全国许多省份拓展开来,先后有河南新蔡县孙召乡、广西恭城镇等加入了乡镇长直选或者变相直选的行列。

尽管推动乡镇长直选试验的动力来自不同方面,诸如中央为了加强自身的权威,[2] 遏制地方官员的腐败;[3] 地方官员响应中央精神的号召,[4] 追求政绩的冲动;[5] 以及乡镇运行中的治理危机[6]等。抛开这些具体动因,乡镇长选举实验实际上还是村级选举所产生出的"外溢效益"。村委会选举所积累的选举办法,对农民选举技能的培训,选举意识的提升也都为乡镇长选举提供了基础条件。村委会选举所带来的村干部在村民当中的支持率的提高,也对乡镇一

---

1. 黄卫平、邹树彬主编:《乡镇长选举方式改革:案例研究》,北京:社会科学文献出版社2003年版,第182—184页。
2. He, Baogang and Lang, Youxing, "China's First Direct Election of the Township Head: A Case Study of Buyun", *Japanese Journal of Political Science*, Vol. 2, No. 1 (2001): 1 - 22.
3. Cheng, Joseph Y. S., "Direct Elections of Town and Township Heads in China: The Dapeng and Buyun Experiments", *China Information*, Vol. 15, No. 1 (2001): 104 - 137.
4. Li, Lianjiang, "The Politics of Introducing Direct Township Elections in China", *The China Quarterly*, No. 173 (2003): 704 - 723.
5. Saich, Tony and Yang, Xuedong, "Innovation in China's Local Governance: 'Open Recommendation and Selection'", *Pacific Affairs*, Vol. 76 (2003): 185 - 208.
6. 何包钢、郎友兴:《"步云困境":中国乡镇长直接选举考察》,载《二十一世纪》(香港),2001年4月号;赖海榕:《竞争性选举在四川省乡镇一级的发展》,载《战略与管理》,2003年第2期。

级的领导人造成了压力。乡镇长直接选举体现了选举民主正从草根过渡到基层政权，实现了民主选举的纵向拓展。

2. 乡镇长直接选举改革的创新

乡镇长选举改革展现出较强的民主绩效。为了激发群众的投票积极性，选举过程中在候选人提名、预选、竞选、投票等诸多环节与传统惯例相比有较大的创新。乡镇长的提名过程引入了选民参与，允许选民联名推荐和社团提名，并有意降低党组织对候选人提名的干预，使提名的竞争性和广泛性提高。候选人提名权的开放还带来初步候选人数目的增加，预选程序成为确定数量有限的正式候选人的必经环节。有些预选要经过两轮，甚至多轮投票才最终确定正式候选人。一些地方还让候选人进行竞选演说和其他形式的拉票活动。这些做法都不同程度增强了选举的竞争性。

乡镇选举民主的提高还体现为将投票权直接诉诸选民，而不是代表，因而在民意表达上更为直接。根据现行地方人大与地方各级政府组织法，乡镇长候选人须经过乡镇人大主席团或者人大代表提名，由乡镇人民代表大会上选举产生。也就是说，乡镇长是由乡镇人大间接选举产生与普通的选民没有直接关联。而在一系列的乡镇长选举改革探索中，实际做法颠倒了这一逻辑。不管是四川省遂宁市步云乡，还是广东省深圳市大鹏镇的乡镇长选举改革，候选人的提名和正式候选人的产生都是以普通选民的投票作为最重要的依据，体现出较强的竞争性。而最后召开的乡镇人民代表大会对正式候选人的选举只是例行法定程序，选举毫无悬念，也可视为"确认性选举"。选民取代了人大代表，直接参与选举基层政府官员，使选举更为直接地体现选民意志。

3. 改革的动因与局限

如果说宏观上村级选举带动了乡镇一级的直接选举，那么微观上则不能认为是村委会的选举直接导致乡镇长直选的出现。与村民选举的自发性相比，乡镇长选举改革是一种自上而下的改革，或者说是一种"输入式"改革。推动选举改革的最初动力来自于中央关于发展基层民主的宏观精神，以及地方官员进行政治创新的冲动。具体观之，又大体上可以分为这样几个原因：一是中央精神的鼓舞。党的十五大报告重视"扩大基层民主"，这一中央精神成为许多地方政治改革的重要动力来源。[1]包括中央层面的党的组织部门和人大系统都曾在推动地方政府选举试验上持较为积极开放的态度，有意识地在全国选择一些地方进行村级选举升级的试验。二是地方官员的改革创新意识。虽然乡镇长选举改革在宏观上符合发展基层民主的中央精神，但是直接选举本身却与现行法律不符，因而具有一定的政治风险。最早推动乡镇长选举改革的往往是那些改革意识和民主精神较强的地方官员。[2]三是来自于欠发达地区的社会治理需要和官员的政绩追求，对于经济发展条件相对落后的地区，贫困带来许多社会矛盾，又无法模仿经济发达地区的政府"花钱买太平"，地方官员通过发展经济来化解矛盾、创造政绩、获得提升的机会较少。因此，一些地方官员希望探索政治改革，来化解基层治理危机，借此创造政绩。[3]

乡镇长选举改革过程中还体现出一些鲜明的特点：

一是执政党对选举过程的主导作用明显。几乎所有的乡镇长选举改革都是在地方党组织的精心筹划和安排下进行，从试点选择、政策制定、策略与部署以及各种条件和标准的确定都是与上级党委讨论决定，并由同级党的组织部具体实施。[4]因而尽管乡镇长选举改革中采取了群众提名、预选、竞选演说等多样化的选举程序，但总体上并没有脱离党管干部原则框架。尤其是试

---

1. Li, Lianjiang, "The Politics of Introducing Direct Township Elections in China", *The China Quarterly*, No. 173 (2003): 704 - 723.
2. 黄卫平：《中国基层民主发展的最新突破》，北京：社会科学文献出版社 2000 年版；邹树彬、黄卫平、刘建光：《乡镇长选举方式改革中诸种力量的博弈——大鹏镇与步云乡直选改革命运的个案分析》，载《中国农村观察》，2003 年第 4 期。
3. Li, Lianjiang, "The Politics of Introducing Direct Township Elections in China", *The China Quarterly*, No. 173 (2003): 704 - 723.
4. 徐湘林：《党管干部体制下的基层民主试改革》，载《浙江学刊》，2004 年第 1 期。

点单位都是由上级党组织精心挑选的，一般是原乡镇党政领导班子的素质较好，政绩较为突出，群众威信较高的地方，这样党组织推荐的候选人，一般都能够当选，[1]"豆腐都磨好了，推出来就是了。"[2]

二是与农村村委会和社区居委会选举相比，乡镇长选举实验还处于个案探索阶段，尚未制度化。从步云乡和大鹏镇的选举改革探索以来，各地乡镇长选举改革在操作技术和选举竞争性上并没有多大的突破，基本上处于反复实验阶段。这种试验也可以称之为"插秧式"改革，即改革是随机的，试点的选择是上级党组织根据综合因素的考虑，以最大程度上保证选举体现"组织"意图；另外选举改革受到地方领导人更迭的影响，主持选举改革的领导人变动，改革往往也随之偃旗息鼓；选举改革的经验与作法没有相关的制度、法律总结，选举一直处于"创新"阶段。

更为重要的是，由于程序上的不合法性，几乎在乡镇长直选试验伊始，批评意见就接踵而来。批评者认为，尽管乡镇长直选改革体现了民主精神，但却违反了宪法和法律，"如果可以不管不顾甚至随意违反现行宪法和法律去追求民主，其最终结果只能是民主和法治两败俱伤，给国家和人民造成严重的损失。"[3] 由于这一改革削弱了人大的职责权限，也引起了中央的关注。2001年"中央21号文件"[4] 明确指出，过去有的地方进行直选乡镇长试点以及选民直接投票选举产生乡镇长，是与宪法和地方组织法的有关规定不符。应当"依照宪法和地方组织法规定，乡长和副乡长、镇长和副镇长由乡、民族乡、镇的人民代表大会选举产生。"

---

1. 如大鹏镇的镇长李伟文在三轮投票中均以压倒性的绝对多数获胜；卓里镇的镇党委书记、镇长和镇人大主席在全镇选民的信任投票中所获得的信任票都超过88%；步云乡通过选民差额直选当选的乡长，也正是党组织提名的候选人；绵阳市的11个乡镇长选举改革试点中有7个乡镇的乡镇长是连任。
2. 黄卫平、邹树彬：《乡镇长选举方式改革：案例研究》，北京：社会科学文献出版社2003年版，第219页。
3. 查庆九：《民主不能超越于法律》，载《法制日报》，1999年1月19日。
4. 2001年"中央12号文件"，即指中共中央转发《中共全国人大常委会党组关于全国乡级人民代表大会换届选举工作有关问题的意见》。

而实际上,乡镇长选举改革所带来的冲击不仅体现为剥夺了乡镇人大的部分职权,更体现为对乡镇党委权威的挑战。由于获得全乡镇选民的选票支持,乡镇长获得了前所未有的民意基础。与此相对应的是,作为乡镇领导核心的乡镇党委书记却是自上而下任命产生,显然无法与直选产生的乡镇长所获得的群众支持相比。因此,在实践中,民选产生的乡镇长和任命产生的乡镇党委书记自然就容易产生权力冲突,[1] 乡镇政府按照乡镇长的施政措施,而不是按照党委决策开展工作,由此可能导致较为紧张的乡镇党政关系和权力斗争,[2] 从而影响了党在基层政权的领导地位。正是在这一背景下,从2001年"中央21号文件"出台后,乡镇长选举试验基本中止,[3] 甚至在地方政治改革最为超前的四川省还专门出台文件,要求停止乡镇长的公推直选,而把重点改放在乡镇党委书记公推直选的试点上。[4]

(四)乡镇党组织直接选举:以党内民主兼容人民民主

中国共产党在推进基层民主选举改革的同时,也在不断尝试将党的领导与民主选举进行匹配,这在村党支部选举的"两票制"改革中见其端倪。[5] 而伴随乡镇长选举改革的展开,则直接给基层执政党组织带来合法性的冲击,即在政府官员通过直接选举获得广泛民意支持的背景下,如何仍然能够保持

---

1. 张锦明:《步云乡长直选的背景、过程与效果》,http://www.21gwy.com/gg/ldwzzd/a/8371/438371.html,访问时间:2011年10月10日。
2. 中共四川省组织部课题组:《推进农村基层民主过程中的利益冲突与协调问题研究》,载《马克思主义与现实》,2003年第2期。
3. 2001年后,只有湖北杨集镇(2002)、云南石屏县辖的7个乡镇(2004)以及重庆木洞镇(2007)进行乡镇长的直选试验,先前一些乡镇进行的选举试验基本停止。
4. 中共四川省委组织部文件,《关于扩大基层民主 落实群众公认 进一步改革乡镇党政领导干部选人方式的通知》(川组通〔2004〕44号)。
5. Li, Lianjiang, "The Two-Ballot System in Shanxi Province: Subjecting Village Party Secretaries to A Popular Vote", *The China Journal*, No. 42 (1999): 103-118. 陈家喜:《乡村党组织选举改革:阶段实践与发展前景》,载《社会主义研究》,2005年第6期。

党组织领导权威？正是基于此，从 2002 年以来，随着乡镇长直选改革探索止步之后，以乡镇党组织的选举改革为主体的乡镇党政领导班子的选举改革取而代之，成为推动基层民主和党内民主的又一热点。

1. 选举试点地的分布与特点

几乎与乡镇长直选探索的同时，一些地方也尝试进行乡镇党委书记的选举改革试验。1998 年 9 月，四川省遂宁市莲花乡和东禅镇"公推公选"党委书记开启了全国乡镇党委书记选举改革的先河。公选分为笔试、面试和选举三个阶段，由公选领导小组和组织部门组织笔试确定初步候选人。区委、区政府、区人大、区政协的主要领导，公选领导小组成员，乡镇机关党员干部、村干部党员和群众党员代表等共同参加面试大会，投票产生 2 名候选人，提交区委常委会审议人选。[1] 在推荐候选人的过程中吸收了大量的普通党员和党外群众参与，体现出更为广泛的民意基础和党内基础，然后再履行党内选举的程序。但这一作法与直接选举仍然有着较大的差距，只是传统干部选拔任用体制的一种修正，即在组织选拔的同时增加"人民公认"的权重。

乡镇党组织选举改革的扩散，实际上是在 2002 年以后，随着乡镇长选举改革的停滞，以及中共十六大关于"党内民主是党的生命"的精神，乡镇党组织选举改革成为地方党和政府创新的热点。2002 年以来，乡镇党组织选举改革步入快车道，湖北、江苏、云南、重庆、吉林、江西、河南等省加入乡镇党委选举改革的行列。2004 年至 2007 年间，全国有 300 多个乡镇党委换届采取了公推方式产生候选人，党内民主得到了普遍推进。[2]

---

[1] 中共四川省组织部课题组：《关于公选、直选乡镇领导干部与党的领导问题的调查与思考》，载《马克思主义与现实》，2003 年第 2 期。
[2] 《中组部副部长欧阳淞介绍中国共产党的建设和干部队伍建设情况》，http://www.china.com.cn/zhibo/2007-10/17/content_9060556.htm?show=t，访问时间：2011 年 10 月 15 日。

2. 选举的一般做法

在中央精神的指引下，各地乡镇党组织选举改革的试点各有创新，创造出各种选举方式，如"公推竞选"、"双推一选"、"公推差选"、"公推直选"等，选举改革体现出遵循中央精神与地方"自选动作"相结合的特点。[1] 其中又以"公推公选"和"公推直选"最为典型。

"公推公选"与"公推直选"都在"推"和"选"上作出了改革。"推"即是初步候选人的推荐，而"选"则指正式候选人的选举。"公推公选"，也即"公开推荐选拔干部"。"公推公选"的"公推"阶段除了上级组织部门的推荐之外，有些试点允许个人自荐，普通党员及党外群众推荐，或者由党员代表、科级以上干部推荐。这些初步候选人再统一参加"公选"笔试进行新一轮筛选。由此产生的候选人进入"选拔"的面试阶段，除了上级领导和组织部门外，往往还包括"公推公选"领导小组成员、党外干部代表、普通党员代表共同参与面试，从而产生正式候选人，最后再报由上级组织确认。与此相类似的还有江苏宿豫县曹集乡进行的"公推竞选"、江苏沭阳县十字乡和汤涧镇的"公推差选"等。[2]

"公推直选"的过程也分为"推"和"选"两个阶段。在"公推"阶段，候选人的产生一般要经过两轮或者多轮推选，包括第一轮党外群众、普通党员的提名推荐，候选人自荐；在此基础上再经组织提名推荐；这些初步候选人产生之后，根据推荐票的多少排序后，经上级党组织确认筛选出正式候选人。由上级党组织将正式候选人提交乡镇党员代表大会选举或提交乡镇全体党员大会选举。与此相类似的还有"两票推选"、"海推直选"、"两推一选"等。

与"公推公选"相比，"公推直选"在"推"和"选"的环节参与主体

---

1. 黄卫平、陈文：《中国政治体制改革现状及其成因浅析》，载《社会科学研究》，2008 年第 2 期。
2. 史卫民等：《乡镇改革：乡镇选举、体制创新与乡镇治理研究》，北京：中国社会科学出版社 2008 年版，第 317—362 页。

都更为广泛，竞争性和民主性更为显著。"公推公选"大体上属于一种比较开明的"干部选拔"方式，整个过程始终未超越于传统的干部选拔制度。[1] 它的变化只是将传统的"组织提拔干部"改为干部自愿报名，通过增加考试程序和答辩、民主推荐投票等程序，使干部选拔过程增加了透明度和竞争性，扩大民意认同度。而"公推直选"不仅将候选人推荐主体扩大到组织外部，如党外干部群众；增加了推荐的环节，让更多的主体参与到推荐中来；而且在"选"的阶段，用党代会或者党员代表大会正式选举取代"面试"，重视普通党员投票的决定性作用。

如果从选举对象来划分，我们又可以将乡镇党组织选举改革分为三种类型。第一类是选举乡镇党委书记，试点地域包括江苏省宿豫县曹集乡和侍岭镇（2003年5月）、四川省成都市木兰镇（2003年8月），四川省成都、德阳、遂宁、广元、南充、宜宾、达州、巴中、雅安、甘孜10个市（州）的45个乡镇（2004年2月），江苏省宿迁市沭阳县辖13个乡镇（2004年2月）、重庆市渝北区龙兴镇（2004年7月），江西省吉安市寮塘乡和富滩镇（2004年10月）。

第二类是选举乡镇党委委员。党委委员通常包括了党委书记、党委副书记、纪委书记、委员。2002年8月，湖北省选取宜城市孔湾镇、谷城县南河镇、保康县马桥镇、宜都市姚家店乡、湾潭镇、大冶市茗山乡等11个乡镇进行乡镇党委委员的"两推一选"试点；[2] 2004年1月，四川省平昌县乡镇党委班子进行了"公推直选"改革；2004年8月云南省红河州泸西县的10个乡镇进行了乡镇党委委员"直推直选"试验。平昌县乡镇"公推直选"的探索重点体现在"倒着选"的方法，即党员首先选举产生党委书记，再选举副书记，最后选举党委委员；[3] 而在泸西县乡镇"直推直选"试点中，广大党员群众直

---

1. 吴理财：《中国农村乡镇的党政负责人选举制度创新及改革设想》，载《当代中国研究》，2003年第4期；赵寿星：《关于乡镇选举方式改革的几个问题》，载《中国选举观察》，2006年第5期。
2. 中共湖北省委组织部：《"两推一选"：发展基层民主的有益尝试》，载《求是》，2004年第5期。
3. 王勇兵：《四川省平昌县乡镇党委公推直选调查》，载《中国改革》，2007年第10期。

接选举的对象包括乡镇书记、副书记和党委委员。参加书记竞选落选的可以参加副书记竞选，竞选副书记失败者可再参加党委委员的竞选。[1]

如果说前两类的党组织选举，是通过强化乡镇党委书记及党委委员的选举竞争性，以及在党内选举基础上增加党外群众的认同，进而重塑党组织在乡镇政权的合法性基础，获得与乡镇长相比的优势权威地位；那么第三类乡镇党政班子"直选"改革则更直接地将乡镇党委书记与乡镇长的选举放在一起进行，通过党内民主兼容人民民主的方式来化解两者之间的冲突。从1998年，遂宁市市中区莲花乡、东禅镇、横山镇等"公推公选"乡镇党委书记与乡镇长之后，先后出现山西省临猗县卓里采取"两票制"选举镇党委书记、镇长、镇人大主席（1999年），湖北京山县杨集镇"海推直选"镇党委书记、镇长（2002年），以及四川省成都市新都区采用"书记组阁"选举产生乡镇党政班子（2003年）等案例。

2002年8月，湖北杨集镇采用"海推直选"的方法产生乡镇党委书记和镇长。"海推直选"集合了"海选"和"公推直选"的两种选举办法，即镇党委书记由群众推荐、党内推荐、党代表直接差额选举产生；镇长由"选民推荐、村（居）民代表推荐、人大代表直接差额选举"产生。整个选举过程分为三个步骤进行：第一步，召开全镇选民大会，推荐书记（镇长）初步候选人，按得票多少，取其前三名；第二步，召开全镇党员大会、村（居）民代表大会，对前三名投票，按得票多少，取前两名为党委书记（镇长）正式候选人；第三步，召开党员代表大会（人代会），对两名正式候选人投票，直接差额选举产生镇党委书记（镇长）。[2]

而在湖北咸安，则进行了书记镇长"两票推选、一肩挑"的试验。2003年2月，湖北省咸宁市咸安区实行"两票推选"乡镇领导班子。乡镇领导干

---

1. 李自良：《"直推直选"的民主试验》，载《瞭望》，2005年第39期。
2. 王学森、张旭平：《发展党内民主的新突破——透视杨集选举改革》，载《中国党政干部论坛》，2003年第6期。

部在产生过程首先需获得群众的推荐票,并按照群众推荐票的多少决定进入党代会和人代会的候选人资格,然后再进行党代会和人代会的选举投票。乡镇党委成员候选人由"海选"推荐产生,然后交由党代会选举产生。随后召开乡镇人民代表大会,将党委委员推荐到人代会上作为乡镇政府班子成员候选人。其中,党委书记等额推荐为乡镇长候选人,其余党委委员作为副乡镇长的差额候选人,从而实现乡镇党政领导班子成员交叉任职,书记镇长一肩挑。[1]

2003年3月,四川省成都市新都区乡镇党政班子还进行了"书记组阁"的探索。首先采取"公推直选"的方式产生乡镇党委书记,然后由乡镇党委书记提名镇党委和政府领导班子人选,包括镇长、镇党委副书记和副镇长的人选,提交上级组织部门审批后履行选举程序。[2] 此外,还加强对镇党委书记的年度和任期工作的量化考核,采取组织评价、群众评价和目标评价的三方面结合方式。

3. 乡镇党组织选举改革的总结

与单纯的乡镇长,或者乡镇党委书记直选改革相比,乡镇党政班子的"联合竞选"或者"组合竞选",被认为可以协调乡镇党委书记和乡镇长之间的关系,促进"乡政自治"的良性运行。[3] 而通过乡镇党委书记兼任乡镇长有助于理顺党政关系,乡镇党委书记在党内以书记的身份出现,开展党务活动,实现党的领导;在基层政权内部,以乡镇长的身份出现,执掌行政权,在现有的宪法和法律范围内开展行政活动。

不管哪种方式的试验,最终的目的就是重塑乡镇党组织在乡镇一级的领

---

1. 刘启云:《湖北、四川乡镇党委书记选举模式比较》,载《学习时报》,2005年12月26日。
2. 新都区11个镇当选的镇党委书记提名"组阁"人选都获得了新都区委组织部门的认可和通过,参见于津涛:《新都区村镇党委书记公推直选记》,载《乡镇论坛》,2005年第9期。
3. 吴理财:《组合竞选制:由来、基础与价值》,载《调研世界》,2008年第2期。

导核心地位，避免单纯乡镇长选举改革可能带来权威流失的困境。所以乡镇党组织选举的民主化程度提高之后，往往也伴随着乡镇党组织权威的增强，以及乡镇党委书记个人威信的提升。如果说乡镇长直接选举体现的是普通选民对于基层官员选择权利的提升，体现的是人民民主的扩大；那么，乡镇党组织"公推直选"体现的不仅是党内民主的提升，而且还是党内民主兼容和整合人民民主的尝试。从乡镇长直选试验向乡镇党组织竞争性选举试验（包括乡镇党委书记、乡镇党委委员以及乡镇党政班子成员的"公推直选"）的过渡，实际上正体现了执政党在推动基层选举改革的过程中，不断学习选举知识，规范选举程序，提高驾驭选举政治的能力，以及努力实现由党内民主引领和兼容人民民主的趋势。

乡镇党组织的选举实验也曾被指责违反了党章和党的组织原则。[1] 现行党章规定，支部委员由党员大会选举产生。党的各级委员会的产生，要体现选举人的意志，可以直接进行差额的正式选举，也可以先进行差额预选，然后进行等额正式选举。也就是说，乡镇党委选举中的预选或正式选举，是党内事务，普通群众并无参与的法定依据。显然，"两推一选"和"公推直选"都与此相悖。然而，如果从中国政治的实际出发，作为唯一的法定执政党，各级党组织也是各级公共权力的核心，党组织领导人的公信力和民意基础非常重要。因此，吸收广大党外群众参与到对乡镇党组织领导的候选人提名或推荐过程中，显然具有十分重要的合理性。

乡镇党政班子选举改革并没有遭遇乡镇长直选改革的命运，选举试点不断扩大，这显然与中央对发展党内民主的重视直接相关。党的十六大报告将党内民主看成党的生命，十六届四中全会指出要扩大基层党组织领导班子成员直接选举的范围。2007年，党的十七大报告更为明确地指出，发展党内民主，要"改革党内选举制度，改进候选人提名制度和选举方式……逐步扩大

---

1. 高放：《农村推行"两票制"选举和"两会制"决策方法质疑》，载《学习时报》，2004年8月17日。

基层党组织领导班子直接选举范围。"这些中央精神无疑都是在强调发展党内民主的重要性。而作为落实党内民主的重要举措，乡镇党组织选举改革得到了广泛的实践。

（五）人大代表选举：制度化民主的双重动力

中国实行的是人民代表大会的政权组织形式，各级人民代表大会不仅是一般意义上的立法机关，同时还是权力机关，具有制定法律或地方法规，并监督同级"一府两院"，审查批准同级政府的财政预算和决算案，讨论决定辖区内的重大事项等权力。因此，人民代表大会的选举包括两个层面，即人大代表的自身选举以及人大代表选举同级"一府两院"的选举。现行《选举法》规定，县级及以下人大代表实行选民直接选举，除此之外的人大选举都属于间接选举。

1. 人大选举的制度完善

人民代表大会制度是中国基本政治制度，完善人大制度的一个重要方面是《选举法》的修改。中国先后于1953年和1979年颁布两部《选举法》，并进行了多次《选举法》的修改。1979年颁布的新《选举法》，对1953年《选举法》进行了重大修改。最突出的就是将直接选举人大代表扩大到县一级。1979年《选举法》还鼓励选举的竞争性，规定预选和差额选举，其中直选的差额幅度为1/2至1倍，间接选举为1/5至1/2。此外，1979年《选举法》还首次规定各级人大的选举一律采取无记名投票，规定每一个少数民族至少有一名全国人大代表。

新《选举法》颁布后，1979年下半年全国66个县、自治县和县级市、市辖区进行直接选举的试点，1980年上半年试点扩大到460个县级单位。到1980年底，全国2760个县级单位中有2755个进行了直接选举。作为"文革"

民主选举
Democratic Elections

后恢复的第一次基层人大选举,吸引了广泛选民,特别是知识分子和高校学生的积极参与。基于反思"文革"的错误和推动民主的理念,北京、湖南、浙江、山东等地的高校学生,纷纷参与自主竞选,打破了以往选举的惯例,从而超出了选举主持机构的预想,并影响了社会稳定,导致1982年《选举法》关于条款的修改,严格限制竞选的可能。

1982年12月10日,五届人大五次会议对新《选举法》进行第一次修正,对城乡和少数民族代表名额的分配原则、代表候选人的宣传以及间接选举当中的差额选举等作出一系列的修改。此次选举法的修改某种意义上是一种退步[1]:一体现在限制竞选方面,明确规定候选人的介绍方式只能在选民小组会议上介绍,而不是直接面对选民;二是人大代表选举政府组成人员时由差额选举改为可差额选举,也可以实行等额选举,这为事实上大多采取等额选举埋下了伏笔。

1986年12月,《选举法》得到了第二次修正,内容涉及全国人大代表名额的确定、选民登记及选民资格的确定、推荐代表候选人的办法和原则、选举的组织领导等方面的内容。此次修改最大的进步是明确规定差额选举的办法;同时还规定10人以上联名可以推荐代表候选人,明确了人大选举产生的"一府两院"和同级人大常委会组成人员的选举差额比例,选举的竞争性略有提高,但同时却取消了预选程序。

1995年2月,《选举法》被第三次修正,明确提出各级人大代表中应有适当数量的妇女代表,并逐步提高妇女代表的比例。补充规定了地方各级人大代表名额的确定办法、罢免人大代表的程序、县乡两级人大代表的辞职等内容。

2004年8月23日,十届全国人大常委会审议《选举法》修正案草案,这次修改有四处:一是在县乡人大代表直接选举中恢复预选程序;二是规定选举委员会可以组织代表候选人与选民见面,回答选民的问题;三是提高罢免

---

1. 蔡定剑主编:《中国选举状况的报告》,北京:法律出版社2002年版,第1—59页。

县乡人大代表的门槛；四是加大对破坏选举的制裁，明确界定贿选。此次修改在法定程序上提高了选举的民主化程度，为直接选举的基层人大代表预留和开放了些许"竞选"的空间。

1979年新《选举法》的颁布，以及随后四次的修改，推动了国家选举制度的民主进程。这一进步的背后有着深刻的政治、经济与社会背景，与经济社会的发展，人民群众政治参与积极性的提高，以及中国改革最高决策层对此的认识有着密切的关系。

2. 自主竞选人大代表

如果说《选举法》的修改是由党和国家主导下的人大选举制度化、规范化的建设路径，那么普通公民自主竞选基层人大代表则显示出人大选举实践的另一个进展——公民自主政治参与以及由此带来人大代表选举竞争性的提升。从1987年湖北省潜江市一名普通教师姚立法自主竞选市人大代表开始，并最终于1998年成功当选，自主竞选人大代表成为人大直接选举发展的新亮点，并先后在潜江、深圳和北京形成人大代表竞选的热潮。[1]

2003年深圳市区级人大换届选举期间，先后有10余人采取自荐方式角逐区人大代表，进而引起自主竞选的风潮。这些自荐者当中既有原人大代表，也有中专学校校长，还有外来工代表，更多的是业主代表，如业主委员会主任和楼栋长，最终有3人当选。[2] 而同年北京市区县人大代表换届选举中，也出现了数十名高校学生、房产维权业主、学者、律师等专业人士寻求选民提名，参与人大代表角逐的现象。[3]

深圳和北京的基层人大代表自主竞选，在多方面突破了现有的选举潜规

---

1. 邹树彬等：《大陆2003民选波澜》，载《凤凰周刊》，2003年第34期。
2. 唐娟、邹树彬主编：《2003年深圳竞选实录》，西安：西北大学出版社2003年版；邹树彬等：《人大代表竞选的群体效应：北京与深圳比较》，载《人大研究》，2004年第4期。
3. 邹树彬等：《人大代表竞选的群体效应：北京与深圳比较》，载《人大研究》，2004年第4期。

则和惯例。首先是自荐候选人对候选人提名权的挑战。根据 1995 年《选举法》，县、县级市及市辖区的人大代表由选民直接选举产生，但实际上选民联合提名候选人或另选他人的情况并不多见。[1] 人大选举过程中"组织安排"色彩浓厚，尤其是代表候选人一般都是经过多轮"组织酝酿"，综合考虑了职业、性别、年龄、文化、民族等各方面的因素，选举往往成了执政党进行干部任命、人事调配的重要途径。在深圳和北京的区人大换届选举中出现大规模的自荐竞选者，显然是对原有选举惯例的一大挑战，同时激活了现行《选举法》规中内在的民主基因。

其次是选举的竞争性显著增强。由于在长期的选举实践中，缺乏竞争性和选择性，普通选民普遍存在"厌选"情绪，参与投票的积极性不高。[2] 而在2003 年，深圳和北京出现的人大代表竞选的过程中，自荐竞选者采取各种动员手段，争取选票。选举中出现了多个个人竞选办公室和专业助选团队，竞选的策划性和组织化程度初显端倪。同时，竞选形式多样化，候选人大量利用张贴海报、派发传单、出动宣传车、召开记者招待会、网络对话等形式与选民互动。[3] 这些多样化的竞选方式，极大地调动了选民参选积极性，提高了投票率，也间接地推动了 2004 年《选举法》的修改。

3. 对自主竞选现象的解释

虽然同是出现在城市区域内的选举，人大代表自主竞选与社区居委会选举在参与主体上有着较大的差异。居委会选举的参与者多是社区里的那些老年人、失业人群，对社区有所依赖的人，而人大代表竞选吸引的是具有较高

---

1. 研究显示，非正式候选人当选代表的比例在县乡人大选举中的比例不超过 1%，到省一级不到 0.2%，见刘智、史卫民等：《数据选举》，北京：中国社会科学出版社 2001 年版，第 182 页。
2. 史卫民、雷兢璇：《直接选举：制度与过程》，北京：中国社会科学出版社 1991 年版，第 115 页；蔡定剑主编：《中国选举状况的报告》，北京：法律出版社 2002 年版，第 52—53 页。
3. 唐娟、邹树彬主编：《2003 年深圳竞选实录》，西安：西北大学出版社 2003 年版，第 120—124 页。

教育背景、政治素质，以及参与愿望的选民，包括私营企业主、白领职员、外企技术人员、高校教师和学生、律师、自由职业者、知名维权人士。[1] 这些人又大体上可以看成"新社会阶层"，一种随着经济改革而出现的，从传统社会结构中分化出来的新阶层。他们往往较少受传统计划经济体制内的党政机关和国有企事业单位的利益分配机制束缚，有较强的市场适应能力，他们在经济上与党政机关、国有企事业单位的利益关联度较低，因此，在政治上更具有独立表达意愿的自由选择权。他们大都是民主党派人士或者无党派人士，而非典型意义的体制内人士。他们通过自荐参与人大代表竞选，开始将自己的利益表达诉诸于政治参与行动，显示出较强的政治自主性。

虽然就人们参与选举的动机是基于内在效能感还是权威忠诚度尚存争议，[2] 但在深圳和北京出现的人大代表竞选则证实内在效能感是参选的重要动力之一。在具体参选动机上，深圳和北京还存在差异性。深圳自主竞选的候选人中有一半以上都是所在小区的业委会主任、楼栋长或者业主维权领袖，所以竞选人大代表的动机集中体现在房产及小区维权方面。北京的自主参选者来源较为复杂，参选的动机也较为多元。[3] 业主参选是基于保护受损的私产；大学生和高校教师参选主要基于实现公民权利，无具体的经济利益诉求。不管是经济利益表达还是实现公民权利，都显示了参选者具有强烈的内在效能感，即希望通过政治参与来维护自己的经济权利和政治权利。

综合考察，推动改革以来中国人大选举前进的动力来自于两个方面：一是党和国家高度重视人大制度的完善，反复强调人大作为国家基本政治制度的重要地位，通过完善选举法律和制度，进行规范性的人大换届选举；二是

---

1. 邹树彬等：《人大代表竞选的群体效应：北京与深圳比较》，载《人大研究》，2004年第4期。
2. Shi, Tianjian, "Voting and Nonvoting in China: Voting Behavior in Plebiscitary and Limited - Choice Elections", *Journal of Politics*, Vol. 61, No. 4 (1999): 1115 - 1139. Chen, Jie and Zhong, Yang, "Why do People Vote in Semicompetitive Elections in China?" *Journal of Politics*, Vol. 64, No. 1 (2002): 178 - 197.
3. 邹树彬：《民主实践呼唤制度跟进——深圳市群发性"独立竞选"现象观察与思考》，载《人大研究》2003年8期。

公民对基层人大代表直接选举实践的重视和参与程度不断提升。越来越多的新社会阶层、维权业主，以及高校知识分子参与到基层人大的竞选活动当中，增强了人大代表选举的竞争性。

比较分析就会发现，人大代表自主竞选现象既不是一般群众自发的政治需要，也不是由地方官员主导的政治实验，而是由体制外社会精英试图激活现行制度中内在的民主基因，借助于《选举法》赋予的制度空间所发起的一种自主性的政治参与行动。这一现象折射出经济体制与社会结构的变化所引发的新社会阶层越来越强烈的政治参与愿望，并且采取实际的政治行动来影响现行的政治体制。而2004年修订的《选举法》，对于"预选"程序的恢复，以及关于候选人要与选民见面，回答选民提问的有关制度安排的相关规定，正是对上述政治参与的诉求提供了初步的制度回应。

三、中国选举民主发展的意义

（一）中国选举民主的进展与效应

改革以来，中国的民主选举无疑取得了显著的进展。从广度上看，体现在基层群众直接选举农村村委会和城市居委会，以及乡镇长的直接选举，乡镇党组织选举改革实验，和基层人大代表选举中的自主竞选。从深度上看，基层群众自治组织"草根选举"的民主化程度推动了对地方党组织和政府、基层人大代表的政治性选举的改革。从选举的公平性和竞争性看，候选人提名和产生程序日益开放，正式选举更加规范，选举人的可选择性得到更多的保障。

中国各种民主选举改革之间具有一定的相关性。农村选举无疑是1978年以来启动中国民主选举工程的引擎，村委会选举激发了村民政治参与的热情，培育了村民对于民主权利、政治责任的认知，强化了对于官员的监督。村级选举为同样作为基层群众自治组织的城市社区居委会选举提供了经验和范例。农村选举还推动了乡镇长选举改革的出现，经过村委会选举的训练，农民学会运用选票来表达自己的政策主张，选择自己认同的地方政府官员。而乡镇长选举改革对乡镇党组织的领导权威也带来挑战，为获得更为广泛的党内外支持，乡镇党组织吸取村党支部选举改革和乡镇长选举改革中的"两票制"经验，进行相应的"公推直选"实验。

中国选举民主的发展还产生了积极的效应。首先，选举培育了民众的民主素质与技能。选举是一次民主知识的普及，使民众和干部都认识到选票的重要性，认识到权力委托与责任关系。在选举过程中，为了保证选举的公平性，人们还学习或创造了各种选举的机制，比如海选、预选、"两票制"、鼓励竞选宣传、设立秘密划票间、限制委托投票等。通过选举，人们在不断地熟悉民主选举的"游戏规则"，以及逐步养成遵守选举规则的习惯。其次，选举还增进了公共治理的绩效，改善了基层干部与群众的关系，让官员更为关注选民的利益和诉求，一定程度遏制了腐败。许多开展选举较好的地方，在其他条件没有改观的情况下，社会矛盾相对缓和，基层治理明显改善。[1] 再者，选举还巩固了执政党的政治基础，凸现了选民与执政党、政府、人大代表的委托和代理关系，体现了人民民主与党内民主的相互促进，提升了基层党组织的民意支持度，巩固了党的执政合法性基础。

（二）中国选举民主发展的特点与总结

改革以来，中国选举领域的进步是民主发展的重要成就。这使中国执政党和政府深刻地认识到，随着社会主义市场经济的发展，带来了经济社会的

---

[1]. 张锦明：《步云乡长直接选举的背景、过程与效果》，http://www.21gwy.com/gg/ldwzzd/a/8371/438371.html，访问时间：2011年10月10日。

巨大发展和人民群众政治参与积极性的提高，必须不断因势利导，积极、稳妥地深化政治体制改革。从总的趋势和特点来看：

第一，中国选举政治的民主化发展，是在新的历史条件下中国共产党提高执政能力的需要。中国大陆推进民主选举的进程，总体上是从属于完善党的干部选拔制度的进程，是党的传统干部选拔制度的创新。推动选举改革的直接动力源之一是从中央到地方的各级党组织，其目的是通过扩大普通民众对基层官员的选择权，实现公民政治权利，在政治上落实"以人为本"，不断提高党在市场经济和民主政治条件下的执政能力和党长期执政的政治合法性。因此，中国的选举改革重点是逐步完善党组织在选拔干部的制度和过程中的"人民公认"的程序和程度，尽可能将组织意图建立在广泛民意基础上，以实现党的领导、人民当家做主与依法治国的有机统一。而市场经济改革还加速了地区发展不平衡和社会利益分化，民主选举的改革探索也成为执政党协调、缓解社会矛盾，改善和提升公共治理的重要手段。而选举的民主化进程正逐步在党的领导下，由农村发展到城市，从社会发展到党内，从"草根社会"发展到基层政权，从体制外发展到体制内。而执政党也逐步在这一进程中不断提高驾驭选举政治和民主发展的能力。

第二，中国选举政治的民主化发展，是中国人民法治意识、权利意识、参政意识不断觉醒的历史进程。改革开放的深入，推动中国经济社会迅速转型，也不断激发起广大人民群众政治参与的积极性。联产承包责任制的农村经济改革在提升农民经济自主权的同时，也唤醒了农民的民主意识，他们通过参与村民委员会选举来重塑基层治理结构，维护自身的权益。市场经济改革还瓦解了计划经济体制下的城市单位制社会结构，社区居民委员会直选成为重构城市基层群众自治制度的重要步骤。经济改革以及由此带来的社会利益格局的重大调整，还导致各种在市场经济条件下应运而生的新社会阶层的出现，他们往往有较好的教育背景、较高的法治意识和较强的适应市场经济的能力，因而有更为自主地表达利益诉求和更为自由地参与政治选举的动力。

总之，在经济改革的推动下，人民群众的参政意识和维权意识被激发，越来越多的人开始主动选择通过积极参与选举等形式来表达和维护自己的权益，现行法律制度文本中规定的公民政治权利被不断挖掘和激活。

第三，中国选举政治的民主化发展，是中国社会各阶层人士培育民主精神、学习民主知识、熟悉民主程序、提高民主技术、养成民主习惯的政治社会化过程。中国是一个有着数千年封建专制传统的国家，缺乏选举政治的文化传统。近代以来，中华民族追求现代化，赶超西方发达国家，谋求自立于世界民族之林的历史进程中，选择有助于经济发展，政治稳定，符合中国国情的民主政治发展道路，一直是中华民族始终不渝的奋斗目标。而改革开放以来，中国共产党对民主政治作为人类普世价值的认同程度也不断提高。早在改革之初，党和国家的领导人在反思"文革"悲剧时，就充分认识到发展社会主义民主的重要性，邓小平指出，要在政治上充分发扬人民民主，保证全体人民真正享有通过各种有效形式管理国家，发展比西方国家更高更切实的民主制度。[1] 中共十五大上，江泽民也指出，"扩大基层民主，保证人民群众直接行使民主权利，依法管理自己的事情，创造自己的幸福生活，是社会主义民主最广泛的实践"。正是在这些精神的指引下，农村村民委员会选举的制度化程度不断提高，乡镇长选举改革探索得以推进。而中共十六大关于"党内民主是党的生命，对人民民主具有重要的示范和带动作用"的论断，也直接加速了全国以乡镇党委为主体的乡镇领导班子选举改革试点的进程。[2] 中共十七大首次将基层群众自治制度纳入到社会主义政治制度的体制内，也进一步推动了城市社区居民委员会以及社区党组织的直接选举改革。

尽管中国的选举民主化进程是伴随着经济社会发展而不断进步，但是其进程与经济发展速度相比较，还有极大的发展潜力，并有着漫长的发展道路。

---

1. 邓小平：《邓小平文选》第 2 卷，北京：人民出版社 1994 年版，第 322 页。
2. 《中组部副部长欧阳淞介绍中国共产党的建设和干部队伍建设情况》，http://www.china.com.cn/zhibo/2007-10/17/content_9060556.htm?show=t，访问时间：2011 年 10 月 15 日。

民主选举
Democratic Elections

（1）真正展开民主选举的政治层次还较低，大都还局限在"草根民主"的层面，选举技术和操作规程还很粗糙，广大人民群众以及各级领导干部的民主素养和法治意识还有待逐步提高。（2）现有文本制度中的公民民主权利还有待充分落实。除了各种选举法还有待进一步充实完善以外，只要把现有制度文本当中关于公民和党员的政治权利在实践中充分落实到位，中国的各种政治选举的民主化程度将有较大的提升空间。（3）中国改革的最高决策层对于发展民主选举的必然性与必要性的认识，还将随着经济社会发展而不断深化，与人民政治参与积极性的不断提高相适应，在确保党始终走在时代前列的同时，最大限度地代表和反映中国最广大人民群众的根本利益。

梨树县村委会换届选举观察

张 静
(北京大学社会学系)

1998年7月,吉林梨树县进行第四届村委会选举,这是该县推行平安村"海选"方法以来的第三次换届选举。选举过程直接由县委领导,根据县人民政府制定的《选举办法》推行,由县民政局具体实施。与从前相比,今年的《选举办法》作出了进一步改革,它要求"把选举的权利全部交给选民",在全县所有的村实行海选,由"选民直接投票选举村主任、副主任和委员";"上级机关或村党支部不定调子,不划框子,不提候选人"[1];选举方法更为直接,推行秘密划票、单独投票、差额选举和公开计票;在第一轮选举中,如果未有过半数者出现,则得票最多的两人自动成为候选人,选民对其进行第二次投票;计票结果出来以后,当选者无需通过报批手续,立即当众委任。

这种安排明确显示出对选票结果的更多尊重和对选民的更多信任。虽然选举过程并非如计划般完美,对选举程序的控制也不是无懈可击——各级干部、竞选者、候选者和选民,都还需要时间学习、习惯新的规则,但是这种

---

1. 《梨树县村民委员会选举办法》(1998年7月),第20条。

新规则的推广和使用，不仅传达了一种更为开放、包容的社会治理观念，表现出对于公开、程序和公意等原则的向往，而且，仅其在有限规模中的实践，已经显示出一系列重要的政治和社会意义，推动了若干社会变化产生。

这些变化引发的政治、文化和社会效果涉及广泛，根据我的初步观察，其中最有意义的部分可以从三个方面来认识。第一，选举影响到乡村社会的权威结构，这种影响表现在，村乡两级原有的管制权威部分地被弱化，而县级政权和选民方面的影响力得到某种程度的汇合并加强。第二，选举加快了村一级主要干部的变更速度，因而增加了在基层干部中集结"网络"的困难，同时选举印发的村级干部授权来源的变化，使他们不得不面对从前不太在意的"公意认受"问题，其位置的压力和不稳定性明显增加，这对基层权威的工作目标形成了前所未有的影响。第三，选举刺激了建立常规性制度约束的社会需求，这些社会需求超越了选举的范围，旨在向制度化的村民自治目标前进。村民要求的制度建设包括立法和组织方面，它涉及界定村级干部职位及组织的权利，涉及使这些权利的实现具有法律和组织的支撑，以便让权力的分布有益于社会平衡。毫无疑问，如果这些常规的制度和组织建设得以开始，乡村社会的治理将迈出更为重要的一步——由依赖人改变为依赖制度保障和组织监督，应当说，这是运用政治方法改善基层社会整合状况的尝试。

本文希望对这些发生在局部范围的、重要的社会变化进行初步的讨论。讨论所用资料依赖作者本人的访问记录、部分文字档案材料及统计数据。

一、基层社会权威结构的变化

根据以往的惯例，农村基层干部的变更主要从预定的"后备干部"中选择，在这个意义上，后备干部是事实上的村干"候选"人。他们的确定有一系列的组织程序，通常是自下而上的报批备案，经过（在一定的范围中）征求意见，在干部群体中上下议合而成。很多以往的经验证明，对于候选人的

"选择"者,主要是同级或更高一级的在职干部,因此在不少的农村地区,广泛流传着"村干部,乡里定"的说法。后备干部首先由村现任班子提名,然后报乡级政府考查备案,其后,他会被安排参加一些学习和培训,也可能被放到某一些非重要的职位上接受观察和锻炼。除非特殊的情况,一般而言,县以上单位并不过多涉入村级干部的遴选,村民的涉入也是罕见的,这两方面的人可能被征询"意见"或听汇报,但征询的作用在于为决定提供信息,并不涉及决定权的转移。虽然总有村民认为,"上面看上了谁,谁就能当官",但是这个"上面",如果是指县以上机构并不确切,更多的情况是,无论是否上报备案,村级干部的遴选决定主要是在乡村两级作出的。其中,在任村干部在新干部的初步确定中有着相当重要的作用,而乡级官员的影响力则通过考察、协商、认可和审批过程体现。这说明,过去在"候选人"甚至"当选人"的确定方面,村乡两极干部事实上分别拥有提名权和审批权,否决权则被双方分享。在这样的惯例下,村干部候选者的名单往往是乡村两级干部协商议合的结果,村中的资深人物则起到提供信息的作用。

这种议合过程,基本上,既没有县级政府的参与、也没有村民的参与,久而久之,在村务治理方面,逐渐形成了一种乡村两级干部密切接触、互通信息、互为配合并提供支持的局面。这种密切的关联通过一系列公务和私务联系形成密结的网络,并对保持乡村两级的控制地位起到非常重要的作用。一方面,他们相互支持,以增强自己的权威并增进网络内成员的利益;另一方面,它有力地排斥着他者的介入,无论这种介入企图是来自上面还是下面。从下面一方来说,基层的权力格局很少可以为村民的行动所改变,一些村民的投诉被证实后可能导致更换村干部,甚至整体性地更换村干部,但这些行动并不能对乡村两级基本的权威框架构成根本威胁,因为新上任者的产生程序仍延续惯例,村民能够施加的影响非常有限。从上面一方来说,基层干部中由公务和私务形成的网络具有阻挡上级干预的倾向,它造就了一种类似隔离地带的东西,将县和乡以下基层的人和事相对分离。在这种情况下,信息不得不通过这个隔离带的筛选才能到达上级部门，因此，基层干部的活动常常能够游离于上级的有效监督之外。隔离带还造成了县府与村民的距离，除非上诉等非常事件发生，一般情况下他们双方的常规接触不多，这就大大限制了县级官员在乡村干部渠道之外获得信息的机会。事实上，县级政权更确切的位置，是处于乡村两级干部密实的"包围"中，如果没有大量的投诉引发他们的强制性介入，通常情况下他们直接干预村务的理由和动力都相当有限。他们很少主动打破由乡村两级控制的基本管理秩序，相反，还极为依赖基层干部的帮助才能完成各项计划，甚至依赖隔离带的"保护"防止民事过多的干扰。所有这些现状，都强化了乡村两级在村务治理方面的权威中心地位。

但是，梨树县的海选使得这一格局出现了变化。由于候选人不再由乡村干部议合而成，遴选者的位置遂被自然取消，乡村两级对于人事任免的控制能力也因之相对减弱，间接地，还相对减少了乡村干部网络通过自定继承人强化权力的机会。海选给了村民更大的选择权，提高了选票对于干部任用的作用，选民从切身利益的关切点出发，对当选干部的行为预期不能不发生影响：他们无法只热心于加入乡村干部网络，织结向上的关系，还需要竭尽可能把自己和村民的利益联系在一起。一些当选干部说，"当选"比"任命"感到的压力更重，因为原来只有一个责任方向（上级——乡），现在至少变成两个；原来对他们只有一种（上级——乡）要求，现在变成多种要求。很显然，由乡上看上谁到选民看上谁，这种转变使村干变成多条线牵连的木偶，并不能任由一条线的牵拉决定其动作。由此可见，选举刺激了村干和村民的利益结合，压抑了为求当选而唯上或只唯上的动机，因而，乡村两级干部网络对新来者的控制力量在某种程度上减弱了。

另一方面的变化在县级机关。在梨树县，选举方案由县级或更高一级的政府制定并加以解释，使得县级政权不仅拥有了实际上的"领导"地位，而且成为选举政策咨询及处理纠纷投诉的中心。这样的地位，方便了县级政府更多涉入基层的纠纷仲裁，而在过去，大量的村务纠纷是在村、乡两级的机构中处理的。如今县民政局直接接待投诉，负责解释政策，搜集证据，甚至仲裁选举的有效或无效，说明选举使其有机会迅速成为（当前体制中）选民唯一信赖的机构，因为只有它具有保护选民权利的力量。而乡村两级权威并没有这样的作用，相反，他们往往成为直接被告或间接被告，他们中间少数控制选举的行为很容易成为众矢之的，常常出现失败的干预，"有劲用不上"。在我所到的一个村子中，当第二轮选举结束后，选举领导小组迟迟不愿计票，他们担心一个令其不悦的竞争者当选，顶替掉原来的村主任。于是，村干部同乡干部商量，希望在计票前宣布选举无效，安排重选。虽然乡村两级干部都有此明确的意愿，但是他们都无法找到这样做的合法程序，结果，这个运用行政权力影响选举的企图没有实现。当县级官员作出"推翻选举证据不足"的裁决后，计票在拖延了几个小时后还是正常开始。计票结果显示，乡村干部担心的事并没有发生，原村主任仍以多数票当选。一些早先确定的后备干部也必须经历选举的检验，过去他们可以投诉说"某某"压着他，现在他无法埋怨选民不投他的票，而这些人和原来的干部达成的某种"默契"也失去了保障作用，他们必须按照新的规则竞争，而且不是面对干部，而是面对选民。这些现象让我们看到，企图运用惯例控制选举结果的乡村干部，面对着很多新程序确定的权力和组织的限制，行动起来比从前更为困难。

另外一个村发生的故事也证实了上述判断。那里的一位"村主任"竞选者令乡村干部不太满意，但根据《选举办法》自报竞选的原则，他们无法让这个人退出竞选。好不容易，乡干部找到一个理由阻止其参加竞选：让他先辞掉乡生产办公室主任职位，否则就取消其竞选资格。但是先前的竞选报名名单已经按规定公布，他要竞选的讯息已经为村民所知，尽管这个人最后没有被同意参加竞选演说，而选票还是令其顺利当选。当我们就此事件询问一位县级官员的时候，他查阅了《选举办法》，而后熟练地指出其中的条文并不支持乡干的做法，因为乡生产办公室主任不属于正式职位，户口仍在村里的村民，就有选举和被选举权。我注意到，对于选举是否有效，乡村两级干部并不能说了算，选举无效的判定几乎都是县级官员作出的。乡村两级干部的行动显然不能超越法律，更无法替代选票，所有投诉，包括来自乡村干部的投诉证据都要求送县民政局查实，县府对于村务处理的影响则在不经意中被增强。县府的这种仲裁地位促进了选民和它的直接接触，我发现，人们总是越过乡村直接到县民政局去，选民成了县府的"耳目"，让他们可能从村民提供的信息中直接掌握情况，在选民和县府之间，因选举形成了共同监督乡村权威的联合力量。

正因为如此，海选的阻力如果有的话，目前理所当然地主要来自乡村两级班子。这种阻力不仅被县级官员所承认，因而他们需要下大力气去推动、去要求、去催促检查选举工作，而且也在我对乡镇干部的访谈中体现出来。一位乡干部话虽委婉，但颇具代表性：

"应当强调向组织负责，强调加强领导，这样可以防止坏人当选，如果让这种人当上干部，今后的工作不好配合，我们有这样的担心。村主任只为村民着想、不为国家负责也不行，现在农民还很落后，应当接受先进力量的领导"。[1]

一封给信访办的投诉信则表达了部分村干同样的忧虑。这封信的作者认为，村干部工作得罪人多，海选很容易使其站不住脚，到处串联的坏人倒容易进领导班子，所以选举应当设置标准限制。他在信中写道：

"干部是国家的财富，在没有犯错误的前提下，捣动什么也别捣动干部。应当用既民主又集中的方法稳定基层领导班子，不能叫干部没有长远打算。如果有标准，规定几条谁符合，就由支部提出候选人报上级同意，群众再对他们进行差额选举比较合适，否则就乱套"。[2]

这封信写于1992年，它反映了一些村干对海选冲击的不适应，他们把规

---

1. 梨树县某乡干部访问记录，1998年7月。
2. 郭家店乡某村上访信件。

则的变化视为"乱套",希望恢复原来熟悉的、因而也容易控制的规则。但这并没有使决策者对新法规产生犹疑,在信访办的回复中,市县方面明确指出,该信提出的标准"只是个人的意见,被选举人的标准则是根据《村委会组织法》确定的"。这样的处理,不仅坚持了新规范,而且具有促进规范统一、以更高级别的规定标准取代基层分立标准,以及限制变通执行权的意义。很显然,立法、法理解释和执法标准的"上移",在客观上增强了国家法律规范基层秩序的准则作用,也可以说,乡村干部的"立法"及解释法律的地位受到了挑战。

选举对乡村两级的干部网络之稳定也构成相当威胁。统计资料表明,从1988—1998年经历的四届选举中,参选率逐年提高,但村干部多数职位的连选连任数却逐年降低,新当选人数逐年增加(通过访问我得知,在今年的选举中,该县有一个乡仅村主任职位就有高达50%的新人当选)[1]。

表1 梨树县四届村委会选举统计

年份	参选率（%）	落选主任（人）	落选副主任（人）	落选委员（人）	新当选的村民组长（人）
1988	93.1	13	72	196	34
1991	94.3	41	119	285	221
1994	95.1	51	133	337	292
1998	98	113	14	128	825

资料来源：该县民政局选举情况统计表（1998年8月）

村干连任率的不断降低意味着,建构稳定的地方干部网络需要的重要因素长时间稳定的合作工作关系不那么容易获得了,新人进入和频繁更换使网络的效用遇到不少困难,这对地方势力在乡村层次的集结是一个不利条件,

---

1. 根据县民政局历届选举统计资料及干部采访记录。

因此才有了村干所说的"乱套"。在基层干部群体中普遍出现了对新控制方法的生疏和不适应，缺少了原来控制秩序提供的人际网络依赖，乡村权威的控制能力明显下降，他们无法再如从前那样施展威力；必须跟随统一的程序又使其失去了部分灵活"立法"的"自主"地位，所有这些联动的变化，都使长期以来的法律地域化（特殊主义法律）和失准化（基层执行中的变通处理）遇到了阻力。

二、授权来源的变化

7月梨树县之行的另一个访问主题是关于《村委会组织法》，我希望了解村民和基层干部对于自治的想法和经验。在那里我看到，《村委会组织法》受到村民的广泛拥护，几乎所有的受访村民都表示，梨树县的做法很好，《村委会组织法》很好，它体现了选民的意志。以他们在交谈中对其他问题的坦率态度判断，我相信这些意见是由衷的。为什么《村委会组织法》受到农民的衷心拥护？因为它给予了村民选择的权利，一旦法律让他们拥有了这种权利，他们就有机会使用这种权利做出有利于切身利益的选择——推举村干，并通过这些选择行动自主控制自己的命运。对他们来说，这一项权利的规定并不简单，它不仅使长期的委任变成了选举，而且选择村干的主体也不同了。从前是别人授权，现在是村民自己；从前是上级授权，现在是选民授权；从前"干与民"的关系现在成为当选者和选民的关系。当选者之所以必须为选民服务，在于他们利益的一致性，选举建立起了这种一致性，排除了与选民利益严重冲突的人——如果他们之间存在利益冲突，这种授权通常不会发生，由此，在利益一致的基础上建立起新的权威和服从的秩序。

授权关系的转变有利于基层社会的秩序，梨树县的统计证实了这一点："自1997年5月以来《关于切实实行村务公开、民主管理制度的通知》下发以来，全县的信访和上访案件分别比上半年下降32%和35%左右，民间纠纷也大大减少，尤其是干群纠纷案件减少了40%左右"。[1]

　　这种变化表明，基础社会结构的稳定性与权威和受众的关系有关，而这种关系的作用又同授权方式有关。选举把村民放到授权者的位置上，等于授权"委任"了大量的监督者，他们的自我利益成为其参与监督的动力，监督力量的强大使权力越界受到控制，而适度的分化权力——由当权者自己委任自己到他人（选举）委任，导致在不同的人群、不同的利益声称者之间建立了约束关系，约束关系限制了损害他人利益的行为，由此防止了冲突性利益的长期积累。过去委任干部的权力过于集中在一个很小的范围内，没有其他等强度的社会力量约束，很容易出现暗箱操作，即使没有什么暗箱操作，也有相当多的干部被怀疑向上送了好处，因此失去村民的信任。公开选举让更多的人参与决定干部，等于让更多的人参与"干部"产生的过程，所以选举成为和平获得权威的简单方法之一。在多数票面前，未成功者无话可说，不同意者也只能认同当选者为权威，当选者更能感受到光明正大的荣誉：

　　"选举比任命好，干部有威信，工作好开展，说话服人心。是村民选我干的，你不听，就等于反对他们，少数对多数，怎么对抗得了？""如果不是公开选举，我们不清白，人家认为我们不是送钱买、就是拉关系得的人情官，人家怀疑你不正，不服管理，咱心里也觉得窝囊不是？选举之后一切都说得清，道得明，都参加了，人人看得见"。[2] "以往村主任这角色，向来都是上面让谁干谁才干，所以说话办事总好像缺少什么。这回是大家选我，真是名正言顺。只要大家伙支持我的工作，咱们村里的事心想事成没问题，成不了你们就把我撤下来"。[3]

　　干不好就下台，在任命体制中是一个棘手问题。都是上下级，多年的工作关系，让谁下台都抹不开情面。但授权关系的改变解决了这一人事负担。

---

1. 梨树县民政局：《积极开展村务公开活动，促进农村基层民主建设》，1998年2月，第9—10页。
2. 梨树县当选村干部访问，1998年7月。
3. 引自梨树县喇嘛甸镇某村当选主任就职演说，县基层政权建设领导小组：《梨树县村民自治故事汇编》，1993年4月。

据说梨树县平安村创造海选的方法，最初正与"不好意思换人"有关，乡里对老干部不满意，想换人，然而乡里乡亲的，提名别人不好意思，只好采用匿名选举，这样谁都不必承担得罪人的风险。

授权关系的转变还增加了干部的权威感。在梨树县，这次选举吸引了相当多的村一把手竞争主任席位。按照现在的基层体制，应当说他们并不缺少权力，但是组织授权和村民授权，在他们看来仍有重要的不同，起码在象征意义上，一个是在局部范围当选，一个是在全体村民中当选，这意味着受到承认的范围不一样。特别是，当梨树县规定村主任拥有村财务审批权后，村委会的重要性与日俱增。一位当过主任的支部书记说：

"过去只想完成上级的任务，现在可不行了，双方要求都得顾及，否则村里的事管不了。与村主任需要平等配合，工作得掂量着来，搞好平衡"。[1]

书记这样想，主任更不能例外，村民授权的巨大压力，让干部意识到了选票的厉害。要竞争成功，就得掏心窝子为他们办事，不成就得下台。这种认识反映到竞选中的结果，是对村民的实际承诺开始多了，"套话"开始少了：

"我的承诺是，按照1998年农民负担卡为基数，第一年，减轻负担5%；第二年减轻负担10%，第三年减轻负担15%。如果达不到，我自动离职"。[2] "首先做到廉洁自律。两袖清风，……时时处处严格要求自己，不贪不占，干干净净做人，……老老实实做全体村民的公仆，想村民所想，急村民所急，做村民所需，切实把村民放在心中。……坚持村民自治的方针，彻底实行村务公开，坚持村民代表会议制度，真正让村民当家做主"。[3]

授权来源的变化，推动了村务决策向更为审慎的方向发展，参与决策议论的范围进一步扩大，对决策的议合程序开始受到重视。村庄决策者已经意

---

1. 梨树县某村当选村干部访问，1998年7月。
2. 引自梨树县某村村主任竞选演讲稿，1998年7月12日。
3. 引自梨树县某村当选村主任发言稿，1998年7月20日。

识到，自己的权力并非无限，而"权限"意识的广泛发展，是社会制度理性化水平的重要进步。如今对于村干来说，权力的有限，不仅仅是因为上级领导监督的存在，还有一部分来自选民监督的限制，他们不同意，一个决议就形不成。梨树县十子堡镇有一个村，干部计划投资十万元建车工刀具厂和硫酸水电瓶厂，他们曾对这个计划给予很高的评价，认为这是"打着灯笼也找不到"的好事。但是，这个干部一厢情愿的计划在村民代表会上被否决，代表提出的理由是这两种产品都没有销路：现在的车工刀具都是合金钢的，十年八年也用不坏，无需买新的；硫酸水电瓶则属于淘汰品种，在大城市中已经弃之不用。经过调查，干部发现果然如此，如果没有村民代表的约束，这笔投资肯定是浪费性的。

这个例子让村干认识到，有"限度"的决策权利并非是简单的坏事，它抑制了不良决策发生的机会，错误决定的出现概率随之下降，而经验证明，授权关系的转变，是建立上述"抑制"的一个途径。在梨树县，一些制度化水平比较高的村庄，村民代表会议开始具有明确的意识，去限制乡村干部的随意定税（费）权。例如，霍家店村村民代表会议有一项议程：对乡政府下达的提留统筹数量进行评估和确认，不合法理的不予确认，村干就不能执行收缴。根据其村民代表会议纪要，这个村曾对1996年乡政府下达的提留统筹数额评估后形成下列决议：

"根据农民收入年年增加的实际情况，按照省市县有关政策规定，适当提取或增加乡统筹和村提留是可以的，农民也承受得了。经村民代表会议表决，一致通过上述预收款项，同时代表会议决定，有关农民负担的问题必须经过村民代表讨论通过，并公布于众，对不合理负担要坚决抵制"。[1]

虽然这些限制还不够稳定完备，在不同的村庄也有差异，但限制的发生和存在对于乡村治理的重要性不可低估，它表明村民代表自主意识及能力的

---

1. 霍家店村村民代表会议记录，1996年5月25日，三届七次会议决议。

发展。他们开始要求对于不合理"负担"的否决权，开始要求分享部分村务的决定权，开始学习监督与议合，开始强调和运用村民代表的批准权，抵制一切不加限制的滥用权力的自利行为。村民代表会议不仅作为倡扬依法程序的工具，而且成了抵挡外来剥夺的有力武器，如果没有授权关系的改变，很难想象村民代表能够有力量作出此举。它的力量来自于《组织法》对其权利的界定，利用法律和公意认定给予的合法性，村民代表对村务的影响力得到强化。在我写这篇文章的时候，四川电视台的新闻给出了类似的证据，在那里一个村刚刚进行完毕的选举中，两位乡干部自行决定两次取出"废票"，目的是让总票数减少，以方便一竞选者"过半数"。但是，这种做法最终由于唱票和监票组成员不予承认（即未经授权）而告失败。在改变了的授权关系面前，一些不知道自己权力有限的乡干部，仍然按照习惯，试图把权力置于选民代表组成的领导小组之上，这样的行为遭到了强有力的抵制。

三、建立制度化"常规约束"的社会需求

委任和选举是解决村干遴选的两种方法。舍去这两种方法的利弊不谈，它们的共同方面在于解决合格的人选，而人选确定后的治理问题，并不是他们的主要目标。遴选和选举的目标在于找到一个好人，它们基本上不问如何依赖制度约束、防止好人作出错误决定、或好人可能变坏的问题。但是，选举和委任的不同之处在于，一旦选举发生，它就会刺激制度建设的社会要求，以保持村民选择的压力，选举让村民更清楚地认识到，依赖制度比依赖人更有利于保持这样的压力。在梨树县，七月选举中有部分村民"罢选"，他们利用参选的要求提出条件：不公布财务账目不参加选举。这种口号看似针对选举，但它要求的是比选举更为广泛的制度改革。它提出选民的知情权（公开）和监督权（制衡）的问题，因而超越了选举本身的需要，达到了更广义的推进村民自治制度建设的层次。村民强烈意识到自己介入村庄管理的必要，意

识到解决目前的问题,不仅需要一个可靠的人,更需要一个可靠的制度才行。他们不再等待或是幻想好人出现,他们开始行动,由自己提议制度。

在这方面也有消极的表达方式。在访问的中我发现,由于对选举以后的改善怀有疑虑,相当部分村民缺少对选举的投入和兴趣,它表现在,村民对竞选演讲的参与率不高(但私下的串联不少),对竞争者的公开提问相当有限(但私下的议论却非常多),一些村的弃权票很高(达到200张以上),代家人投票的情况也相当普遍,不少村干还有动员、命令和对付上级检查的行为。这种种对选举关切不足的现象,显然与选举关乎其今后利益的信心有关,这反映了目前基层一系列常规制度被公意信任的状况还不够理想。我向一些不热心参与选举的人问:为什么你没有兴趣?他们回答:"谁上去都一样,都是捞一把,选不选有什么意思?"这样的回答让我意识到,他们在要求一个选举后的公正的制度、能够防止"捞"的制度。如果没有一系列的制度支撑,选举的成果就会半途而废,如果村民不仅可以选择人,同时可以选择治理制度来保持他们的监督,由选举打开大门的村民自治才会有明确的进步方向。

制度建设的要求提出了非选举阶段如何实现村民自治的问题。自治的目的是实现村民的自我管理,这势必需要解决集体决策、或由村民选举的代表进行间接集体决策的制度保障问题。目前相当多的村民代表会议制虽然建立起来了,但是在多数情况下,他们除了安排选举,没有更多的工作要做。一些村民代表说:"选举完了,代表的头衔就结束了",这说明在一些村,村民代表会议制并没有常规化,在日常的村民自治方面,代表的决定作用还相当有限。

在某种意义上,村委会是使集体决策(自治)实现的机构,但村委会和村民代表各自的权限是什么?它们在日常的村务工作中能够做什么、能够决定什么、能够否决什么、能够推行什么,处理村务的不同权限在村级不同组织中如何分配,如何以功能分化提高其相互约束的水平?所有这些,不仅给村民自治的实践提出了问题,也给相应的立法提出了问题。在这方面,选举特别提出了任命干部和当选干部各自的权限问题。如果前者职位高，问题还不突出，但在不少村都出现了任命干部未能当选村委会正职的问题，在这种情况下，如果职位的权限不明确界定，不仅很容易影响选举结果的权威性，而且鼓励了干部间和组织间争权夺利现象的发生。唯有进一步的制度和组织建设能够解决选举提出的新问题。通过立法界定自治权限的范围，保障其权限得以实现，这属于制度建设，在不同的组织间建立监督关系以保障他们各自权利的独立性，这属于组织建设。

这两种建设，直接关涉到选举之后村民自治的进一步发展，选举还提出了议事规则的重要性问题，这是集体决策或由代表决策实现村民自治不可回避的问题。议事规则是产生决议的程序，它是专门为集体决策的秩序制定的规范，应当是公开的共识。如果议事规则不完备、不严格，就会有相当部分的决议在议事规则之外产生，也就是在村民的了解和同意之外发生，很明显，这样引发冲突的机会很大，其政治上的效果是对社会整合及秩序造成损害。目前在农村普及的做法是，决策在某一范围的班子里形成后，再交与村民代表议论，这种做法比以前进了一步，但村民代表的作用仍然有限，他们的约束作用往往发生在决定产生甚至是实施之后（的结果方面），而在防止错误决定的发生、预先控制计划及经费预算等方面仍作用微弱。如果村民代表的议事程序具有权威，如果在一项行动实施之前必须经历村民代表的批准程序，如果这种批准有相应的组织去实施，就可以更有效的避免议事的形式化。

选举还提出了仲裁组织的建设问题。在这次选举中我们发现，伴随着村级行政组织整合能力的下降，乡村中以亲属关系为中心的社会网络的内聚作用增强，特别是，文化上对亲属关系的道德义务成为村民利益组织化的可用资源。由于利益冲突的存在，统一他们的意见并不现实，但可能通过建立对第三方组织的认同，解决不同群体的不信任和纠纷问题。这就需要建立独立于这些利益集团的中立性仲裁组织，授权这类的组织受理投诉，负责调查，为村民代表会议的辨别提供令人信服的证据。由于选举涉及利益的组织化，因此仲裁机构应当不涉入选举，同选民各方也不存在直接或间接的利益或组织关系，更不是某一种选举结果的受益或受害者。目前这种职能是由县政府机构兼任的，每天大量的接待不仅打搅了其日常工作，更重要的是，这不符合组织无涉的原则，县政府的取证及解决过程往往需要依赖下级——乡干部完成，而乡政府与村干则存在诸多工作及私人关系，乡政府的权力和地位又使其很容易影响村级选举，这往往难以取得各方当事人的信服。

如何解决令人信服的问题呢？促进基层仲裁组织的专门化发展是一个方法，这与司法和行政的职能分化有关，也与律师制度在农村的推行有关。律师的作用不仅仅在打官司中代表当事人的权利，他可以事先指点当事人按照法律程序处理自己的问题，以防止由于情绪扩大争端，避免违法行动对秩序的损害。从这个意义上说，律师制度在农村的推广重心在于预防纠纷，它不仅可以在行动之前为人们提供法律引导，也可以在纠纷发生之后和平而理性地处理之，这对于提高法治的权威性是一种有益的训练，其效果显然高过法律条文的宣传。

特别重要的是，这里所说的"制度"建设与目前一些基层"制度"的区别，在于它们体现了不同的治理原则。一种原则是由权威制定的，目的在于管制，但由于权威本身的超然度外及变化，这些制度很容易跟着变化，并可能被用于特殊的利益和目的，显然，这种制度积累冲突并且无助于理性秩序的达成。我们需要建立的，是符合公共同意及恒常性原则的制度[1]，"公共同意"即规则被村民众所周知，"恒常"即任何人都知道遵守或违背它的后果，对于这种后果的预见将指导他们行动的方向，由此而建立基本的社会秩序。现代知识已经帮助人们认识到，不当的制度积累并刺激冲突，比如，相当多的国家都用比例税制代替了平摊税制，用个人（或法人）税责计算代替了集

---

1. 有关论述参见哈耶克：《自由秩序原理》，邓正来译，北京：生活·读书·新知三联书店1998年版，第216—219页。

体（集团）税责[1]计算，因为平摊和集体税责计算很难区别收入及负担的差异，令低收入者感到不公，由此引发的冲突不断危及政治和经济的稳定。而在我国，农村地区的税责一直以某一个行政集体为计算单位，且实行简单的个人分摊（均等）制度，这种做法潜在地鼓励了各层"集体"的自定税（费）权，使其有机会利用定税（费）的地位谋取私益，对不同人的收益和能力也缺少详尽的区分性计算。这一系列制度的问题并不是可以通过选举解决的，只是，选举把它们引发的各种尖锐问题摆到了更为引人注目的地步。可以说，农村基层干部的选举，是一项设置民众监督权的安排，在现有的税制条件下，它是解决问题的途径之一。有助于在国家之外建立村民对不法定税（费）权的监督力量，以防止乡村决策者权力过大而使其行动失去控制，但是，根本上解决问题还需要进一步的制度建设。

制度的作用在于对权利进行明确的配置，而较为均衡的权利配置是社会稳定的基础。追求均衡需要对可能扩大的权力给予限制，比如海选是对少数人黑箱操纵的控制，而对候选人的资格审查又是对选民投票流向的一种限制。这些限制的基本目的在于使权利分布不致失衡，而政治进步正是通过建立一种力量平衡的结构，将冲突和竞争引至和平、公开、可控的秩序过程。我相信，村民自治的成功与否，将取决于我们是否有足够的智慧，通过制度和组织工具，即通过对权利、责任和义务的分化性配置促进社会整合，它更取决于，我们是否能够认识到，确立一种新的基层治理规则——从更广泛的意义上说，就是确立宪政和法治——是其唯一正确的方向。

（原载香港中文大学《二十一世纪》，1998年12月号）

---

1. 参见 James C. Scott, *The Moral Economy of the Peasant*, New Haven and Lon don: Yale University Press, 1976.

家族、地缘与"城中村"的选举
——湖北省武汉市一个城中村换届选举的实证研究

刘金海
(华中师范大学中国农村问题研究中心)

一、前 言

本文研究对象——团结村,是一个"城中村",隶属于湖北省武汉市洪山区和平乡,位于武汉市长江二桥南岸,紧邻武汉市内环线,南临东湖,北依长江二桥立交桥与和平大道交叉处。有4个村民小组,村民786人。全村版图面积5平方公里,现无耕种型土地。拥有集体总资产约2.2亿元。2001年,全村实现企业销售总收入23440万元,人平均年收入8200元。为了集体资产营运及对外经济交往方便,团结村于1995年组建村级集团。2002年的7至8月间,团结村村民委员会第五届换届选举如期进行。按照区级和乡级安排,其选举换届过程分宣传准备、选民登记并推选村民代表、选民直接提名候选人、投票选举、建章立制、总结验收6个阶段。团结村选举工作2002年7月中旬开始,8月下旬结束,计划历时1个月有余。从考察结果来看,选举准备阶段和村民代表选举阶段都比较平静。然而,随着7月29日"关于村民代表名单的选举公告"的张贴,一件意料不到的事件出现了。

二、两分法中的村民:"传单事件"

2002年8月2日,一份所谓的"业余"的竞选演说稿在团结村流传开来,这件事后来被定性为"传单事件"[1]。这次事件将团结村一团和气的气氛撕裂开来,彻底暴露出团结村历史上各种力量的竞争与争夺。当然,这次传单事件也将团结村的村民彻底地调动了起来。传单具体内容如下:

全体团结村村民们:
　　请你们擦亮眼睛,珍惜自己手中神圣的一票,如果你们将这神圣的一票投给了我,我保证用实际行动回报你们,给你们带来更多的实惠。
　　1. 尽全力为村民办好事,办实事。
　　2. 提高所有村民的福利待遇,解决你们的一切困难。
　　3. 将老人退休工资再翻两番,医疗费全报。
　　4. 将过去支工的村民全部归口村里统一管理,享受村民同等待遇。
　　5. 从小学到大学的全部学费由村里全部负担。
　　6. 保证50岁员工全部有班上,月工资不低于1500元。
　　7. 每个村民免费转流出国旅游一次。
　　8. 10年内将村里所有财产改制,让每个村民都有自己的股,并可转让、退股。
　　以上8条只要村民拥护选举我,我一定做到,结束那种不图发展的老时代,让年轻人充分发挥自己,我会聘用所有35岁以下的年轻人,我

---

1. 首先将传单的流转并带来影响的整个事件明确定性为"传单事件",是在2002年8月12日召开的第5届村民代表第一次全体会议上。会上,乡指导小组常务副组长、乡党委副书记郑代表乡指导小组和派出所就"传单事件"调查的情况作总结时的结论。

会把全部村民管起来，结束一个当官，个人得利，小部分发财的老时代，把苏家传的霸主地位从郭家手中夺回来，请你们放心我会实现我的诺言，让个别人一落千丈，结束他们的流行时代。

一个年轻的干部

这是一份极具动员力的传单。细观之，除第1、2条外，其余6条在村民中的号召力都是非常大的。因为这6条都是村里近几年颇遭非议的话题。

第3条的吸引力在于，村里退休老人的基数比较大，占的比例也就相对要大一些。按照2000年制定的《团结村村规民约》，团结村村民实行退休制，其中，退休年龄定为女50岁，男55岁。按照这一规定，截至2001年底，团结村共有女123人，男69人，共192人享受退休待遇。2002年，团结村又实行了人事制度改革，按照《2002年人事改革暂行办法》规定，有85人达到这一标准，实行内退，与退休老人一同享受退休费待遇。因而，截止到此传单流行时，团结村总共有277人属于此传单第3条所说的人员范围，占总人数的比例为35%。

团结村是一个城中村，因为征地原因，一部分人实现了农转非。仅据1971—1999年的征地资料统计，农转非人员为800多人（其中劳动力438人），超过了团结村的现有人数。这就是传单第4条之所以吸引人的地方。

第5条对子女多的村民有一定的吸引力。截至2002年7月29日，团结村有355户，村民786人，18周岁以下的村民有一两百人。他们的学费当然是一笔不小的支出，而这对户主来说当然是有比无好。

第6条所言的"50岁员工"可能是指内退的在业人员（85人）。在职时工资有层次，内退人员每月拿700元，干部内退分批进行。如果"有班上，月工资不低于1500元"的话，对后者不会有太大影响，但对前者而言，具有极强诱惑力。

第7条对青年人的触动很大。在团结村，由于征地支工的原因，现在团结村村民年龄统计曲线出现了3个峰值，如图1所示，横轴表示年份，纵轴表示年龄大小。其中，1950—1980年之间出生即20—50岁的村民人数约320人，在村民中占很大的比例。而按照团结村的惯例，只有在职中高层领导干部、退休村民、老党员才享有免费出国旅游的权利，鲜有青年村民享受了这一权利。

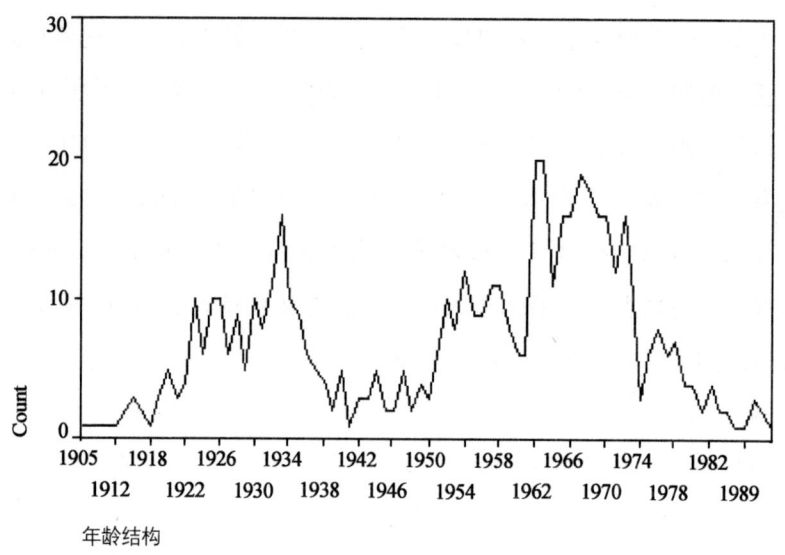

图1　湖北省武汉市团结村村民年龄曲线图

团结村拥有集体总资产约2.2亿元，村民786人，18岁以上村民609人。按照沿海地区股份化的村庄股份分配方案计算，大概未成年者可得价值约18万元的股票，退休村民可得价值25万元左右的股票，成年在职村民可获得价值30万元左右的股票，在职干部们分得的股票肯定还要多。这对任何一个村民来说，都是一笔价值不菲的收入。

然而，最具地方特色的是最后一段颇具挑战性的宣言。看其内容，竞争的矛头、目标和方向都显露出来了。归纳起来有：（1）年轻人对老一辈人的挑战。(2) 下岗人员、待岗人员与在职人员的对峙。(3) 全体村民与"一人当官，个人得利，小部分发财"的抗争。(4) 最具有团结特色的是苏家与郭家之争。

到这里，有必要对团结村的历史作一个简短的回顾。从历史来看，团结村的形成是国家政权的建设成果，是一个强制性的社会变迁。作为基层组织的团结村，其历史可以追溯到 1966 年，然而，作为自然社会过程的团结村，其历史则应追溯到 4 个队的形成时期，有 4 方势力在为村庄的权力努力着。其一为董家墩的董姓，其二为王姓占近 70%的王家墩，其三为以湖南人郭姓为代表的沙湖边，其四是以鄂州人苏姓为代表的汪家墩。前两个村庄是自然形成的，都是本地人，在形成的过程中并没有很大的利益分歧，而且，他们先占据了团结村的地利优势，因而，这两方势力合而为一。居住在沙湖边的团结人主要来自于湖南省，生存的压力决定了他们的勤俭品格；汪家墩的苏姓人氏也是如此，他们的到来对居住在本地的董姓和王姓来说，都是一个争夺资源的艰苦过程。如是，团结村的 4 个势力演变成 3 方势力角逐村庄权力的局面。据他们自身言，自 1966 年合村开始到 20 世纪 80 年代早期，团结村都是鄂州人在领导，本地人虽然有一定的作为，但主要是作为陪衬形式出现的。随后 6 年虽然本地人占据了村庄权力的主要位置，但是，团结村的本地人之间也存在着力量的较量，且难以分出高低，于是就有了"你方唱罢我登台"的局面，于是就有"团结人不团结"的话语。在这 6 年中，在位时间最长的也只有 2 年。其后，徐的任职起到了一个承转并接的作用，不过，湖南人代表郭洪甫的上台才真正结束了这一频繁更替的权力格局，郭上台以后，统揽党、政、经大权于一身，这才有了团结村 10 多年稳定的社会局面。

这是一份极具挑战性的传单，因此，传单在村中一出现，就掀起了轩然大波，并成为村里议论的中心。有村民对此做出种种推测，它究竟出自何人之手？村庄领导者们也是议论纷纷，但都没有一个确切的解释。不过，它倒是给了现任领导者一个信号，即这份传单是直接针对现任领导者的，对他们而言，现在有新的竞争对手了，竞争的目的是要从现任领导者的手中夺取团结村的党政大权，恢复昔日的某种历史意义上的家长式治理格局。

团结村的现任领导者中最有权威的人物——郭有点不安了。对他而言，在他在任期间出现诸如此类的事情，让他很没有面子。他当政10多年，就经济发展和村民收入水平论，他应该是团结村历史上一个贡献最大的领导，然而，就在他正试图抓住天梨路两边大型商业建设契机大展宏图的时候，却遭遇到了这意外的一击。

另外一个更深层次的因素在影响着郭的考虑。团结村的4方势力合为3方势力，形成一个三足鼎立的权力格局。这是一个相对稳定且相互制衡的格局。如果要打破这一格局的话，就必须有某两种势力的联合。团结村的现状也说明，迄今为止，另外两方势力都没有单独挑战湖南人主持团结村局面的能力，因而，如果出现此种联合的话，只能是本地人与鄂州人之间的联合。这一点对村民来说，它则意味着一次全民性的动员。因为，如此形成的力量对比显示出均衡性的特征，任何一点点努力都有可能改变最终的结局，所以，双方都在为争取这最后的"一根稻草"而努力，其结果只能是最大限度地增加投自己票的人数，而这无疑会将团结村的村民动员起来，参与这次真正意义上的民主选举。

不过，传单的出现给团结村这次选举带来的消极影响肯定大于作为民主的崛起力量的意义：它干扰了选举的正常进行[1]，而且，村民直接提名候选人的大会不得不暂时停了下来。

由于传单事件，村民直接提名候选人不能如期举行，原定于2002年8月6日召开的村民代表扩大会议也提前到5日召开。除了原村两委会成员、换届选举委员会成员、党员、企业领导、村民小组长、村民代表、选举登记员等

---

1. 传单一出现后，选委会及时将这一情况向上级领导及指导组作了汇报，将选举日"拟更改"为2002年8月25日。更改的理由是，"由于出现干扰破坏选举工作事件需查实"。

外，参加会议人员还有区、乡民政人员、乡副书记及乡长、乡指导选举督导组成员，还有乡法工委人员，共 120 人左右。会议宗旨是"树正气、立正风"。会议将"传单事件"定性为"一起严重的干扰换届选举的事件"，并要组织党政、民政、司法、公安等联合组成专案小组，进行专项调查。

"传单事件"的调查工作在进行之中。自 8 月 6 日下午至 8 月 12 日，乡党委和乡指导组组织了 6 个调查小组，分赴团结村 4 个小组进行调查，共走访老干部、老党员、老同志 43 人。根据传单发放范围和观察到的相关情况，有总结报告。这些情况在 8 月 12 日下午召开的第五届村民代表第一次全体会议上得到了说明。乡党委副书记代表调查组总结报告，认为"传单事件"还没有完全调查清楚，调查工作还有待进一步的深入。另外，他还谈到了传单的许诺问题，专案组算了一笔账，认为现在村里每年的经济收入根本不能兑现传单上的许诺，这样做的目的肯定是想把团结村搞垮。这次会议还通过了 3 项方案：一是通过候选人提名办法，比较特别的一点是不许委托投票；二是通过 8 月 15 日为候选人提名日；三是预告村民代表 6 项权利，并说明这方案将在候选人提名大会前通过。

2002 年 8 月 15 日，村民直接提名候选人大会召开。从得票率来看，超过 90% 的选民参加了这次投票。村里出动了 2 辆面包车和 3 辆小车，专门负责接送年龄大或身体有疾的老年人参加投票，还有一位女性老村民是由家人背着来的。得票总数在 50 票以上候选人名单见表 2。

按照《选举办法》，团结村选委会在 2002 年 8 月 16 日公布了各职位候选人（见表 3）。

郭为现任村主任、党委书记、集团董事长。苏为村委副主任、党委成员。他们两人在主任提名候选人中具有他人无法比拟的优势。从表 3 中可以看出，极具竞争力的他们两人都提名为主任候选人。这应了选委会主持人董的预言，这次选举肯定比上次激烈。因为，虽然郭在提名为主任候选人的得票率高于苏近 8 个百分点，但如果按总得票率计算的话，郭反而比苏少 4 个百分点，

表2 得票总数在 50 票以上候选人名单

姓名	提名主任	提名副主任	提名委员	高票低计结果					
				主任	得票率	副主任	得票率	委员	得票率
苏琦	252	101	10	252	44.80%	353	62.90%	363	64.60%
郭洪甫	296	29		296	52.70%	325	57.80%	325	57.80%
周利会	3	35	14	3	0.50%	38		52	
董久练	2	42	16	2		44	7.80%	60	10.70%
李德明	1	113	15	1		114	20.30%	129	23.00%
周红英	1	18	181	1		19		200	35.60%
赵继武		41	11			41		52	
万宝娣		35	77			35		112	20.00%
王丹凤		3	57			3		60	10.70%

表3 各职位候选人

职 位	姓名及得票数（其他名单省略）
主任候选人	郭洪甫 296 票　苏琦 252 票
副主任候选人	李德明 113 票　苏琦 101 票　董久练 42 票
委员候选人	周红英 189 票　万宝娣 77 票　王凤丹 57 票

即如果苏放弃副主任和委员候选人提名，全心全意参加主任竞选的话，他的得票率就极有可能高于郭的得票率。高票低记原则运用到副主任候选人提名票数的计算上，郭、苏、李 3 人具有竞争力。其他人员的得票率与他们 3 位相差太远。如果按认为能够充任村委成员的意愿进行总得票率计算，即是考虑表中高票低记委员候选人得票率的话，苏、郭、周、李、万分列前 5 位，得票率依次为 64.6%、57.8%、35.6%、23.0%、20.0%。

选委会在 2002 年 8 月 19 日公布了选举公告第 8 号。在申述了本届村委会所设职位、选举基本原则后，确定的候选人便正式产生。如表 4 所示：

从选举公告第 8 号可知，苏退出了主任正式候选人的竞争，同时也不参加委员正式候选人的竞选；郭只参加主任正式候选人的竞选；参加委员正式候选竞争性相差不大的是两位女同志。从得票率可以看出，主任正式候选人

表 4 正式候选人

各职位	姓名	得票率	姓名	得票率
主任正式候选人	郭洪甫	52.70%	周利会	0.50%
副主任正式候选人	苏琦	62.90%	李德明	20.30%
委员正式候选人	周红英	35.60%	万宝娣	20.00%

郭与周之间不存在着竞争上的可比性；副主任正式候选人苏与李的票数相差也比较悬殊。因而，若不出现意外情况的话，这两个职位的最终人选确定基本上已经明朗了。不过，在委员的最终人选确定上还存在着悬念。

三、竞争的转移：委员

按照《选举办法》，团结村村民委员会设主任、副主任、委员3个职位，每个职位各选一人。如要展示实力的话，首选的目标当然就是主任一职了。然而，经过了一番的较量，在副主任连同主任职位一起有了合适的人选之后，竞争的目标自然而然就转向了剩余职位的竞争。并且，单个职位的竞争演变成整体格局的竞争，竞争的重点就是，谁将影响着村委会委员的人选？

这与团结村的联姻习惯有着密切的关系。从团结村的历史可知，由于区位优势特别是高昂社会福利因素，村庄内家族联姻是一种通常现象。据不完全统计，团结村内的家族联姻人数近110人。至此，我们再来看一看上届村主任郭与委员万各自的家庭情况。

郭弟兄3人，他是老大，任团结村党委书记、村主任、集团董事长。他三弟在团结村搞业务，与村民联系不是很广泛，对郭在团结村的影响不是很大。他二弟因为征地支工的原因转为城市户口，对郭在团结村的影响几乎没有起到"添砖加瓦"作用。然而，我们不能忽视其家庭的另一半，也就是郭的弟媳，其弟媳却是万的妹妹。这样，他弟兄3人就与扩大化的万氏家族形成了利益荣誉共同体。

在刚进入团结村调查时，就有领导干部极力推荐，一定要与村委会委员、团结集团工会主任万多多联系，他介绍说，"你抓住了万，就抓住了团结村。"果如其然，这有两个方面的原因：一是其自身为村民长期服务的结果。村民们说，她和蔼可亲，干起工作来认真细致热情，且服务周到，在村民中有很高的威信。但更能获得解释力的原因是，万有姐妹6人，上有1个姐姐，姐夫是外来人；其下4个妹妹中有3个妹妹嫁在团结村。非常有意思的是，3个妹妹分别嫁给3组和4组的关键人物，其中特别是3组郭家和4组苏家的关键人物，她自己是本地人，因而，万在团结村任职就成为团结村3方势力都可以接受的一个理所当然的选择。无论是本地人、湖南人还是鄂州人，如若想在现今的情况下能够达到预期的目标的话，就必定要争取万氏的支持。

然而，今天的团结村已经不是3年前的团结村了，年龄分层应对这一转变的存在及延续具有解释性意义。原村主任郭生于1953年，1986年开始执掌团结村的行政权力，自1994年起，集团结村的党、政、经三权于一身。原村副主任苏1968年出生，1998年开始进入团结村委领导班子，1999年进入团结村党委组织。他们之间是依次相继的两代领导人代表。因而，团结村这次郭与苏之间的竞争，几乎代表了老生代和新生代之间的竞争。

从湖北省武汉市团结村村民年龄曲线图（图1）可知，团结村村民在年龄分层上集中于3个层次。第一个年龄层次集中在60—75岁之间（1923—1938年出生），第二个年龄层次集中在42—50岁之间（1952—1960年出生），第3年龄层次集中在24—40岁之间（1960—1978年出生）。

第一个年龄层次的村民都是离退休人员，每月可领到700元左右的退休费，还可享受医疗报销、节假日费、旅游等福利待遇，相比较过去来说，生活水平和质量都得到了极大的提高。他们一般持保守主义者的倾向，是维持社会现状的积极参与者。据村民情况统计资料表明，这一层次的人数是135人。

第二个年龄层次的村民是现在正处于团结村人事制度改革浪峰上的社会角色。政策的变动将因领导者的改变而发生变动，而这将直接影响着他们的命运和去向。根据《团结村人事工作改革暂行办法》，他们的去向一般有两种：要么内退且不返聘；要么下岗分流，享受低于标准工资的待遇。两种选择相比较而言，第一种选择对村民有利益上的偏好，第二种制度性的安排则带有某种程度上的经济惩罚意义。2002年上半年，他们中有85人被内退、分流和下岗，如今，面对村委会换届选举的机会，他们对现任领导者的期望和态度就极可能与从前不一样了。

第三个年龄层次的村民有234人，在团结村占了极大的比重，他们的偏好对团结村的领导者人选具有了直接的决定意义。从年龄层次来看，他们应该是社会中最有活力、最有改革开放意识的角色，然而，依从事的行业和社会地位来看，他们要么做一个现代社会的蓝领工人，要么是从事产品销售等工作，所以一有机缘，他们不会放弃力图改变现状的努力。

就单个因素而言，无论是年龄或是地缘还是姓氏，对团结村的领导者人选都不具有很强的解释力，然而，如果这三者重叠在一起的话，那情形可就完全不一样了，其间的矛盾与冲突会在某种适当的场面中展现开来。

第5次换届选举给了这变化从隐性转向了显性表现形式的一个合法的机会。通过近一年的观察，似乎可能的假设是，一些当权者并不满足于维持现状，他们在创造着某种机会来表示他们不会沉默，他们也不愿意维持现状。"传单事件"就是这些变化积累到了爆发时刻的最直接的形式，现在竞争目标由主任跨越副主任直接转向委员的竞争，则是这一公开叫板的延续。

在这里，就有必要对新生代的另一位代表——周女士作一番介绍。据村民情况统计资料，周生于1966年，1986年开始参加工作，1986—1987年任职于徐家棚饭店，1988年转到徐东路食品厂当保管员，1989年进入武汉亚美碟阀厂资料馆，就任资料统计员及团支部书记，1996年至今在村妇联计划生育卫生办工作，是原村委委员万的直接下属。在这次换届选举过程中，她搭上

了年轻一代组织竞选班子的班车。

2002年8月15日是候选人提名日，8月25日是正式投票日，中间相距10天，这10天就是双方势力进入角逐的关键时刻。可是，对一场关乎名声或是面子的人事之战，似乎显得有点仓促了，但时间的铁律却是不可更改的。

按照《选举办法》和2002年8月21日公布的换届选举大会议程，2002年8月25日团结村第5届村民委员会换届选举大会如期举行。不过与预期不同的是，选举大会没有按照区、乡指导组的计划在电影院（主要是要宽敞）进行。另外，在主任正式候选人选中，另一人写出了书面申请，退出竞选；在副主任正式候选人选中，李也写出了书面申请，退出竞选。这样，团结村第5届村民委员会换届选举大会等额选举投票主任和副主任，差额选举委员。

按照法定的大会议程，2002年8月25日，团结村进行了选举投票大会。团结村共有选民609人，到会586人，委托投票14人，发出选票600张，收回600张，其中有效票599张，无效票1张。检票结果如表5所示。

表5　检票结果

职位	姓名	得票	职位	姓名	得票
主任候选人	郭洪甫	524张	委员候选人	万宝娣	256张
副主任候选人	苏琦	446张		周红英	330张

投票结果显示，在委员人选上，年轻一代胜利了，这也是挑战者可以体面接受的结果。从整个结果来看，基本上不动摇团结村以郭为首的权力格局。但在村民委员会的人数上，年轻一代占优势。这一结果只能说明，以家族和地缘为主导因素的团结村权力格局仍然保持着。

四、结论及讨论

从这次选举过程的动员程度来看（候选人选举选民到会率为92.2%，最终选举选民到会率为96.2%；1998年村委会换届选举参与率比这次还高，登记选民575人，参加投票572人，到会率99.5%），基本上可以说，每个村民的权利都得到了表达。但是，如果以此为参照系数，说明城中村的村民参与能力、参与积极性等都有很大提高的话，得出的结论与实际情况简直是牛头不对马嘴。从2002年团结村的这次选举过程来看，村民被动员起来表达自己的权利有一个非常重要的原因，那就是，他们中的任何一个人都是争夺双方努力争取的对象。从这里可以看出，团结村的村民参与村庄管理并不是争取民主权利的结果，而是被动员起来参与权力争夺的结果。然而，仍然还有4个问题值得我们进一步关注。

1. 家族、地缘与选举的关联

村级选举的制度性框架是村民自治，即由农民群众自己选举出自己的当家人。农民群众不是同质性的，必然存在着利益上的多元化特征。在当今中国农村社会，多元化的利益团体就主要表现为以血缘关系为纽带的家族和以地缘关系为基础的小利益共同体。因而，一个以力量对比为终极标准的权力结构就将形成。形成这个权力结构的过程异常复杂，但更复杂的是，通过力量对比形成的权力均势却贯穿于每一个步骤之中。从团结村的村民代表选举开始，到确定村委会主任候选人，再到争夺力量的转移，都可以观察到家族、地缘关系在其中的决定性作用。不过，我们也不能做出如是的假设，即如果团结村没有地缘与血缘关系在其中起作用，团结村的选举可能是一场能够真正体现权利自主的选举运动。实际的情况是，团结村的村民也在力图表达自己的权利，但在利益表达与利益整合的过程中出现了一个利益分化和组合的子过程。按照村民自治的制度性规定，村民是原子式的村民，原子式村民的利益表达也是原子式的。但在团结村的选举过程中，原子式村民的利益表达却不是原子式而是组合式的。在小范围内表现为主要受维系于血缘关系（村民代表选举过程），在村庄范围内表现为主要受维系于地缘关系（本地人与外地人之争）及基于地缘的利益关系（"两分法"中的村民）。法律赋予村民的权利通过基于历史原因形成的社会纽带来表达。这与村民自治的制度设计之间有着必然的关系。村民自治是农村社会基层单位的一项基本组织制度安排，并已被法律确定下来，因而，接下来的工作主要就是如何纠正非个人因素在其中的副作用了。在此，我们不能忽视的另外一个情况是，当既有的权力结构、精英人物与血缘及地缘关系结合在一起的话，那结果可能就是一种决定性的。2000年10月，在湖北武汉举行的"现阶段农村村民委员会选举的现状、问题及对策"学术研讨会上，有专家对影响选举的因素等做过专题的研究，并对相关因素排序，认为在影响选举结果的因素中，既有的权力和权威结构，特别是党组织居于第1位，前任的村委会组织居于第2位，村下属的小组分组居第3位，血缘因素位列第4，地缘因素居其末[1]。显然，这种是一种解剖式的分析研究，是一种序列性的演示结果。它忽视了这些因素在社会运动过程中的实现表现，即如果这些因素相互耦合的话，结论就不是这些所谓的研究结果所能解释得了的。所以，我们更应该关注在法律制度框架既定的条件下，影响农村选举的因素及其相互之间的关系。

2. 原子式个体与公共性选举之间的紧张

这是农村选举过程中遇到的一个普遍性问题。这个问题与经济是否发达没有必然联系，与是否举行公共性选举却有关联，不过，它在经济发达的村庄表现得比经济贫困的村庄要明显得多。3年一届的换届选举工作如期举行，

---

1. 2000年10月，在湖北武汉举行的"现阶段农村村民委员会选举的现状、问题及对策"学术研讨会上，学者们围绕影响选举的因素进行了探讨。湖北荆门职业技术学院陈涛先生提交的论文《选举与派性》强调了地缘关系在其中的决定性作用；浙江师范大学孙琼欢、李小平提交的论文《村委会选举中的派系斗争》突出了宗族的决定性影响；美国斯坦福大学东亚研究中心的戴慕珍 (Jean Oi) 女士在其论文《选举与权力：中国村庄的决策领导者》中考察了村级权力组织结构 (特别是党组织)、土地制度、经济状况对选举的影响，并综合了其他学者的研究成果，对影响农村选举的因素进行了排序。参阅徐勇、吴毅主编：《乡土中国的民主选举——农村村民委员会选举研究研究文集》，武汉：华中师范大学出版社2001年版。

团结村村民就会再次选举出自己的村委会主任。这应该是一个常识性的问题。然而，这个常识性问题的背后却有着深厚的社会和理论背景。社会背景是由于国家法律制度的普遍性输入，这又是由农村集体的基层社会单位性质决定的。即只要是我国的农村社会基本单位——村庄集体，都要接受国家的这一制度性输入并遵循它的要求。这就使得基层社会3年一届的选举换届工作成为一种义务性的任务。理论背景源于社会背景，即社会结构决定了这一法律制度在运用过程中的结构性。所以，通过选举这一公共性的权利转移运动形成的合约，我们称之为结构性的契约。它的存在对国家而言是一种必然，对村庄集体和村民个体来说是一种外在的力量使然。不论是村庄集体中的精英分子还是普通的民众，都没有改变这一结构性契约的权利和权力，他们有的便是在法律制度的框架内尽可能地调整与利益结构对应的制度结构。这样，在原子式的村民个体和公共选举之间就存在着一种结构上的必然性。它有两个基本的命题，其一是：只要是中国基层社会的农村集体，在规定的时间都会举行公共性选举；其二是：只要是农村集体的公共性选举，都会选举出村庄的当家人。这是一个格式性的权利转移过程，权利的转移方和被转移方都被法律制度所规定。同时，这更是一个权利由个体转移给公共性组织及其代表的过程。虽然个体权利与集体公共利益之间有很大的重叠区间，但它们之间的区别和不统一却是历史发展永恒的主题。通过民主运动产生的集体常常并不代表公众的利益是一种经常性的现象，并且，我们也不能否认公共性选举过程中的结构性限制及偏好于多数利益的规则。这样，在村民个体与村庄集体选举之间，即在村民个体与村庄集体之间就存在着一种永恒的话题，那就是它们之间始终存在着一种紧张性的相互关系。这是一种结构性的紧张关系，因而剩余的事情就是，通过何种途径来调整这一相互关系并达到一个双方共赢的结果，使集体的代表与村民个体在这一结构性的社会过程中各得其所。这个问题对团结村的发展具有普遍性意义，因为它将直接影响到农村集体的权力和权威结构、经济发展与社会稳定。

3. 选举运动与农村政治、社会稳定和经济发展，即社会结构、权力结构与经济结构及可持续发展三者之间的相互关系

从社会意义来看，村民委员会3年一次换届选举就是在一段时期对农村社会权力和权威结构及社会基础进行重新调整的过程。贯穿其中的是，村庄的社会结构与权力、权威结构呈现出同步震荡的社会特征。因此，这一调整过程既可能维持原来的权力和权威结构，震动的幅度最小或者是不震动；也可能在原来结构的基础上做出相应的合理化调适或是偏差加大，震动的幅度就慢慢地由小变大了；最不愿意看到的一种情况是，完全颠覆原来的权力与权威结构，呈现出逆方向的变动。如果将此种变动趋势与农村社会稳定和经济发展综合起来考虑的话，那意义可就丰富得多。选举运动本身是农村社会结构的展现，从它与农村政治的关系来看，在家庭承包责任制时期和农民被原子式个体化后，农村的社会结构决定着农村的政治结构。若此一时期集体用于分配给农民个体的可支配资源很少，且农民个体一般也不依赖于集体可分配资源，农村社会的政治结构即使呈现出颠覆性的结果带来的影响也不会很大。但是，如果出现集体可支配性资源很丰裕的情况，那情形可就不同了，它可能会带来集体性资源在村庄内部的有偏向性的重新分配。这时，选举运动本身就不仅仅是一场公共性地选择了，它被还原为一场利益分配上的重新较量。而且，选举运动与经济可持续发展遵循完全不同的运作方式，选举周期与经济组织发展的周期也完全不同，选举的周期变动必将影响到经济可持续发展，团结村的领导者对此苦不堪言。他们认为，村庄领导人在仅有的3年任期内，根本不能全心全意地谋求乡村社会的经济增长和社会进步，它带来的直接后果是工作重心偏移经济发展，乡村社会矛盾激化的经常化。如果此种现象成为一种普遍表现的话，那只能说，是选举阻断了乡村经济发展的正常步伐。因为，如果不能保持基层领导者的稳定性，也就不能保证基层经济社会发展的持续性。这对集体资产雄厚且处于城市化和现代化进程中的农村来说尤其重要。

4. 选举成本及分担

选举需要成本。选举如要正常且有序地运作，一定的财力、人力和物资投入是必要的，时间因素也是首当其冲的。仅从团结村的选举过程来看，其经济成本（这次选举成本12万元左右，上一届选举成本7万元左右，主要是误工费）是巨大的，几可建立一所小学；其人力成本的投入也是全体性的，领导者要为选举的整个过程作规划，鼓噪者要为候选人的当选竭尽心力，连躺在病床上的老妇也被用车接来参加投票；其物资投入就更不用说了，可以说是全部村庄集体资产都用于选举运动了，用领导者的一句说就是，"现阶段的工作就是村民选举"，这还不包括全体团结村村民一个多月的时间耗费。而且，这还只是显性的，隐性的最大耗费成本就是这一个多月中团结村集体资产运作过程的暂时停止。因而，选举本身就不仅仅是一场权利表达的过程，它更成为一场比较昂贵的资源耗费过程了。由此延伸的一个问题是，这些成本由谁来承担？对团结村来说，因其集体资产雄厚，并实行了集体性的股份制改造，当然由集体来承担，集体资产通过选举过程有一部分转移到了村民个体的账户上，村民尚未感知选举的成本究竟有多大，而这些成本对团结村的总体资产来说还显得微不足道。然而，它对中国大多数经济不发达、负债数比较大的乡村集体来说，选举则显得过于豪华奢侈了。对这些村庄来说，选好当家人的背后是经济负担的增加，且这义务的承担和权利的享受是不能够交换的，这些村庄亦将陷入更大的经济贫困循环中。这实在有悖于进行乡村治理改革和税费改革的初衷。而且，很少有领导者和专家们认识到这一点，他们常常津津乐道于选举过程本身及其影响因素对中国政治的影响，避而不谈选举的成本问题或是略为带过。不过，村民群众是不会忘记选举是要花钱花物的，他们也不会忘记选举是要耽误他们进行生产劳作的时间的。所以这里要提醒的是，在农村社会输入法律制度并唤起农村自主权利的同时，我们更应该考虑到，要创造条件来实现农民个体权利自主意义上的村庄选举。

（原载《管理世界》，2006年第6期）

制度引入与利益主导

——余村村委会换届选举的观察与思考

贺雪峰
(华中科技大学中国乡村治理研究中心)

随着《中华人民共和国村民委员会组织法》(以下简称《村组法》)的正式施行,全国范围的村级民主化呈强势扩张,以村委会民主选举为基础的民主话语开始占据中心地位。在村民自治逐步推进的过程中,民主制度的引入与利益关系的主导,将构成未来农村治理的双重风景线。从某种意义上讲,村民自治的未来命运如何,取决于在特定背景下形成的利益格局与已成显势的村级民主话语之间的关系是否具有相容性和能否保持在必要的张力范围之内。从当前国家已经颁布施行的《村组法》来看,其民主化的方面正通过种种途径被群众掌握,即是说农民正在逐步熟悉《村组法》的相关规定,且必然习惯于以《村组法》中的有关规定来为自己的利益说话。从当前农村既成利益格局来看,在大部分农村,农民因为整体利益受到损害,当前农村的乡村关系正经受着改革开放以来最为严峻的考验,国家对农民的经济汲取与农民对国家经济汲取的抗拒渐趋公开。这样一来,势必出现农民借民主化的话语来抗拒国家汲取,国家在民主化的进程中可能丧失对农民控制的危险性。1999年3—4月，湖北中部T县组织大量人力在余村进行了村委会换届选举的试点，笔者前后共有10天时间参与并观察了整个试点的情况。结合余村村委会换届选举的观察，笔者试图在本文中讨论制度引入与利益主导的关系。

一、制度引入：背景、过程与效果

1998年11月全国人大常委会通过《村组法》以后，湖北省人大常委会在1999年1月通过了《湖北省村民委员会选举办法》（以下简称《选举办法》），并规定全省在1999年底以前完成第四届村委会换届选举。相对于1988年全国人大常委会通过的《村组法》（试行），新《村组法》和《选举办法》在村委会选举的细则上有诸多明确的强制性规定，这些强制性规定使过去往往被乡镇行政操纵的村委会选举逐步规范化了。其中《村组法》尤其重要的三项规定是：1. 村民委员会的选举，由村民选举委员会主持。村民选举委员会成员由村民会议或者村民小组推选产生；2. 候选人必须由村民直接提名产生；3. 候选人名额应多于应选名额。《选举办法》则进一步明确规定村委会主任、副主任、委员的正式候选人数应当分别比应选人数至少多一人；被提名的村委会成员候选人多于正式候选人名额时，由村民选举委员会召开村民会议或者经村民会议授权召开村民代表会议进行预选，按得票多少确定正式候选人。此种制度背景下，T县党政主要领导在1999年初的县委常委会议上专题研究了该县第四届村委会选举可能面临的问题，并决定由县人大、民政局、司法局、政法委和组织部组织专人专班，在该县余村进行村委会换届选举试点。随后，由县人大第一副主任任组长，县民政局分管副局长任副组长，另从人大、民政局、司法局、政法委、组织部各抽调1人组成选举试点工作指导组，其中由民政局副局长具体负责且随工作组驻村试点。3月16日驻村工作组一行六人正式到余村开始村委会换届选举的试点工作。

据笔者调查，T县的选举试点是严格依照《村组法》和《选举办法》的有关规定实施的。工作组的工作日程大体可以划分为四个阶段：第一个阶段为3月16日到3月20日的宣传发动阶段，此一阶段除了调查摸底，走访农户外，工作组将《村组法》和《选举办法》编印为小册子依户发放，并举办了《村组法》专题讲座；第二阶段为3月21日至3月31日的调查走访与选民登记阶段，此一阶段的主要工作是推选产生村选举委员会和进行选民登记与公榜工作；第三阶段为4月1日至4月22日的提名选举阶段，主要做了四项工作，一是4月1日至4月10日推选产生村民代表，组成村民代表会议，并在村民代表会议上对上届村委会成员进行了民主测评。二是4月12日至4月13日以小组为单位"海选"提名候选人，汇总共有182人次被提名为主任、副主任和委员候选人，其中仅主任候选人即有32人。三是4月16日以小组为单位，预选正式候选人，并依得票多少，确定了2名主任、3名副主任、3名委员正式候选人，其差额均为1人。四是4月22日正式选举并当场宣布了1名主任、2名副主任和2名委员的正式当选；第四阶段为4月23日至5月初的选举村民小组长与建章立制阶段，此一阶段主要是建立健全五个组织、八项制度，并分村民小组选举产生了新的村民小组长。

从制度引入的角度看，余村本次村委会选举中的制度引入是十分成功的。工作组在选举过程中也的确是依照《村组法》和《选举办法》的有关规定和程序严格执法的。最能说明问题的是，当工作组及县委主要领导对于候选人如何产生的法律解释存在分歧时，他们并未贸然行事，而是专车专人到省民政厅政权处进行咨询，在得到明确答复后便依省厅的法律解释作了安排。同样能说明工作组严肃态度的是关于有人提余村一人人皆知的"半傻子"为主任候选人的争论。有人认为，将傻子列为候选人不严肃，有人则认为，只要傻子没有剥夺被选举权就不应该随意将其名字删掉。为慎重起见，工作组专门到这位村民家问他是否愿意不参加候选人预选。结果这位村民说："我要选，这像碰彩头，我要是碰上了哩!"经讨论，工作组认为，这人虽然是个

"半傻子",但有被选举权,有人提他的名且他不同意退出,就应让他参加主任候选人的预选。从《村组法》在群众中的影响来说,笔者共走访了近四十户农户,几乎所有农户都对村委会选举情况十分了解,亦极为热心地参与了有关的活动和私下的讨论。在候选人提名阶段,因为是"海选"提名,凡被提到的人均可列为初步候选人,故无需计得票的多少。因为解释工作不到位,一些村民产生了误解,担心本届村委会换届选举又像过去一样成为过场。但随着村选举委员分第6号公告将所有被提名初步候选人列入预选名单,并以"海选"的形式分村民小组选举正式候选人,少数村民存在的误解一扫而光,参与选举的积极性空前高涨。在历次举行的村民会议中,村民一次比一次到得整齐,在4月22日的正式选举中,全村1034个选民,实到850余人,正式委托投票70余票,投票率高达90%以上,未外出的几乎所有选民都参加了会议。本来通知上午7:00到会、8:00开会,到6:30,会场外已聚集数百村民。在选举过程中,为委托票而出现的故事不胜枚举。如余村一组一青年十分真诚地在选举前找到工作组人员,说村民小组组长将其两个在外打工的妹妹的委托票填了别人,强烈要求重新发给自己委托票。因选举即将开始,加之此青年的父母亦是委托投票,故工作人员说一个人最多只能投两张委托票,你已有两张委托票,其他两票就算了。此青年说:"我妹妹的票可以委托我的妻子来投"。他还说,虽说两票并不重要,但可能最终起作用的就是这两票。因为《村组法》规定应设秘密写票处,村民无论是在预选还是在正式选举中都强烈要求将秘密写票处落在实处,好让自己自由写票。在整个村委会选举的过程中,绝大多数村民都反复阅读了发下来的小册子并与实际选举情况进行比较,评头论足,很有一番法律专家的味道。比如,在4月16日晚上余村一组召开的预选候选人会议上,因一组有200多名选民,人多口杂,会场纪律不是太好,加之要秘密投票,自6:00会议开始,到8:30方结束投票。进入唱票阶段后,有人说仅一处计票速度太慢,建议再设一处计票,众人皆以为好。但有一村民说会前只通过了唱、计、监票人各一人,现在设新的计票处,由谁唱、计、监票？后以一处计票直至深夜 12∶00 结束。

也许，从制度引入方面最能说明问题的是原村委会成员落选后的行为。在 4 月 22 日的选举中，原村委会主任和分管政法的副主任落选。下午 3∶00，由镇长、镇委副书记和村支部书记等一行 4 人分别到家中做安抚工作。但不多久，原村委会主任和分管政法的副主任即来到工作组驻地，向工作组展示了他们于 1997 年 3 月颁发的《当选证》，并对工作组负责人说："我们在 1997 年当选，换届选举应在 2000 年举行，现在提前选举本身就是违法的。按《村组法》，要么我们应提前自动辞职，要么应由 1/5 的村民联名要求罢免，现在我们不明不白地被选掉了，难道不是违法么？若我们不要脸的话，村委会开会，我们带着 1997 年的当选证来开会，又有何问题？"工作组负责人解释了两条理由："第一，全省第三届村委会换届选举是在 1996 年举行的，今年底以前全省要求全部完成第四届村委会换届选举，你们镇在 1997 年举行第三届选举本身就是推迟了的；第二，你们村是全县的试点村，必须提前选举，更重要的是，你们为何不在选举前提出任期未到的问题？"原村委会主任依然不服，说工作组违反了《村组法》和《选举办法》，要上告，还说过去未提出任期未到的问题，是未意识到此一问题，现在提出，是因为现在才觉悟。后我们到原村主任家访谈，他也一再提到任期未到的问题，并翻开《村组法》和《选举办法》的有关规定让我们看。

从我们调查的切身体会来看，只要将制度交给群众，群众很快就会掌握制度的精髓，并善于利用制度为自己谋利益。在选举开始的阶段，许多村民以为选举依然如过去一样走过场，不参加无所谓，一旦他们发现工作组是真正按《村组法》的办法来进行选举，他们的热情空前高涨，并真正将《村组法》作为武器来为各自的目的服务。有村民正确地指出，今年这次选举，若说还存在村民不善于表达自己意见的话，那么，下一次选举村民就一定会将《村组法》中的相关规定运用得淋漓尽致。又有村民指出，之所以"海选"提名时有人提傻子，是他们对过去选举走过场的不满发泄，只要不搞形式主义,每个选民都自然会珍视自己的民主权利。在我们调查过程中,特别是在正式候选人确定以后,村民三五成群议论纷纷,表现出对选举空前的关心和热情。在我们调查的农户中,几乎无人未翻阅《村组法》,也几乎无人未看村选举委员会发布的选举公告。至于村委会候选人之间的私人活动,更是不胜枚举。对候选人频繁的私下活动,因未达到"威胁、贿赂、伪造选票"的严重程度,工作组不知是否应该或能否及如何干预。

在余村调查中,我们深深感到,农民的民主素质、民主能力和民主热情都不存在问题,农民在过去的民主选举中之所以会表现出冷漠和消极的态度,其原因主要在于过去民主选举本身的虚假性,即民主选举事实上被强势的乡镇行政操纵,致使农民的民主权利未能落实。但是,一旦余村村民经历了此次民主训练,不仅他们的民主热情、民主能力和民主素质会大大提高,而且他们会习惯于《村组法》的规定,并随时可能以这些规定来抵制乡镇行政对民主选举的操纵。

二、利益主导:选举各方众生相

余村村委会换届选举之所以会引起村民的如此热情,从我们的调查看,利益关系起了极其关键的作用。这里,先有必要补充交代一下余村的基本情况。

余村系镇郊村,亦是经济强村,1998年村办企业实现纯利32万元,连续两年被评为T县"十强村"。此外,余村近年土地出让较多,据说每年仅土地出让费即超过百万元,因土地出让,村干部有权决定村民到有关企业上班。余村村干部的正式年报酬在5000—7000元之间,且主职村干部不明收入甚多,村干部成为"肥缺"。用余村村民的话说,在余村,"人人都想当干部"。

此次村委会换届选举的关键是两位主任正式候选人之间的竞选,这种竞选正可以体现出利益主导的特征。以下我们以两位主任正式候选人之间的竞选来展开叙事。

尽管在"海选"提名候选人时，有32人被提名为初步主任候选人，但在4月16日的预选中，仅有原村委会副主任李和村委会主任鲍的得票超过200票，其他人的得票均在数票至一百票不等。李和鲍因此成为主任的正式候选人。关于李和鲍的个人情况，我们调查的几乎所有农户都一致反映，从为人来看，李为人正直，公正不贪，当村干部二十余年，至今清贫依旧。鲍则在1994年当选村委会主任后，迅速暴富，且鲍有兄弟五人，特别是其三弟曾被劳改六年，系该镇一霸，近年通过强买强卖，也已暴富；从工作能力来看，李虽然当村干部时间长，却从未当过主职干部，魄力有限，遇事优柔寡断，不敢拍板，不愿得罪人，是典型的"老好人"。鲍则能力甚强，有"官相"，敢拍板，喜出点子，善拉关系。

从某种意义上讲，余村村民对李和鲍这样两位主任候选人都并不满意，他们希望选一个既清正廉洁又富于魄力的当家人。正因此，在预选候选人时，近八百人参加选举，李仅得282票，鲍仅得242票。调查中，村民反映因余村太大，各村民小组之间联系不多，而各个村民小组的能人虽然在本组可以得较多的票，可惜其他组的村民并不了解，如此，诸多乡村能人的得票数都不高。李和鲍都是在任村干部，在各村民小组的得票不一定最高，但在各个小组的得票也都不低，故他们最终得票加起来就大大超过了非村干部的乡村能人。即是说，在较大且分散的村庄，"海选"的办法反而可能选不出真正合适的能人。

当李和鲍被确定为村委会主任正式候选人之后，村民即面临着如何在两个均不完全满意的候选人之间作出选择。究竟谁会当选，不仅李鲍本人，就连工作组和村民们都不明朗，正因此，李鲍的竞选就激烈起来。

从村民的选择看，在选举前数天，我们调查了四个村民小组共计近二十户村民，虽然村民大都对选谁不选谁有了底，但因为对李鲍均不完全满意而未最终"定板"，而影响村民如此考虑的关键因素是他们对自己未来利益的考虑。大体来说，村民愿意选李的主要原因是李的人品。有村民感叹地说，李无论在何处做事，总是埋头苦干，所有村干部中只有他一个人真正吃得起苦。有村民说，其他村干部大都不种田，家庭建设却很好，李当了二十多年村干部，种十多亩田，家里依然一无所有。在村民的回忆中，没有人见李对谁讲过一句"狠"话，说过一句"不是"。在当前农民对吃喝贪占最为反感的背景下，李的善良和不贪自然而然成为他赢得选票的关键。鲍则相反，几乎无人不对他当村委会主任几年的暴富存在怀疑。更重要的是他兄弟借他的名义做了许多不义之事。如前所述，他三弟成为全村村民乃至全镇人民都很痛恨的地方一霸，多少与鲍本人有些牵连。这样，鲍在品行上的得分就远不及李了。

  但村民对选李也有疑虑，主要是担心他当村委会主任，没有魄力，"拿不住人"。具体来说，村民担心李当主任可能对村民未来的利益造成三方面的损害：第一，李若没有能力调解村民之间的矛盾，压服那些不听话的人，可能把村里"搞乱"；第二，因余村在镇郊，在卖地时，李若在对外谈判上不得力，可能卖不出好地价，最终损害村民利益；第三，李若不敢得罪人，作为村委会主任，就会失去对村支部书记的制约，从而导致村支部书记一人独断专行，并造成对村民利益的损害。对李有好感的村民非常希望李能改变温和的脾气，拿出"狠"来，用一个村民的一句话来说即是："我选李，很想他争口气，拿出杀气来，这样就完善了"。在气魄方面，鲍则占据明显优势。具体来说，第一，鲍虽欺软，但不怕硬，村里没有什么事情他不敢管，而只要他管，别人都不敢说什么，这种压服人的能力不仅可以约束某些村民的不良行为，而且对村支部书记可能的不良行为构成了强有力的制约。在村民中广泛流传着村支书试图借承包村办企业之机为个人捞好处，由于鲍的抵制而未成功之类的传言；第二，因鲍的点子多，胆子大，在为村民争取村外的利益方面，较为有效。有村民反映，鲍虽然经常花村里的钱到处拉关系，但往往是花费村里的100元，却为村里赚回了200元。甚至对于上级政府，鲍也敢用两套账目进行应付。至于出让土地，鲍更是有能力谈出好的价钱；第三，鲍有时也善于对一些他认为有能力的人施以小恩小惠。另外，他有能力在村民困难的时候，以他个人名义找关系帮村民贷款。鲍的这些行为为他赢得了一部分人的信赖。

从感情上讲，村民几乎无人不偏向选李，但从理智上，也就是从余村全体村民的未来利益上，村民普遍担心选李后产生不良影响。村民们的这种疑犹不定很快为李鲍所觉察，并成为李鲍确立各自竞选策略的关键。

体现出李鲍竞选策略的活动主要有两个场所：一是正式选举前的私下活动，二是正式选举时的竞选演说。在私下活动中，据我们调查，鲍较李积极得多。鲍的私人活动主要是通过其兄弟、妻子和一些过去交往甚深的朋友到处串联来实现的。据说工作组刚到余村时，鲍曾请全村九个组长及家属看电影，因此时距正式选举尚有月余，我们未去证实。较为可靠的消息是在正式村委会主任候选人确定后的活动，主要有：在正式选举前三天，鲍以私人名义作保，为四组十余农户贷款买化肥；其妻在参加三组一丧礼期间，向许多人公开许诺若鲍当选，一定要给大家以回报；鲍的一个朋友积极为鲍拉选票，在选举前几天每天深夜都在外活动，以至于其侄子和妻子也有意见，并为此打了架；鲍的一个在镇办企业上班的朋友利用上班间隙，向同在一个企业的十几人宣讲鲍的好处，并要求大家选鲍等等。据悉以上活动都有鲍的指使，特别是在一些对选举结果有决定性影响的大村民小组，鲍的活动更为频繁。在我们走访农户时，有关鲍的此类活动的传言非常多，但鲍以上活动的效果并不太大，如有的村民讲："现在是秘密划票，村民也很怪，你越是让别人选你，别人越是不愿投你的票。"鲍真正具有决定性作用的竞选策略是利用与他关系较好且在村民中有一定影响力的人在公众场所着力宣讲，若选"老好人"当村委会主任，将来工作开展不下去，吃亏的还是村民，若村民要对余村负责，就应选那些有魄力的人当村干部。此外，鲍利用各村组小组之间的不平衡，通过其朋友向一些村民小组的群众许诺，若继续当选村委会主任，就为某个村民小组办某件与该村村民小组利益关系密切的诸如"架桥"、"筑坝"、"整改照明电路"等等的实事。鲍的以上活动为他赢得了不少支持。

在私下活动方面，虽然鲍对我们说李做了许多"小动作"，但在我们走访的所有农户中，均未听到李私下活动的信息，依我们的判断，李为人老实的性格也决定了他很难去私下拉票或指使别人为他拉票。但是，李的私下活动较少，并不说明李对当不当村委会主任无所谓，也不表明李就没有自己的竞选策略。从与李的对谈中，我们发现李也非常希望当选，且有一种不辜负村民信任的感激心理。他的竞选策略在某种意义上是"以静制动"，他将全部精力放在考虑竞选演说上了。

在 4 月 22 日正式选举前的竞选演说中，鲍、李各有 20 分钟向全体选民发表演说的机会，并各有 20 分钟时间让选民提问。鲍李演说的共同特点是强调为村民谋利益，主要有拿出村积累减免村民的提留，举办与村民利益关系密切的实事。不同点是，鲍的演讲详细列举了办十件实事的具体设想，这些实事涉及全村九个村民小组中五个组的群众长期关心的诸方面，如"为一组和七组清淤"、"为九组架桥"、"为四组建水坝"、"为一组建三层楼的会议室"、"为八组回填水毁路面"、"整改七组、八组的照明电路"，每年至少拿出 10 万元村积累为村民减免提留。初步概算下来，以上十件实事大致要花费 50 万元以上。因一组有选民 200 余人，属全村第一大组，故十件实事对一组最为有利。而六组为全村最小组，仅 50 余选民，故鲍未提一件实事。李的演讲则将办实事虚化，在大致列举若当选拟办若干实事之后，针对村民普遍担心他当选村委会主任后没有工作魄力的心理，重点强调，过去之所以是一副老好人的形象，主要是因为长期在村里当副职，"不在其位不谋其政"，是副职而不是秉性决定了他不能大胆拍板。他保证说，若他当选村委会主任，"一定要敢抓敢管，无论是谁，不论何事，都要一管到底"。李的保证赢得了全体村民热烈的长时间的掌声。显然，李的竞选演说较鲍更打动村民。

在接下来的村民提问中,均涉及与各村民小组利益关系密切的实事方面,鲍李的回答也各有千秋。但在鲍李互相向对方提一个问题时,鲍再次失策,而李再次表现出了他的智慧。李抓住村民对鲍的品行和家庭存有疑虑的心理问鲍:"若你当选村委会主任,你将如何对待工作、家庭和亲属?"鲍在回答中,试图回避此一问题,在"积极工作"上说了许多话,而在村民最为关心的品行方面仅说了一句"要管好家属,不以权谋私"。鲍的回答显然没有解决村民的疑虑。鲍对李的提问则是:"你若当选,将如何处理与上级和村委会一班人的关系?"李再次抓住此一机会,重点向村民宣讲若当选,一定要有原则地团结村委会一班人来做好村里的工作。他具体强调在处理与村委会一班人的关系时,"一要团结,二要讲原则,在原则问题上一定要敢抓敢管,甚至不惜与其他村干部产生矛盾和冲突"。李的回答再次赢得了长时间的掌声。

经选举,李得到556张选票,鲍仅得398票,李以相当大的优势当选。

显然,决定村民选举意向和鲍李当选的决定性因素是对利益的考虑。是村民对实际利益的考虑主导了整个村委会换届选举的结果与过程。在余村的选举中,宗族因素并非毫无作用,但我们在调查中尚未发现一例宗族公开活动的例子。相对来说,以村民小组分片的地域性因素对选举影响较大,一般村民都愿意将选票投向同一村民小组的候选人。但决定这种地域性因素起作用的并非观念,而依然是利益。村民普遍认为,本村民小组有人当村干部,就可以为自己所在村民小组办较多的实事,可以在村班子内为本组群众多说些话,多争取一些利益。一方面,本村民小组的村干部更了解本村民小组群众的疾苦与困难,另一方面,本村民小组的村干部与本村民小组的群众有更多的接触机会。

李的当选,很容易被外界人士认为是"清廉"战胜了"好贪",而往往忽视在李当选的背后利益关系所起的决定性作用,这种决定性作用表现在村民在权衡选择自己的当家人时所作的理智的利益考虑及围绕村民的这种考虑,村委会候选人在竞选中作出的适应性让步。谁更能为村民带来好处，将越来越成为决定谁当选村委会成员的关键。而不仅仅是谁的品质更好、家族更大或上级更为信任。

三、利益的结构：性质与种类

余村的情况是特殊的。因为村办企业每年数十万元的赢利和每年百余万元的土地出让费，使得余村的村干部成为"肥缺"，在余村，几乎人人都想当村干部，正因此，此次村委会换届选举才会如此激烈，利益主导村委会选举的特征方会如此明显。在余村调查期间，该村所在镇的主要领导干部数次向我们介绍，在该镇其他村，很多人都不愿当村干部，如此激烈的竞选不大可能。那么，在余村以外的其他农村，利益主导村委会换届选举的情况是否依然具有普遍性？的确，因为一般农村并不具有余村的特殊条件，其村委会选举也就会出现与之不同的景观，但是，若对当前一般农村农民的利益结构作些分析，就会发现，尽管一般村的情况与余村不同，其利益结构却具有相似性，利益主导村委会选举的趋向具有强大的可能性。

具体地说，在余村，表现其利益主导特征的决定性因素是村民的获利趋向，即他们希望通过理智地选择当家人来改善自己的经济社会条件。虽说人人都想当村干部，但村民理智的获利考虑，决定了只有那些能为村民带来好处的人方可当选，村干部本身并非决定因素，因为他要当选，他就必须迎合村民的意愿。余村村民选自己当家人所表现出来的获利考虑并不是由其特殊条件决定的，或者说，所有的村，只要村干部的工作与村民的利益有联系，村民就会自然而然地在选当家人时作趋利避害的考虑。余村的特殊条件使得人人都想当村干部，在经济条件较差的村，当村干部不划算，就可能没有愿当村干部的。但是，只要村干部与村民利益相联系，村民在选举时的利害考虑就不会因为村庄经济条件好坏而有什么不同。

就一般村的农民来讲，与他们利益密切相关的非自然因素有两个，一个是整个国家的经济形势及国家的农业政策，一个是乡村向农户收取的提留。因为农民的个体性质，他们既不太能也不会有主动性去试图影响国家的农业政策，因此，在农村经济形势不太景气，农民收入增长乏力的情况下，农民就会对上缴提留持消极态度。据我们对某市二十余村的调查，村干部每年花费在收取提留上的时间大都占到全部工作时间的1/3以上，提留收取一年比一年困难，1998年大部分村的提留款仅收取不足70%。虽然几乎没有农民不知"种田完粮"的古训，但高额的农民负担和一家一户的提留收取方式本身，决定了高额的提留收取成本。

如何分担高额的提留收取成本？当前农村普遍实行的办法是将提留收取工作交给村干部，并列入村干部最为重要的工作考评方面，其方式往往是由乡镇与村主职干部签订责任状，依提留收取状况决定对村干部的经济奖惩。从某种意义上，联产承包分散经营所决定的一家一户的提留收取方式，使得乡镇根本无法承担逐户收取提留的巨大工作量。有学者认为，当前农村提留收取困难的根本原因是税少费多，费改税后，此种情况就会发生根本性的改观。这种观点是值得商榷的。原因在于，无论税费如何改，都无法改变在分散经营条件下一家一户收取提留的方式，即无法减少一对多的收取税费的工作量。在农民税费负担较轻的情况下，农民在上缴税费时消极抵制心态可能稍弱，税费收取相对容易，但费改税只是改变提留收取的性质，并不决定提留收取的数量，如此一来，又如何减少收取提留的工作量？简言之，农户分散经营本身决定了这一庞大的工作量不可能由乡镇直接完成，村这一层次若不能在税费收取工作上积极协助乡镇行政，农村税费收取形势就可能急剧恶化。由此可以理解为什么全国各地农村的乡镇普遍与村签订提留收取责任状并以提留收取完成情况决定经济奖惩。也由此可以理解，为什么中央三令五申农业特产税、牲猪屠宰税应据实征收，因为，实际上全国绝大多数农村由乡镇将税额分摊到村，各村再按人或田亩平摊的办法来收取的。在农户消极对待税费提留的情况下，若村干部不辞辛苦地一家一户上门收取提留，显然不会让村民满意。村干部对每个农户说好话、讲道理，若有的村民不听这些好话，不讲这些道理，村干部又怎么办？若村干部讲"狠"，无疑会得罪村民，让村民怀恨在心。显然，在村集体经济实力较弱的农村，村干部收取提留本身就损害了农民的利益预期，出于对自己利益的考虑，农民如何又会在下次村委会换届选举中投票支持这些积极收取提留的村干部？又有哪一个村干部在竞选村干部时，会打出"积极协助乡镇收取提留"的牌呢？乡镇当然可以通过各种方式来诱导村干部为自己工作，但农村民主制度的成功引入必然使村干部面对来自农民利益预期的强大压力，积极响应乡镇号召的村干部也许有能力收取提留，但是，这种积极收取提留者正是下一次可能被村民选掉的对象。也就是说，在一般农村，很可能出现要么能人不愿当村干部，要么能人当不了村干部。这种情况下，一些能力较差、对上级响应不太积极的人就可能当选村干部，而这些人的当选，就会使乡镇失去在农村工作的支持。在余村，主导村民选择的利益权衡主要是当前村集体的剩余如何增值与分配，村干部本身成为"肥缺"，农村社区精英人物参与村干部竞选的积极性较高，不存在能人不愿当村干部的问题。在一般村特别是村集体经济实力较弱的村，村干部报酬支付都成问题的情况下，社区精英往往不愿当村干部，积极参与村委会干部竞选的人往往是那些能力平庸甚至地痞式的人物，选举也可能不如余村激烈。但是，这并不影响在如此村庄中，由利益主导村民的选举行为和参加竞选者优先考虑选民利益的必然性，与余村的不同之处是，主导村民选择的利益权衡主要不是集体剩余的增值与分配，而是如何减少上级收取提留时形成的对自己的压力。如此一来，村干部在协助乡镇行政一对多的收取税费方面，其积极性与主动性就可想而知了。事实上，在我们调查中，遇到的一个村民小组长的话典型地反映出了村干部的心态，我们问他："村民的提留收不上来，你怎么办？"他说："我这个组长是村民选的，我当然要听村民的，现在村民不交提留，我有什么办法？"他的话是个大实话。

与农民利益密切相关的农村工作当然不止是收取提留，过去说"收粮派款，刮宫引产"，典型地反映了现代化进程中，国家对农村的种种要求。但是，站在农民利益的角度，你又如何将那些农民认为有损他们利益的事情在民主化的条件下通过村干部贯彻实施下去？村干部在民主化的条件下还有可能继续充当乡镇行政的下级吗？分散经营本身在某种程度上不仅决定了税费收取一对多的工作量，而且决定了推进现代化的政府在任何一件事情上都需要以一对多的直接面对农户的方式来推行，此种情形下，乡镇离得开村这个老下级吗？

四、老问题与新制度：沉重的结语

制度引入是容易的，但是，新制度的成功引入并不意味着老问题的自然解决。余村村委会换届选举本身是作为县委县政府工作安排的一种布置下去的，只要上级将有利于农民的制度安排真心落实，这种制度安排就一定可以成功，更何况政府为余村的选举试点做了大量的工作和投入。但是，余村成功的选举并不能自然而然地解决乡村关系这一老问题。也就是不能解决在国家与农民总体关系较为紧张背景下的中介组织问题。在面对新制度成功引入的喜悦时，千万不能忘记在当前农村的工作中实质性的利益矛盾与利益冲突，千万要警惕运动式的制度引入与悄然滋生的乡村断裂所具有的风险。换言之，在制度引入的过程中如何解决乡村关系问题，依然是一个悬而未决的问题。

五、题外的讨论：调查中几个值得思考的问题

在余村调查中，笔者发现制度引入过程本身正悄悄改变着农村长期形成的治理格局，择要叙述如下：

1. 选举对村支部与村委会关系产生的影响

长期以来，农村党支部书记作为当然而然的"一把手"，实际上在村务决策和村级治理诸方面起着决定作用，依新颁布的《村组法》，即是"发挥领导核心作用"。但是，一方面村民自治本身决定了是村委会主任而非村支部书记是村的法人代表，是由村委会而不是由村党支部办理村民自治事务，因此《村组法》规定，村支部"支持和保障村民开展自治活动、直接行使民主权利"。换句话说，在村级治理中，应由村委会掌握"事权"，而非村支部掌握"事权"，具体比如"村委会主任财务一支笔"，"村委会办理本村的公共事务和公益事务"等等；另一方面，《村组法》明确规定村委会由村民直接选举产生，任何组织或者个人不准指定、委派或者撤换村委会成员，即是说，村党支部事实上不再掌握"人权"即"村干部任免权"，如此一来，村党支部书记的"一把手"地位就成了疑问，领导核心作用的发挥亦成问题。余村原村委会主任在落选后拿着《当选证》找工作组说工作组违了法，指责说过去与村支部书记不和，村支书在选举中暗地里做了手脚，若当选的村委会主任在工作中与村支书产生矛盾，村支书既无"人权"，又无"事权"，他如何保住"一把手"的位置？他说话村主任不听，村主任说话他却必须听。用我们调查中一个支书的概括即是"主任可以不求支书，支书却不能不求主任，因为支书没有'人权'，而主任却有'事权'。"

支书"一把手"的地位和村支部领导核心作用的形成，是村支书长期垄断村级治理权力（既包括人权，也包括事权）所形成的。一旦支书的权力旁落，其"一把手"的位置就会自然旁落。我们在某市调查了二十余个村支书，他们一致认为，之所以当前他们仍然是村里的"一把手"，原因是他们事实上掌握着村干部任免权，且基本上控制着村级治理中的"事权"。经济基础决定上层建筑，笔者以为，任何一个理论工作者和实际工作者都不应该天真地相信没有制度基础和现实基础的权力可以延续。

2. 村民的分片与竞选策略的采用

现在村委会的范围大致相当于人民公社时期的生产大队，村民小组则相当于生产小队。人民公社时期，生产小队作为"三级所有，队为基础"的生产单位，是相对独立的经济核算单位和共同生产单元，集体共同生产的经历不仅遗留下村民小组内相互熟识的人际交往，而且遗留下相当一致的共同利益关系，诸如共同的水利设施等。而村民小组之间，人们即使认识，也远不如同组人之间熟悉，公共事业建设上，不同村民小组之间的利益关系也不一致。因此，在村委会换届选举中，村民小组成为特殊的单元，往往不是由宗族，而是由村民小组来划定村民的选举倾向。在余村，预选正式候选人时，各村民小组所得选票最多的人一般都是本组的人，但最终全村投票汇总，最高票大都是在任村干部，即与乡村能人只有本组村民了解，且各村民小组都希望本组的村民当选村干部为本组带来好处相关。

不同村民小组村民不同的利益预期，和村民小组选民数量的不同，往往会为村委会候选人的竞选策略所考虑。这种考虑所存在的问题主要有三：一是竞选者为拉更多选票，倾向于对大的村民小组做更多的承诺，如余村鲍的竞选中对一组办实事的考虑。而小的村民小组可能成为受到不公正对待的弱者，并造成组与组之间的分化乃至敌对；二是竞选者为讨好各村民小组的选民，倾向于多为各村民小组办特定的实事，这有可能增加村级债务；三是如此竞选可能强化而不是削弱村民的分片意识，小组的观点增强而村的地位下降，从某种意义上讲，当前村民选举倾向以小组分片的问题较宗族的影响更大，问题更多。余村的情况即是如此。

3. 选民的年龄分层

在余村的调查中，笔者还发现了一个十分重要的现象，即选民因年龄不同而具有十分不同的选举倾向。一般来讲，40岁以上的村民对选举十分慎重，他们的考虑大多兼顾国家、集体、个人，而 35 岁以下特别是 30 岁以下的年轻人，他们对选举所持立场很成问题，即决定他们选举倾向的往往仅是个人利益关系，国家与集体的概念在他们头脑中少有地位，集体意识和服从上级意识都十分淡漠。有趣的是，笔者在某市调查的二十余名村支部书记中也发现，40 岁以上的支部书记大都兼顾考虑国家、集体、个人三方面的利益平衡，做事比较谨慎，对完成乡镇布置的行政任务比较积极。但 35 岁以下的村支部书记，则大都敢闯敢做，敢碰敢顶。总起来看，不排除年龄本身在人的成熟即对人的社会化所起的作用，但起主导作用的是 40 岁以上的农民和村支书都经历了"大集体"时代的训练，"大集体"时代的观念和行为对他们的潜移默化具有极其重要的作用，使得他们可以较为理智地平衡国家、集体、个人三者之间的关系，综合考虑现在与未来。生长在（特别是出生在）改革开放时代的年轻人则大都未受过集体生活的训练，他们思想活跃，行为毫无约束，个人主义相当明显，他们的选举倾向往往与上级的希望差距甚远。

余村此次选举的好处是 40 岁以上选民主导了选举结果，但是，将来未受过大集体生产与生活训练的选民逐步成为主导选举的力量之后，会是什么样的后果，就难以得知了。这里应引起重视的是，选民所经历的不同时代所造成的不同选举倾向，可能会对选举构成相当不同的影响。

（原载《管理世界》，1999 年第 5 期）

保护性政策与妇女公共参与
——湖北广水 H 村"性别两票制"选举试验观察与思考

陈　琼　刘筱红
（华中师范大学管理学院）

一、问题提出与研究路径

（一）现实困境

2002 年，全国大部分农村开始第五次村委会换届选举，湖北广水市农村村委会"两票制"[1]模式经过试点后，也进入全面推广阶段。这次选举的一个突出现象，就是大部分村妇女干部落选。2005 年 6 月，本项目调研组在广水市妇联的协助下，随机抽取了该市 7 个乡、镇、办事处的 154 个行政村，其中 49 个村（社区）有女干部，占 31.9%，另外 68.1% 的村成为当地老百姓

---

1. "两票制"最早起源于 1991 年山西河曲县，具体指在村党支部换届选举中，支部成员不仅要经过党员的选举投票，而且还要通过普通村民的信任票。这一做法提出后，全国很多地方农村都尝试过不同形式的创新，主要区别在于候选人产生方式上。广水市的创新之处在于形成"两票制"系列，即"群众投信任票，党员投选举票"产生村党支部书记，"群众投满意票，党员投评议票"评议村全体党员，"群众投赞成票，党员投推荐票"推荐党员发展对象。由此，广水市获得了 2002 年度"中国地方政府创新奖"。(参见包俊洪、吴治平：《乡村选举中的"两票制"》，北京：红旗出版社 2004 年版。)

戏称的"和尚村",即由清一色的男性干部组成的两委会。这种现象的普遍存在,引起了社会的广泛关注,经过学者和地方政府共同努力,湖北省委办公厅发出通知,要求各地第六次村委会换届选举和村党支部换届选举中女性参政比例达到"三个30%"的目标:即村选举委员会中女委员占30%,村民代表中女性代表占30%,村两委会候选人中女性占30%。7月,在由广水市17个乡镇(办事处)妇联主任和农村妇女问题研究专家联合举办的"广水市农村妇女参与村务管理恳谈会"上达成共识:要求政府将社会性别意识纳入村民自治制度的具体措施中,采取积极的政策确保在换届选举中的每一个环节都有妇女参与的机会,以实现村村都配备妇女干部,即"三个30%,一个职位保留"的指标。"一个职位保留"是指村委会的职位中专设"妇女委员"。这一共识,后来被广水市有关机构选择性吸收,形成文本。即2005年8月中共广水市委组织部下发的《广水市村民委员会第六次换届选举工作实施细则》和《广水市村民委员会换届选举规程》中明确规定:村民选举委员会、村民代表中妇女要有30%的比例,村民委员职数一般由3—4人组成,成员中应有1名妇女,正式选举时对妇女候选人采用职位保留制,即设妇女委员职位。

(二) 研究路径

对于广水市第五次选举中妇女落选问题,有关专家设计的解决方案,实质上是一种规定比例和职位的保护性措施。这种相对妇女而言的被动性措施的实践绩效如何呢?本研究的目的就在于检验规定比例的保护性政策在实践中的绩效。为此,我们选择个案村——广水市H村进行田野试验,通过运用相符性程序和过程追踪法,[1]来检验和辨识保护性政策起作用的前提条件。

---

1. 范埃弗拉建议案例的选择要根据自己研究的需要,为了进行理论检验和前提检验,应该选择自变量、因变量或条件变量具有极端值的案例,这样被检验的理论就能够在案例中提出独特和确定的预言。(参见 [美] 斯蒂芬·范埃弗拉:《政治学研究方法指南》,陈琪译,北京:北京大学出版社2006年版。)

H村是新合并村,选举中存在适合的竞争环境;在"两票制"全面推广背景下,村民对于"两票制"的操作已经比较熟练;该村有现成的妇女干部资源可利用,有一名妇女是市、乡两级人大代表,另有一名妇女是乡人大代表;多次的学者介入已经使该村村民有一定的性别意识。这些是试验村选点的重要依据,它为研究提供了较好的妇女公共参与的村庄环境,这个自变量值的极端性有利于强检验。试验过程中,我们还控制了作为自变量的保护性政策变量:一是妇女所占比例的下限(30%);二是妇女委员职位的保留。对于中间变量,我们主要设定了新政策宣传这一项。试验研究的是因变量——保护性政策输入后妇女公共参与效能,采用妇女参与的自主性、参与意识、参与水平、能否代表妇女利益4个一级指标对因变量进行测量。试验提出的假设是规定比例的保护性政策将提高妇女公共参与程度。

二、"性别两票制"试验过程考察

(一)"性别两票制"的涵义与操作设计

什么是"性别两票制"?从实质意义上而言,它是妇女按规定比例参政的一项试点性地方政策,具有法律的强制性和结果的保障性;从程序意义上而言,它指在实验村村委会选举进程的各个阶段,设计男性票和女性票,投票和计票按规定的性别比例进行,两性之间互不竞票。显然,这里所指"性别两票制"的内涵,与前文提及的原生意义上的"两票制"没有内在联系,但它的提出却源于"两票制"实践中妇女落选。它是学者将社会性别视角与地方"两票制"实践联姻的产物。实践中女性参与公共治理严重缺失问题,并非广水独有,已经成为一个公共性热点论题。根植于社会文化因素导致性别差异的社会性别理论认为,妇女作为弱势群体应得到政策性的特殊保护。本试验就是学者试图将这一理论运用于基层民主政治场域的尝试。而广水是

"两票制"实践和推广较为成功之地,这为新政策诞生培育了充分的土壤。首先,该市各级领导经过"两票制"摸索和实践,初步具备了政策创新的政治勇气和经验,这是新政策得以酝酿和产出的首要条件;其次,任何新政策都难免在文本上缺乏社会认可,这就需要获得较强的社会信任、认可,从而使新政策得以生长和推广。在学者、地方领导、村庄社会的相互作用下,"性别两票制"进入到规则设计阶段。

提出"性别两票制",首先遇到的一个问题是合法性。中国《宪法》规定男女平等原则,是为了保护妇女和男子享有同等的生存发展权利,这就通过法律强制途径把妇女和男子放到了一个对等的平台。而"性别两票制"是有意提升妇女这个平台,是否有违宪嫌疑?为了将文本合法性不足风险降到最低,地方规则对制度设计起了一定的作用。首先,不能突破主流意识形态中性别平等的有关表述,表现为它依然是个"男女平等"话题,不能在文本中出现"性别两票制"的提法;[1] 其次,不能打破既有的乡村权力结构,表现为不能为妇女增设专门的职位,而只能在既有的职数范围内进行适当的性别比例调整。[2] 具体体现为"三个30%,一个职位保留"。

(二)"性别两票制"在试验村的运行

整个试验过程始终贯穿着对"性别两票制"的宣传,宣传结构由两条线构成。一条是自上而下的严密的纵向路线:首先,专家学者对基层政府干部进行社会性别意识宣传;其次,由基层政府对村干部(主要是书记和村主任)宣传并确定试验点;再次,由乡镇专门干部对选举委员会选民(上一届的村

---

[1]. 文中的"性别两票制"是学者和参与实践者的通称,但是它在进入文本叙述中就被"妇女委员"专设票取代了。当地政府有关人员的解释是,在没有解决合法性问题前,最好不要在文件中出现"性别两票制"的表述。
[2]. 但有些情况下,男性可以突破,实验村这次选举中落选的吴男,后来乡里以工作需要的名义,聘请其为村党支部副书记。乡里规定的村里只能配3—4名干部,变成了5名。

民代表和党员）宣传；最后，由新的选举委员会在选民登记过程中对村民宣传。这条线与政府科层制密不可分，结构化刚性带来的权威影响，在整个宣传体系中起了决定性作用，它确保了每个环节在结果意义上都能朝着预期目标发展。另一条线路则是学者以观察员身份进入乡村社会，构成了一个横向零碎型宣传网。首先，学者建议选举现场的宣传标语中，要体现性别意识，如"女人能顶半边天"、"广大妇女走出家门，积极参政议政"等；其次，在调查过程中有意识地对调查对象进行性别意识宣传；最后，在正式选举前，对女性候选人进行专门的参选意识、参选策略以及对选举结果态度的培训。这些工作，无疑可以激发村民对妇女参与的支持，也可以影响妇女自身的公共参与。

1. 女选委会候选人与女委员替补进入

为了保证正式投票能在差额中选出符合比例的妇女委员，指导选举的乡镇干部决定，委员候选人名单中必须有4名妇女，选出2人。这是村干部和村民第一次在实际操作中接触"性别两票制"，也是"性别两票制"第一次发挥保护妇女参与的作用。这里隐含了一个问题，如果没有乡镇官员的直接决策，即必须提出4个女候选人，会不会出现没有或者是没有规定比例的妇女候选人出现？对此，我们从投票行为和结果来解释。[1] 投票人每人一张白纸，不分男、女票，可以自己推荐其他候选人，投票结果见表6。

从得票情况，我们对前面提出的问题进行推理式解答，即不可能出现没有足额的妇女候选人。理由如下：首先，正式被提名妇女在给定的候选人中，排名分列3、6、10、12，其中秦女是乡、市两级人大代表，张女是乡人大代表，对于这两位经常出现在公共领域的女性，不可能不被村民代表和党员提

---

[1]. 对投票结果中数字的解读，可能是理论界较为忌讳的。因为受到多方因素影响的村庄选举，往往会被主导村庄的强势力量筹划，结果就成为了强势力量意志的表现，不能从中解读出其他有意义的东西。但本文作者还是慎重采用了这种方法，理由如下：(1) 乡村干部理解中的"性别两票制"不构成对男性权力中心的威胁，他们不会去有意筹划女性得票，而我们的解读仅限于女性得票；(2) 解读紧密结合我们在村里深入底层的调查。

表 6　H 村村委会换届选举委员会得票情况（总共 83 票）

姓名	吴男	彭男	秦女	陈男（1）	秦男（1）	张女	秦男（2）	刘男（1）	陈男（2）
得票	73	69	64	63	58	46	41	40	39
姓名	吴女	刘男（2）	刘女	秦男（3）	周男	梅男	梅女	杨女	
得票	38	37	33	32	32	18	1	1	

名。而另两位妇女得票在没有专列妇女票的情况下，排名也不落后，足以进入正常的候选人行列。其次，出现了两个被新提名的女性，她们分别都只得 1 票。有两种可能解释这种现象[1]：（1）她们都投自己的票，不谋而合；（2）她们相互投对方票，策略巧妙。应该说，大部分村民都容易遵守在给定的妇女中进行选择的规则，但这两名女性突破了这个常规，至少说明了农村妇女中有主动参与的因子存在。这些主动性往往被正规结构或一些传统因素消解。而一旦有机会，并且这些机会不会对既有的乡村权力结构造成威胁，这种微弱的主动性往往也会被表达出来。当然，这种表达是不能造成波澜、吸引足够注意的。但是，如果有了适当的引导和相应的实现机制，这些因子可能成为突破农村妇女公共参与主动性普遍缺乏的出口。

H 村按规定应选出 9 名选举委员会委员，且女性比例达到 30%，选 3 个。吴女取代陈男（2）进入选举委员会，这是"性别两票制"发挥保护作用的第二次表现。可是，替补过程自始至终超出学者和乡镇干部预想的平静，为什么？有两种可能：（1）两个当事人对于是否进入该组织，根本不感兴趣，即他们的态度与"性别两票制"无关；（2）两个当事人都接受了新政策的安排，即他们的态度是"性别两票制"的积极结果。事后对两个当事人的访谈，证明了第一种解释。他们都认为，依据以往的经验，选举委员会没有实权，也没有实职，进不进无所谓。可见，吴女进入选举委员会，并不能说明男性

---

1. 据事后考证，这两名女性当时在投票现场，而且坐在一块儿填写选票。

对女性参与的认可，也不能说明女性自身参与发生了什么实质变化。最有说服力的理由是，吴女从妇女小组长上升为选委会成员，实现了位置的向上流动，但与之相应的公共参与扩大化假设并没有发生，表现为在候选人提名中她没有出现，这是一种非常不合情理的现象。这说明，进入选举委员会进而进入村庄公共领域的吴女，不仅在村民眼中，而且在自己的心目中，和普通村民并无区别。她没有依托自己在选民登记过程中选举委员身份，获得村民更多的信任和认可，也没有有意识地去表现出对村庄公共事务的关心。这里又出了个连带问题，她为什么能够出现在选委会候选人中？按照"嗅觉灵敏"的村干部理解，新政策中女性票不与男性票竞争，所以提名时他们不会故意提出一个完全无竞争力、村民完全不熟的候选人。从吴女获得的票数看，也说明了村干部的提名没有超出常理。可见，除获得一定程度的村民认可之外，保护性政策直接推动了吴女进入选委会。但此政策没有进一步增强她的参与自主性和参与水平，使她学会在村民中扩大自己的影响，而不是纯粹成为"有计划的产物"。

2. 女村民代表力量的长与消

以村民小组为单位，按5—15户推选1人的比例，每个村民小组选3个代表，其中必选1个女代表。推选结果是，该村14个村民小组，推选出村民代表42人，其中妇女14人，总数上达到了"性别两票制"的规定。这个过程严格按照硬性指标操作，使得"性别两票制"第三次保障了妇女参与。从这个阶段开始，自上而下的保护性政策真正与普通群众近距离接触，它在村庄社会的遭遇如何呢？

村民代表的产生，原则上由原任各村民小组长或村民提名，再由各小组村民会议（一般派户代表参加）决定。但实际中的村民代表成员在该村已经约定俗成地由全体支村委干部、全体党小组长和村民小组长、前任村干部、一般村民构成。这样；由于该村前四部分中只有2名女性，那么增加的12名女性代表成分均为普通村民。加之，该村有一个不成文的习惯，夫妻可以互相替代，即如果妻子是村民代表，妻子不在家，要开会就由丈夫代替。反之，村里大部分男性外出务工，使得实际上多数时候，参加村民代表会的女性占据一半以上。如果按照"村治小宪法"[1]治村，村里很多事情由村民代表会决定，那么女性在村治中就起了决定性作用。但事情并非如此，选举后至今该村只开过4次村民小组会议，所议之事均为村里修路，妇女们在会上发言积极，出谋划策，提出了唯一的筹资方案，却遭到书记的反对和搁置。结果不仅修路之事不了了之，代表会议也不再开了，逐渐被村干部虚置化，取而代之的是村干部两日一次的集市碰头会。这隐喻了"性别两票制"在非指标意义上遭到村庄社会的抗拒，抗拒力量来自村里的男性干部，他们首次感觉到了这种新政策无形中培育了一支新的政治力量，它严重威胁到以往村治决策中的男性中心结构。

在村庄层面虚置女代表作用，还不足以解构这股新生力量，而且有违法之嫌。怎么办？"村干部——村小组长——村民"[2]三级链，是村庄内部基本的权力架构。村干部由村民大会产生，其治村行为在当今村民自治开放性视野下，处于一个较为显现的状态，难以有大作为。而村小组长名义上由各组村民选出，实际上由村委会"包片区"干部以利于工作之由决定。这个群体处于隐性状态，入选者都必须有一定的家族势力、外部社会资源、内部群众基础，是治村的关键力量。在村干部筹划下，该村14个村小组组长均为男性，整个村庄男性中心权力架构成型。这就有利于制约妇女代表在村小组层面的参与和影响，小组长分配给她们的工作主要是协助村妇女主任做好本组

---

1. 学术界一般把村庄治理划分为：村自治章程、村规民约、村政管理各项专门规章，各地有一定的差异性。但各村依据《村民自治条例》拟定的村自治章程差别不大，被学术界称为"村治小宪法"。
2. 有学者认为，村小组长虽然构成村庄公共权力的一部分，处于干群之间，但他们的干部色彩淡化，行为特征接近一般村民，所以把其和村民划归同一群体。（参见张厚安等等编：《中国农村村级治理》，武汉：华中师范大学出版社，2000年版，第168—175页。）这里笔者根据实验村的情况和对妇女参与特殊性的考察，把村庄社会分为三个层面"行政村——村小组——村民个人"，与之相对应的权力结构为"村干部——村小组长——村民"。

的计生工作，实质上类似于集体化时期的妇女队长。这样，村庄内又出现了一个附属性三级链结构"妇女主任——妇女小组长——普通农妇"。女代表只能被迫退出宏观层面的村治，作为原子化的个人，参与组内极为有限的事务。妇女代表这支新兴的公共参与力量，也就被合乎逻辑地瓦解在村民小组这个村庄社会的最小政治单位层面。

同时，妇女代表增多了，她们自身是如何看待这个新身份的？首先，表现在她们对自己身为村民代表的态度上。在被提名为村民代表时，大部分妇女能够欣然接受，她们本人是渴望这种位置的。但也有一些妇女遭到了家人的反对，原因是认为有了这份差事，会影响家庭的生产、生活秩序。一般这种情况发生在老人身体不好、孩子较小、丈夫常年外出的家庭中。如果没有人做反对者的工作，这些被提名的妇女往往选择放弃当女代表，以迎合家人的需要。其次，在整个选举结束后的村庄社会治理中，随着女代表力量在村庄宏观和中间层面被削弱，她们越来越只具有了统计学意义上的参与。如果说大部分妇女或村民对村民代表的公共参与有过幻想，那么村庄治理中她们的被迫退场，让她们更加明白了自己的真实身份是难以发生根本改变的。女村民代表力量的长消过程，说明了任何自上而下的保护性政策无论在设计上多么的理性、完善，都必须在村庄权力链条上接受严峻考验，只有这样才会有生命力。

3. 妇女委员票单列与性别隔离

候选人产生，与"两票制"选任党支部成员预备候选人同时进行。每个到会村民填写党支部信任票和村委会提名票。党支部信任票自由填写，而村委会提名票专设"妇女委员"一栏。（见表7）

候选人提名票（正式选票与此相类似，这里一并讨论），特别列出了妇女委员票。初始制度设计目的是必需选至少1名妇女，而投票中村民误认为，妇女票只能填写在妇女委员一栏，结果导致主任票、委员票中没有女性出现。

表7　H村第六届村民委员会成员候选人提名选举职务

职务	主任	副主任	委员	妇女委员
姓名				
说明	本届村民委员会由主任1人、副主任1人、委员2人组成，妇女应有1个名额。选民只能等额提名，不得提同一人担任两种职务，多提无效。			

专设女性票，确保妇女当选同时，也确保了其他票实际成为男性票，这是一场导源于保护性政策的无形的"性别之战"。原因何在？"路径依赖"使然。先看主任票：往届支部书记陈男、吴男在支部选举中的选票总是明显高于他们在村委会提名中的选票。在群众的惯性思维中，这两人常年当村支书，就应该成为党支部人选，而一般不会把他们视为村委人选。这种思维还表现在妇女委员提名中，在选委会候选人中列第三的吴女没人投票，列第四的刘女，只有5票。这样的数字反差，说明除秦女和张女这两位经过多届村干部培养的公共人物能够继续留在村庄权力的公共场域外，其他妇女很难跨越这道由全体村民建构的藩篱。这种惯势思维遇到特殊条件刺激，还会得到强化。从这个角度而言，女性票在妇女参选中起了负面激励作用。而我们注意到选委会候选人选票，并没有专设女性票，只规定女性当选比例。党支部信任票也没有专设女性票，并且没有规定女性当选比例，在全村54名党员中只有两名女性党员的情况下，也有一位进入新一届党支部候选人行列。这些实例证明，选票设计中专设女性票，未必能与规定比例政策形成保护妇女参与的合力。女性票在某种程度上把那些真正有竞争力的妇女限制在妇女委员这个有限的空间内，同时也窒息了其他妇女参与竞争。当然，保护性政策要发挥作用，还有赖于它能否突破一些思维惯性和村庄社会有无可能使更多的妇女成为公共人物。

最终从表8中，我们看到女性党员的信任率非常低，"性别两票制"输入并没有改变"两票制"竞争中女性低信任率的状况。尽管张女有幸进入支部正式候选人行列，但她的低信任率在没有特殊保护的情况下，基本不可能进

表 8　H 村换届选举候选人得票情况（总共 879 票）

党支部信任票	吴男 302 票	彭男 266 票	陈男（1） 265 票	秦男（1） 196 票	周男 146 票	张女 74 票
主任票	秦男（2） 252 票	彭男 148 票	吴男 81 票	秦男（1） 79 票		
委员票	秦男（1） 169 票	刘男（2） 147 票	彭男 104 票	秦男（2） 84 票	吴男 81 票	刘男（1） 163 票
妇女委员票	秦女 392 票	张女 199 票	刘女 5 票			

入党支部任职。这种情况出现的原因有二：第一，H 村只有两名妇女党员，群众可投票的空间不大；第二，在村里女党员极少的情况下，妇女进入党组织容易遭遇推荐票源不足。从得票情况看，秦女深得村民信任。为什么这么一位得到群众认可、社会认可（两级人大代表）的优秀女性，不发展进入党组织？首先，秦女过大的社会影响力，对村庄传统男权秩序构成威胁，男性干部不会力荐她进入党组织；其次，极少的女党员没有足够的力量推动她进入组织；再次，她错失了历史机缘。一般而言，农村女性入党都与特殊家族背景有关。张女在自己的公公当书记时，由父亲和丈夫介绍进入组织。秦女的父亲没有远见，在任时没有解决她的组织问题。由此可见，保护性政策如果只是出现在村委会选举中，不涉及女党员发展、村党支部性别结构建设，对妇女公共参与的保护恐怕只能是治标不治本。[1]

4. 妇女主任产生多面观照

作为"性别两票制"的首次实验，乡政府最担心的不是能否选出合适的妇女干部，而是选举不要出乱子。他们已经通过设置专门的妇女委员票，并再三告知选民必须将妇女填写在妇女委员一栏内，严格控制整个选举过程。

---

[1] 刘筱红等提出了农村妇女参与村庄治理程度与农村村级党组织的社会性别能力有直接并且深刻的关联。(参见刘筱红、吴治平：《论乡村治理中的妇女参与村级党组织的社会性别意识》，载《江汉大学学报》，2006 年第 1 期。)

这样达成两个目的：(1) 妇女名字填写在妇女委员栏中可以确保保护性政策实现，从而取得政策创新实绩；(2) 为妇女专设职位同时，不能为妇女增设职位，以避免落选的男性挑衅新政策的公平性、合法性，使政策实验失败。政府行为在新政策实验中的偏好次序依然是：政策创新带来的政绩→维护村庄现有秩序→保护妇女特殊利益。

普通村民都知道这次选举与以往不同的是要选妇女干部，但他们关注最多的不是妇女当选，而是整个选举的公平性。他们对选举公平的理解，仅限于在选举过程中是否有人采取贿赂手段，并没有想到妇女职位专设与公平性有关系。其中大部分男性村民认为专设妇女职位有必要，村里有些工作必须由妇女去做。如果不保护，妇女在村里不公平（多指贿赂行为、暴力行为）的竞选中肯定要落选。他们不忌讳候选人的正常竞选行动，由于女候选人没有不公正竞选举措，所以在对妇女候选人投票时考虑最多的是谁能为群众办实事。而女性村民比男性村民更为关注妇女候选人的竞选行动，她们对公平的理解也比男性狭隘，甚至认为女候选人和她们寒暄也属不正当的拉票行为，以影响自己的最终决策。她们对女候选人投票时更看重的是私人情感。以上差异说明：普通妇女想通过在村庄中，尤其在特殊事件中展现自己、获得认可的途径，可能会遭到村庄社会的阻碍，并且来自妇女群体的障碍大于来自男性群体；性别政策实验对村庄妇女的意义，远远大于男性。保护性政策起到了启蒙底层女性民主精神的作用。

如上所述，政府关注最多的是选举秩序，男性候选人和大部分村民关注最多的是男性场域的争夺，只有两位女候选人及少量家属在被视为寂静的竞争场域演绎自己的故事。

表9显示：张女与秦女相比，占优势的地方有家族背景、组织经历；而秦女，在自我评价、群众评议、选举策略中胜过张女，最终的选举结果也胜出了。从中我们可以看到：(1) 强势家族势力是妇女当选的必要条件。(2) 妇女本人的公共服务能力是当选的充分条件。多数群众对妇女干部的判断标

准,主要是能力,尤其是为群众服务的能力。(3)妇女参与公共事务的程度,与妇女本人的个性和是否愿意出入公共场合相关。并非受教育程度越高,参与意识就越高,参与水平也越高。(4)妇女参与过程中,采取一定策略宣传自己是必要的,可以让一些很少出入公共场合的人了解自己、支持自己。

表9　两位女候选人情况对比

	张女	秦女
个人情况	1958—,D村,高中文化。	1965—,S村,初中文化。
家族背景	嫁在D村,公公老村长(党员),丈夫退伍转业军人(党员),父亲参加过抗美援朝(党员)。	嫁在S村,公公和丈夫普通村民(家族大),父亲老村支书。
组织经历	1990—1993年,D村妇女小组长;1993—2005年,D村妇女主任;2004—2006年乡人大代表。	1986—2002年,D村小学教师;2002—2005年,S村妇女主任;2004—2006年,乡、市人大代表;2006—,市人大代表。
自我评价	性格内向、不爱言语,认为女性不如男性、关键时候拍不了板。	性格外向、乐观,愿意帮助别人,工作吃得苦、踏实,为百姓想,有信心。
群众评议	不干实事,工作态度不好,S村妇女知道她的人不多。	为人好,工作不漂浮,D村大部分妇女知道她,评价挺好。
选举策略	自己站在人群中,默不做声,不与人打招呼,神情严肃,丈夫不停在人群中走动。	丈夫不在家,自己在人群中穿梭,与人寒暄,笑容可掬,满脸自信。
选举结果	356票出局,拒绝交接工作。	523票胜出,欣然接受。

备注:实验村H村是由D村和S村新合并的村庄,表中的D村和S村均指合并前的D村和S村。

三、反思性探讨

经历了较为冗长的选举实验追踪后,再看实验前提出的假设,在实验过程中有没有得到验证?

从实验本身而言,保护性政策在H村的输入基本按照官方机构意志行进,同时在一定程度上也遭到了村庄社会的抵制。因为村庄社会不仅是官方机构意志的"跑马场",更是村民意志的"跑马场"。

首先，保护性政策最大的效应在于确保了女妇女主任出现，这是通过制度设计和对政策实施过程进行严密监控得以实现的。制度设计过程中参与主体是多元的，但关键性决策还是由官方机构掌控。来自官方机构的公共政策，能否彻底解构由官方机构本身建构和复制的性别不平等，是不言而喻的。这在随后的政策推广中得到印证，该市在随后的换届选举中仍然有33.2%的村庄没有选出女妇女干部。可见，在有限的正规力量难以全面、及时、有效地控制村庄选举时，保护性政策就成了摆设。它没有跳出行政化村治的怪圈，即在强势意识形态作用下，保护政策能够保证女性按比例参政；而一旦行政力量削弱或消退，妇女参与又跌入低谷。对于基层自治，学术界普遍认为是打开了女性参与的通道，但妇女真正被动员起来在村治中发挥作用，实验告诉我们这还只是一种潜在的可能。

其次，农村妇女公共参与结构是微型的村庄权力结构的附属品，与之相对称，形成一个"妇女主任——妇女小组长——普通农妇"三级链。在这个链条内是存在层级之分的，保护性政策越是走向链条的末端，越容易遭到村庄社会的对抗。因为自上而下的政策保护与自下而上的村庄社会行动有着不同的逻辑路径，它们之间的冲突越到社会的末梢，越难以消解。行政保护力量在下沉到底层社会过程中能量日渐减少，而底层社会人多面广利益多元，特殊政策自然就难以胜任保护任务了。况且，在本来就存在层级的链条上，保护性政策还起了强化层级的作用，这无疑也是它遭到底层社会反抗的理由。显然，抗拒行动不利于妇女公共参与。

再次，保护性政策在保障妇女按比例参与的同时，也建构了一道无形壁垒，将男女两性分隔在两个毫不相干的竞争场域。妇女委员和妇女工作构成女性场域，当存在严密的行政控制时，村庄中处于公共领域的妇女展开角逐。由此，这里的竞争显得相对平和而公正。村支委、村委会（除妇女委员之外）和村庄日常工作（除妇女工作外）构成男性场域，这里的竞争显得丰富多彩。保护性政策实际上使女性丧失了进入男性场域的机会，在理论上它等于是减轻了村庄男性的竞争压力。因为，男性在没有特殊力量控制时可以随意选择竞争场域。部分男性在男性场域竞争失利后，仍有机会当上男妇女主任，保护性政策异化成男性保留最后一个位置的堡垒。可见，如果保护性政策不从根本上将性别意识根植于男性主导的社会并改变这种社会的文化，在政策运行中往往可能徒具工具理性而丢失价值理性。

当然，在保护性政策的影响下，妇女公共参与主体性、参与意识、参与水平还是有所改变，并且变化的方向呈现差异的多样性。

表10 "性别两票制"输入前、后妇女公共参与对比

内容\主体	妇女主任		妇女代表		普通妇女	
	前	后	前	后	前	后
参与意识	信心不足，担心落选但尚能主动参与。	有自主意识、竞争意识、服务意识。	被动参与，基本不参与竞争。	部分人有自主意识和竞争意识。	大部分人无政治意识，少部分人参与投票。	政治热情有所提高，基本无竞争意识。
参与方式	制度化渠道为主。	制度化渠道为主。	非制度化渠道为主、制度化为辅。	制度化成分较多。	投票、私下接触、议论、抗拒。	投票、私下接触、议论、偶尔抗拒。
参与水平	倾向按规则办事。	讲究策略。	机会少、水平不高。	机会增多、开始注意策略。	理性计算（经济利益、人情世故）。	理性计算（经济利益、人情世故）。
价值取向	村庄公益为主。	村庄公益性更强。	自我利益为主。	兼顾组内利益、村庄利益。	自我利益。	自我利益。

要想从以上分析中辨识保护性政策提高了或者降低了妇女的公共参与程度，是有失偏颇的。但我们基本可以初步得出以下结论：第一，自上而下的保护性政策不可能完全按照官方机构的意志进行，它在输入到村庄社会过程中，会遭到不同程度的抵制；第二，保护性政策对于村庄层级链条中位置越高的妇女，保护性越强，公共参与程度也越高，受益也越大；第三，保护性

政策基本没有改变男性主导村庄权力结构的局面，还加深了两性的隔离。以此为据，以后的政策制定者应该更加关注村庄社会基础，在以下两方面努力：充分尊重村庄妇女公共参与中"妇女主任——妇女小组长——普通妇女"三级链分层现状，使政策的保护性力量在这个链条上出现增量式发展；建立有效的配套机制，改变保护性政策带来的"女性场域——男性场域"不对等分割状况，实现和谐式参与。

（原载《妇女研究论丛》，2008年第1期）

直选乡长，是扩大农村基层民主的一次探索
——关于四川步云乡个案的思考

浦兴祖
（上海复旦大学国际关系与公共事务学院）

基层民主，是作为民主主体的亿万人民群众直接行使民主权利的政治实践。切实推进我国的基层民主，将有利于保障基层事务管理充分体现人民群众的利益与要求；有利于人民群众在看得见、摸得到的事实面前直接地、真切地感受社会主义民主的存在与价值；有利于人民群众在民主实践这所学校中，增强民主意识，培养民主才干；有利于夯实整个社会主义民主的基础，助长中层、高层民主的发展。

中共十五大提出"扩大基层民主，保证人民群众直接行使民主权利"的决策后，全国各地基层民主建设有了新的发展。但主要体现在基层群众自治方面。至于基层政权机关的民主发展，似呈相对滞后状态。这很可能与认识上的一个误区有关。有人总把"扩大基层民主"仅仅理解为发展村（居）民自治。其实，十五大所指的"扩大基层民主"，涵盖三个层面：一是"城乡基层政权机关"，二是"基层群众自治组织"，三是"以职代会为基本形式的企事业民主管理制度"——只要细读一下十五大报告就不难注意到这一点。

基层群众自治的推进是件大好事。与此同时，城乡基层政权机关的民主建设也应按照十五大的要求逐步推进。其基本方向还是十五大指出的："健全民主选举制度，实行政务与财务公开，让群众参与讨论决定基层公共事务与公益事业，对干部实行民主监督。"

本文通过剖析四川步云乡"直选乡长"一案[1]，初步阐述了作者如下一些基本观点：直选乡长，是扩大农村基层民主的一次探索；分步推进"直选乡长"，符合现实国情；审慎实施"直选乡长"，有助于社会稳定；直选乡长，需要解决合理不合法的问题。这些观点，希望能引起专家、学者的讨论与切磋。

一、直选乡长，这一步"迟早要走的"

依据人大制度的规定，在我国，作为农村基层政府"一把手"的乡长，如同各级政府"一把手"一样，须由同级人民代表大会产生。1949年10月通过的起临时宪法作用的《中国人民政治协商会议共同纲领》及其后的宪法与地方组织法均作出了相应的规定。

实际运作中，执政党——中共组织往往先提出拟任乡长的建议人选（其他各级政府"一把手"人选亦然），在听取各民主党派、各主要社会团体的意见后，推荐给乡人民代表大会主席团，再由人民代表大会依照法定程序选出乡长。[2]

总之，从理论构想到制度安排，从法律规定到实际运作，1998年底以前，我国从未出现过由选民直接选举产生的乡长或者其他政府组成人员。

---

1. 本文所引有关此次直选的素材主要依据《南方周末》（1999年1月15日）《直选乡长》一文（唐建光）以及"日月光华站"（1999年4月19日）《直选第一乡长现场观察记》一文，但未一一作注。
2. 按照地方组织法规定，乡长候选人由乡人大主席团或者代表十人以上书面联名提出，一般应多人，进行差额选举；如果提名的候选人只有一人，也可以等额选举。实践中，往往保留党组织通过主席团所提出的一名候选人。

然而，就在1998年底，四川省遂宁市中区一个偏远山村——步云乡悄悄地进行了一场"直选乡长"的试验。在中共区委的支持下，顺应民意，发布了"直选"公告，全乡共有15人报名参选，经过13场竞选演讲，6千多名选民投票，选出了该乡第12届人民政府乡长，乡人民代表大会通过决议表示"确认"。这样，1999年1月4日，我国诞生了第一位由选民直接选举的乡长，也可以说是第一位由选民直接选举的政府官员。需要指出，步云乡与后来（1999年4月底）深圳大鹏镇的做法有区别。前者是选民直接选出乡长，由乡人大"确认"；后者是选民选出乡长候选人，再由乡党委推荐给乡人大，由乡人大依法选出乡长。

步云乡直选乡长，是一次具有开拓性、突破性的试验，是一次扩大农村基层民主的探索。在笔者看来，尽管有些问题（如"合理不合法"）尚需研究解决，有些做法尚需进一步完善，但就实质言，这次探索很可能预示着我国农村民主发展的趋势，它给予一切关心中国民主发展的人们以有益的启示，它迟早会被载入中国民主发展的史册。

民主，说到底，是指公民平等地参与行使权利。现今的人们几乎已习惯于在"民主"与"间接（代议）民主"之间画等号。其实，民主并不完全等同于间接民主。相反，"所谓民主最初指的就是直接民主。"[1]近代以降，人类普遍采用间接（代议）民主而很少实施直接民主，那多半是出于政治现实主义的考虑。正如，科恩所指出的，"我们之所以放弃直接民主，主要是因为社会规模太大，难以付诸实行。代表制就是要在不可能实现普遍直接参与的情况下，仍能实现普遍参与。"[2]但是，就人类的价值追求言，终究倾向于个人直接、亲自地表达意志，参与行使权力；就理想效果言，直接民主也确实较间接（代议）民主不易扭曲个人意愿，其民主程度更高。随着人类科学技术

---

1. 丛日云：《当代世界的民主化浪潮》，天津：天津人民出版社1999年版，第375页。
2. [美]科恩：《论民主》，聂崇信、朱秀贤译，北京：商务印书馆1988年版，第83页。

的发展,尤其是信息时代、电子网络时代的到来,直接民主在操作上也许会变得越来越不成问题,现代普遍通行的间接(代议)民主很可能会被半直接民主乃至直接民主(如"电子民主")所全面取代。未来学家早已指出了这一点。当然,按笔者所思,这种"全面取代"恐怕是在遥远的"未来"。人们眼下应予努力的是,一方面,更加充分地发挥代议民主的功能,提高公民间接参与的效度;另一方面,逐步地向现行代议民主内注入直接民主的因子,扩大公民直接参与的程度。任何一种民主都有一个渐趋完善、渐趋成熟的发展过程。这一过程的实质就在于公民(直接或间接)参与的扩大。

选举是民主政治下公民最为普遍的一种参与行为。有选举未必有民主,但,有民主就必定有选举。当代一些著名学者往往宣称,民主政治的功能就是"选拔政治领袖和监督行政","民主的标志是选举","全民选举最高决策者是民主的实质"。[1]

对于公民来说,选举也可分直接、间接两类。前者指公民亲自参与选举,后者指由公民选出的代表代表公民所进行的选举。显然,前者属于直接参与、直接民主的范畴。扩大直接选举的适用范围,也就是扩大公民参与的程度,推进民主的发展。

我国,鉴于各种条件,一直实行间接选举与直接选举相结合。改革开放以来,在农村,已将直接选举人大代表的范围从原来的乡级扩大到了县级。此外,在乡以下,作为基层群众自治组织(不具政权性质)的村民委员会,也已由村民直接选举产生。这是我国政治体制改革与民主发展在农村所迈出的两大步。起步的时间,大致是20世纪的70年代末、80年代初,距1949年约30年左右。当时的背景是,"文化大革命"的教训告诫人们必须重视民主政治的建设,而农村经济体制改革的开展也需要政治体制改革与之相配套。自70年末、80年代初至今,历史车轮又前进了20年。正如中共十五大报告

---

1. 转引自丛日云:《当代世界的民主化浪潮》,天津:天津人民出版社1999年版,第32—33页。

所指出，经济体制改革的深入和社会主义现代化建设跨越世纪的发展，要求继续推进政治体制改革，进一步扩大社会主义民主。其中的一项任务是，健全城乡基层政权机关和基层群众性自治组织的选举制度。问题是，在农村如何健全基层选举制度，扩大公民直接参与的程度？笔者认为，在基层群众自治方面，要巩固与健全村民委员会的直接选举；在基层政权机关方面，除了继续巩固与健全乡、县两级人大代表的直接选举外，可以考虑，在有条件的地方，将直接选举的范围进一步扩大到乡长的产生，即逐步推行步云经验，由选民直接选举乡长。

在我国农村，村民委员会、乡（乃至县）人大代表以及乡政府"一把手"三者中唯有乡政府"一把手"（乡长）尚未实行直选。现在的乡长人选基本上都是由同级与上级组织（有时甚至是个别领导人）提名的，因此，有些意欲当选者就往往满脑子"对上负责"的观念，而很少想到"对下负责"。一经当选，更是观念指导行动，媚上压下、瞒上欺下。现实中同级的乡人大监督又往往乏力，一旦上级组织再放松监督，一乡之长就有可能把自己的辖区搞成"独立王国"、"土围子"，俨然当起"土皇帝"、"土霸王"来。这类例子已并非鲜见。须知，乡长手中握着一个乡的行政权力，较之群众自治组织——村民委员会的主任厉害得多。鉴于此，加强同级人大的监督与上级或同级党组织的监控固然重要，但最佳的对策选择当是，由选民直接选举乡长，把乡长的去留"生命线"捏在广大选民手中，使他既对上负责，也对下负责，接受广大选民的监督。[1]

事实是最有力的印证。步云乡一搞直选，候选人一个个恳请选民"投我一票"。其中一位原乡党委副书记、副乡长当众表示："我要真诚地向你们承诺……如果我当选，我一定在任期内让步云乡达到以下目标……"一位老农以朴素的语言点明了"直选"的功效："以前我有事找乡长，跑几趟都找不

---

1. 直选乡长中，党组织仍可提出个别候选人，与选民提出的候选人地位同等，最后由选民投票决定。

到影子，现在乡长主动跑到门口来，还对我们点头哈腰，请我们投他一票。"从理论上分析，选举是权力委托的行为。直选乡长，使乡长的权力直接由全乡选民来委托，有利于乡长增强"对选民负责"、"为选民办事"的公仆意识。权力委托不是权力的"交出"与"丧失"。选民始终是权力的主人。他们直选乡长、了解乡长，便于经常以"权力主人"的身份监督权力的运作。如若公仆有悖人民权力委托的初衷，选民还可按程序随时收回所委托出去的权力，即罢免乡长，至少在下次直选时，不投他的票。因此，推行"直选乡长"，可以扩大公民的直接参与，打掉一些人的官气，防止农村基层权力的异化。它完全符合广大农村选民的意愿，符合农村政治体制改革与民主发展的趋势，因此，支持步云试验的市中区一位领导坚定地说："乡长直选是迟早要走的一步"。

"迟早要走的"一语，言简意赅。从最为宽广的涵义上理解，推进民主是世界发展的大趋势，是各国"迟早要走的"。言民主，要看国情，但首先要看"世情"。按照亨廷顿的描述，自19世纪初以来，人类社会至少已兴起过三次民主化浪潮。而且，"第三波民主化浪潮中民主化的速度更快，在规模上也远远超过了前两波"[1]。

面对世界大潮，经济上落后要挨打，政治上落后也会挨打。在走向全球化的今天与明天，更是如此。人们常常谈论"民主"与"国情"的关系，笔者认为，要注意层次性。在"必须发展民主"这一层面上，就不应分国别、国情，而首先要认清"世情"；人们常常讨论对待"西方民主"的态度，笔者认为，非西方国家可以不搞"西方"，但不能不搞"民主"。当今世界，发展民主、推进民主这一步，任何一国都是"迟早要走的"。在此意义上看，直选乡长作为扩大农村基层民主的切实一步，它不仅符合本国的发展趋势，而且也符合世界发展的大趋势。因此，"迟早要走的"。

---

1. [美] 亨廷顿：《第三波——20世纪后期民主化浪潮》，刘军宁译，上海：上海三联书店1998年版，第2页。

二、分步推进"直选乡长",符合现实国情

虽然民主是世界发展的大趋势,各国都不能置身事外。但是在民主的实现方式、发展速度等方面,各国则应当结合本国国情,呈现出各自的特点,而不应强求一律,全盘照搬。正是在这一层面上,我们强调国别、国情,强调发展各具特色的民主(诚然,即使如此,西方民主的某些形式——只要经适当改造能够为我国所用的——也可借鉴)。

那么,在我国,从现在起就迈出"迟早要走"的"直选乡长"这一步,是否符合国情?笔者认为,探讨这一问题,首先应注意对国情本身有个正确估量。为此,需具体地分析国情的若干要素,动态地考察国情的发展与现状,全面地了解国情的有利与不利之处,特别要考虑到中国国情的一个突出特点:各地区间的不平衡性(即应注意"区情")。同时,应对"直选乡长"有个正确定位。这是在一个幅员不算太大的乡域直选一名与农民利益攸关的乡长,而非直选总理或国家主席。

国情的一个要素是经济发展状况。在连温饱也难以保证的贫困地区,要开展像样的民主、认真的直选,也许是奢望。但是,在步云乡,1/4左右的人口到外地打工,每年寄回一大笔钱,形成了该乡的"打工经济",加上农副业收入,已经使"一座座楼房拔地而起,一排排绿树迎风飘扬"(一候选人语)。至少温饱已不成问题,支撑"直选乡长"的物质基础已基本具备。诚然,贫穷与富裕都是相对的概念。步云乡这个偏远山乡,较之改革开放以前,已经"发生了翻天覆地的变化"(同上)。但从全国农村来看,它还不算富裕,一位留洋归来的实地观察者甚至认为那里还是属于"穷乡僻壤","老百姓生活比较苦。"

既然如此,我们就可作这样的思考:直选一名乡长究竟需要多高的经济发展水平?当前我国各乡村的经济是否可以支撑起一名乡长的直选?看来,

要用具体的数字来准确测定民主发展与经济状况的相关性，是困难的。但是，事实已经表明：像步云这样一个虽有发展却仍被称为"穷乡僻壤"的普通山乡，其经济力量还是可以支撑起乡长的直选的。众所周知，我国农村总体上还是比较贫困。不过，改革开放以来，毕竟有了较快的发展，相当于步云或比步云更富裕一些的乡村已不在少数。假如仅从经济因素考虑，步云可以直选乡长，他们为什么不可？当然经济水平低于步云的乡村也还有。在那里，刚刚才解决或至今还未解决农民的温饱问题。那么，先在一部分地区推行"直选乡长"，而不要求另一部分地区急于仿效步云经验，应该说是符合现实国情的。

国情中另一要素是文化发展状况。由于经济发展水平所限，我国农村的文化教育水准也一直偏低。1949年时，农村人口的80%以上是文盲。经过半个世纪的发展，文盲的比例已大为减少，但至今仍在10%以上。农村人口的文化教育程度构成了民主发展的障碍。然而，从步云乡的情况看，这一障碍在直选乡长这个层面上还是可以逾越的。首先，被提名为乡长候选人的都是有一定文化知识的村民。其中包括中小学教师、乡村干部、企业家等。第二，为文盲设立了代划票人，每个代划票人后面又专设一人监督其代划票行为，以确保公正；挂出三位正式候选人的照片与姓名，让选民根据候选人巡回辩论时所熟悉的面容，辨认选票上的姓名或向代划票人指明自己要选的人；针对一些选民习惯在排名第一的候选人名下划票，三名候选人被分别在各1/3的选票上排名第一，以求公正。

步云乡在文化教育方面并无特别优势，它成功直选的经验告诉人们：除了个别在文化方面存在特别困难的乡村外，我国一般农村地区开展直选乡长——仅从文化因素看——是不会存在太大问题的。这一估量应该说也是符合现实国情的。

国情中再一要素便是民众的民主意识。对此，一些论者持有悲观倾向。笼统地认为农民的民主意识太低，不适合搞直选。他们列举直选县、乡人大代表时的某些现象来证明之。毫无疑问,由于"旧中国留给我们的,封建专制传统比较多,民主法制传统很少"[1],加上经济、文化等发展状况的限制,中国民众的民主意识总体看还不强。在农村则更是如此。然而,步云乡直选乡长时,"竞选者和选民们的态度既积极、踊跃,又庄重、严肃,整个选举过程充满了民主的气氛"[2],以至于一位留洋归来的观察者"身在现场,深为中国农民的参与意识和民主意识之高感到吃惊,也感到欣慰。"看来,对于农民的民主意识应有一个动态的、客观的分析。农村改革以后,建立起家庭联产承包责任制,农民拥有了生产经营权,具有了独立的利益。出于对切身利益的关心与维护,他们开始认识到基层政治与自身利益的相关性,从而逐步增强参与意识。步云选民向乡长候选人踊跃提问,其中提得最多的是农民负担、生猪税、老人赡养、学校收费、品种改良、水利修缮、计划生育等等,这是很好的例证。此其一。其二,大批农民进城打工从商,在日益浓重的市场经济氛围下,自主观念、平等观念、权利观念等渐增。他们带回乡村的,除了金钱还有民主意识。其三,信息传播渠道(如收音机、电视机等)的增多,使穷乡僻壤的人也开始了解到大千世界里其他人的生活状况,于是,不断提高对于改善生活水平的期望。当这个期望得不到满足,或者满足的程度比较低时,人们就要产生不满情绪,这会刺激他们参与政治。[3]据观察者介绍,步云乡竞选辩论中,选民们起初"怨气比较大",后来则转化为,要求乡长候选人就当选后如何为步云找到一条发家致富的道路提出自己的具体想法。

以上的分析说明,步云选民的民主意识与参选热情之高,不是偶然的。它在我国农村具有一定的代表性。可以认为,现阶段我国的一般乡村若开展直选乡长,从选民的民主意识与选举热情看是可行的。诚然,这并不意味着

---

1. 邓小平:《邓小平文选》第2卷,北京:人民出版社1983年版,第332页。
2. 查庆九:《民主不能超越法律》,载《法制日报》1999年1月19日。
3. 参见吴敬琏:《当代中国经济改革战略与实施》,上海:远东出版社1999年版,第408—409页。

对农村选民的民主意识有过高的估计。笔者清醒地意识到，在我们这块国土上，毕竟几千年专制政治史积淀下来的政治文化，如臣民心理、子民观念、官本位等，不是轻易可以消弭的。何况在农村，传统小生产者的狭隘性、依附性、短视性等仍有着不小的影响。这些都制约着农村选民对于政治—利益相关性的认识能力。由于村委会、乡政府与农民自身利益呈直接的显性相关，因此人们比较容易认清。而代议机关因其固有特性，与民众利益呈隐性相关，因此相当一部分人还难以洞察（人民代表大会实际功能尚未到位以及选举县、乡代表时操作上的一些不民主现象也影响着选民对其的认识）。对于政治—利益相关性的认识决定着民主意识的现实状况。当今我国农村，若急于组织直选县长、省长、总理，恐怕不会取得实际成效。已全面推行了 20 年的直选县、乡人大代表，也还遇到民主意识、参与热情方面的难题。但是，在一般农村地区（并非所有乡村）开展乡长直选，在笔者看来，会有较好的效果——至少从民主意识这一视角看。依据便是：步云乡的个案以及前文对农村选民民主意识现状的分析。

所谓"国情"，自然不止上述几个方面。但这些无疑是与民主发展最为密切相关的要素。综合前文分析，我们可以得出结论：直选乡长，在我国农村的部分地区已经基本具备了经济、文化与民主意识方面的条件，而另外一些地区则还缺乏这样的条件。为此，在有条件的地区先推广步云经验，而另外一些地区暂缓实施（尽管"迟早要走的"）。这样分步推行乡长直选，应该说是符合现实国情的。笔者一贯认为，在把握"民主与国情"的关系时，应防止两种倾向。只强调国情的不利一面，不允许基本具备条件的地区先走一步，可能会陷入"民主缓行论"误区；只强调国情的有利一面，要求尚未具备条件的地区跟着"齐步走"，则可能会陷入"民主速成论"误区。两者均不可取。从实际出发，改"齐步走"为"分步走"，让部分地区先"走"起来，其他地区创造条件逐步跟上。此乃"民主渐进论"，应是可循之道。

三、审慎实施"直选乡长",有助于社会稳定

"直选乡长会不会影响稳定?"产生这一疑虑的人高度重视与珍惜社会稳定,这是相当可贵的。的确,正如邓小平所指出的,"中国的问题,压倒一切的是需要稳定。没有稳定的环境,什么都搞不成……"[1]笔者理解,所谓"压倒一切",就是在没有稳定的环境时,需要首先创造稳定的环境;有了稳定的环境后,仍需时时重视维护与巩固稳定的环境。"压倒一切"决不意味着:有了稳定后,稳定把"一切"都"压倒",稳定与一切都对立起来。有人总担心,一搞改革,一抓发展,就会影响社会稳定。这应该说是一种误识。其实,稳定不是凝固不动,一成不变。社会需要稳定,也需要改革、发展。只要大局稳定、总体稳定,就应积极推进改革与发展。有改革、有发展,必然会"动",会"变",那是稳中有动,稳中有变,是社会进步。它反过来,能为稳定提供坚实、持久的基础,从而获得可持续的、真正的稳定,避免一时的、虚假的稳定。这是"动态的稳定观,变异的稳定观,相对的稳定观",是"社会进步所要求的稳定观"。[2]

依照这样的稳定观来分析,便不难想见,在整个中国社会基本稳定的条件下,积极推进政治体制改革与民主发展不仅是必要的,并且也是有助于稳定的。这种理论分析在步云乡可以得到印证。

前文已提及,步云乡选民在直选初期比较情绪化,怨气比较大。这是一个较为突出的问题。在那位观察者所写的数千字的材料中,至少有四处指出了这一点。选民的怨气、情绪事出有因。除了少数缘于误解外,主要是:一是经济尚不发达,生活还比较贫苦;二是各种名目的收费、摊派加重了农民

---

1. 邓小平:《邓小平文选》第3卷,北京:人民出版社1993年版,第284页。
2. 邓伟志主编:《变革社会中的政治稳定》,上海:上海人民出版社1997年版,第20页。

负担；三是干部的工作失误与某些大吃大喝现象造成干群关系紧张。毋庸讳言，这三类原因不仅步云乡存在，其他一些乡村也不同程度地存在着。特别值得注意的是，由于进城打工、传媒沟通，与外部世界的比照会激起乡民们对提高生活水准的急切期望。正如本文已经指出的那样，在一定条件下，这种期望会转化为不满情绪。还有，农村的利益多元化格局已经形成。不同利益的存在必定会引起不同利益要求的表达，有时，表达方式还可能较为情绪化。

以上各类"情绪"以及"要求"是一种客观存在。如果没有恰当的参与机制、民主渠道予以吸纳，任其在体制外宣泄与表达，那势必造成两种可能：一是随时出现无序的宣泄，甚至在不同利益要求之间发生冲撞，这不利于社会稳定；二是出于种种顾虑，平时不便轻易宣泄与表达，长期积聚起来形成一种能量，一旦遇到某种刺激因素，来个体制外"总宣泄"、"总表达"、"总爆发"，可能会引起社会严重不稳定。目前虽已有村民自治这样的机制，但仅此不够。与农民切身利益紧密相关的许多事光靠"村治"无法解决，还必须通过"乡政"。这一点已为许多农民所意识到。步云乡的选民将如此多的问题直接提给乡长候选人，就是明证。按照亨廷顿的分析，现代化进程中的国家，如果政治参与的需求不断扩大，而政治制度方面的发展却相对滞后，那就会引起社会政治不稳定。[1] 此言值得重视。

资料表明，步云"直选"中，选民们经历了"发泄怨气"——"踊跃提问"——"积极投票"——"普遍认同"的几个阶段。这是一个情绪宣泄、利益表达、政治参与、当家做主的过程。从社会稳定的视角看，也是一个以制度创新消解不稳定因素，增进政治认同感，营造稳定局面的过程。可见，"直选乡长"作为扩大农村基层民主的切实一步，是有助于促进社会稳定的。

诚然，我们说"直选乡长"有利于社会稳定，是指像步云乡那样认真从

---

1. ［美］亨廷顿：《变革社会中的政治稳定》，李盛平译，北京：华夏出版社1988年版，第40—59页。

事、审慎实施的"直选乡长"。任何一种制度与行为都有可能被扭曲。而被扭曲了的制度与行为其产生的实际效果,往往与这种制度与行为所应达到的效果相去甚远,甚至完全相反。试想,如果"直选乡长"时,在选民之间拉帮结派,在候选人之间、宗族之间挑起矛盾,在官民之间造谣离间,那断然不会促进稳定,恰恰只会诱发事端,破坏稳定。这样的所谓"直选乡长",还有一个恶果,即败坏民主的声誉,授人以反对的"依据"。为此,必须注意防止这类现象的产生。凡是开展"直选乡长"的地方,都必须像步云那样审慎从事,认真实施。

依笔者所见,步云审慎实施的过程中,有两点特别值得一提。第一,注重"动员"功能。第二,注意"程序"功能。

民主,亦即民众的自治行为,但并非等同于纯粹的自发行为。这是因为,民主虽然必须以民众自愿参与为基础,然而不能保证所有民众都有同样的参与热情。又由于民主必须是多数人参与行使权力,因此就应当有尽可能多的民众成为参与者,这就需要动员,特别是动员那些欠缺参与热情的民众。此其一。其二,民主是一种有规则、有目的的行为,然而不能保证所有民众都能正确了解民主的真正目的和民主的"游戏规则"。因此,需要通过动员以使民众加深对民主的认识。这种动员,在封建专制历史漫长、封建传统影响尚存的国度里,显得尤为必要。需要注意的是,这种动员必须以推进民主为出发点,以引导为方式,而不是为限制民主、操纵民主而向民众发号施令、指手画脚。民主政治中,通常由政党承担动员功能。此次步云乡试验中,中共乡委及其上级区委等组织是承担动员功能的主要角色。当了解到部分乡民要求直选产生一个好乡长后,区委很快进行研究,决定顺应民意,冒一次风险,在步云进行我国首次"直选乡长"的试验。他们通过颁发文件、广播"公告",对乡民进行动员;他们给在各地打工的步云人发出6000多封信,动员大家回乡参选,行使人民当家做主的权力;他们还为候选人组织一系列竞选活动,实际上也是对选民的一种动员。离开广泛的动员,步云乡的试验也许不会取得如此成效。

民主，从某种意义上讲，是程序政治。没有一系列规则、程序、机制，民主就不可能是有序的、有效的民众参与行为。相反，很有可能会演化成群众性的盲动、骚动。亨廷顿强调以政治制度化来避免由政治参与的扩大而引发的社会不稳定，其中就隐含着这一逻辑前提。步云乡是很注重程序功能的。他们制订选举章程，规定候选人的提名方式、竞选规则，规定正式候选人的名额与产生办法，规定设立秘密划票间和采取"错位排列法"（每位候选人在 1/3 选票上排为首位），规定确认乡长当选人的程序，等等。其中，正式候选人竞选演讲答辩活动的具体守则是由答辩者（三名正式候选人）共同约定的。包括：各候选人到各选区进行竞选，必须由选委会组织，不得自行进行；许诺必须实际，不准进行任何形式的人身攻击等。资料表明，虽然是第一次，但有 10 多年村民直选的经验可鉴，步云乡在制章定规方面还是有一些"道道"的。自然，直选乡长与直选村委会毕竟有别，上述的不少程序往往是"摸着石头过河"——边选举、边设计、边改善，其间还有过不少争议。不管怎样，这些程序、规则、机制的制定及其被执行，毕竟使"直选乡长"的各个环节能有章可依、有序可循，从而保障了整个直选过程的正常推进、审慎实施。

从宏观上说，先在一部分有条件的地区推行"直选乡长"，再视情况分步推至各地乡村；从微观上说，先走一步的乡村务必认真从事，审慎实施。这样，既积极又稳妥，应该是不会影响社会稳定的，相反只会促进稳定。如果说，"促进"也是一种"影响"，那便是正面的而不是负面的影响。

四、"直选乡长"，需要解决"合理不合法"的问题

以上从民主趋势、现实国情与社会稳定三个层面为"直选乡长"作了论证，结论应该是：步云试验有充分的合理性，似可分步推开。但合理未必合

民主选举
Democratic Elections

法。步云的致命弱点就在于，这次试验不合法，即违反了《宪法》及地方组织法关于由乡人民代表大会选举产生乡长的规定。

这是一个很大的问题。然而，有人认为"没有问题"。其理由有四条：第一，没有突破何谈改革；第二，《宪法》规定"一切权力属于人民"；第三，中共十五大报告主张完善基层选举方式；第四，这是人民的要求，受人民欢迎和参与。

对此，需要作一番探究。

改革意味着突破，这是可以肯定的，包括突破原有的体制、方式、观念等。但可不可突破现行的法律？笔者的观点是，由执法者、守法者来突破法律，这是绝对不能允许的。在一个法治国家，或者是在一个正在走向法治的国家里，如果本应严格执法、守法的组织或公民可以凭借某种理由擅自"突破"法律，那法律就不可能保持极大的权威性、严肃性，这便与法治的精神相悖。如果因为理由是正当的（如"某法律已阻碍改革"），便可以突破法律，那所有突破法律的都会自称有"正当理由"；如果这条法律被这些执法者、守法者突破，那条法律被那些执法者、守法者突破，那便难保所有的法律都可能会被突破。这样，何谈"法治"？！从这一意义上讲，改革也不能突破法律。或者说，改革要在法律范围内进行。问题是，某些法律确实滞后于改革步伐，哪岂非以法律阻止改革？为了推进改革，办法只有一个，即所有的组织与公民都有权利向立法机关提出修改法律的建议（行为上不可"突破"法律）；立法机关经过充分调查与论证后作出判断，或者采纳建议，依照严密的法定程序修正法律，或者不采纳建议。如果立法机关修改法律，可以被称之为对法律的"突破"，那么，其他任何组织与公民则没有任何权力可以突破法律。几年前有些报刊曾讨论过"可不可闯法律禁区"的问题。结论也应该是：法律被修改之前，"禁区"被立法机关撤销之前，绝对不准"闯"。这是法治的最基本要求。

法律中具有最高效力的是《宪法》。所谓"依法治国"，首先是"依宪治国"。"一切权力属于人民"是《宪法》所规定的最重要的原则（精神）之一，是民主政治、民主制度的逻辑起点。无疑应当遵循。但是，原则（精神）一般都较为抽象，为了遵循之，也即为了使之得以切实贯彻、实施，通常由《宪法》的其他条款作出较为具体的规定，或者由专门法律作出更为具体的规定。任何组织与公民对于所有这些《宪法》、法律的（较为）具体的规定，必须遵守。遵守这些规定，也就是具体地遵循了相关的《宪法》原则（精神），既合理（原则、精神），又合法（具体规定）。若违反这些规定，也就是违法。即使违反具体法律规定的行为从《宪法》原则（精神）上解释是合理的，也是合理不合法，有的学者称之为"良性违法"。"良性"，但毕竟也还是"违法"。如果不是这样来认识问题——按照笔者所见——那许多法律规定都会被抛在一边，而许多行为将缺乏具体规范。这也是有悖法治基本要求的。

只要认为上述分析可以成立，就不能不承认，"直选乡长"确是一种合理不合法的行为。因为现行《宪法》与法律明确规定着：由各级人民代表大会选举产生各级政府领导人（包括乡长）。

至于说"中共十五大主张"与"人民要求"，也不能作为违法的理由。因为，要建设一个法治的国家，任何政党、组织和人民（公民）都必须严格遵守法律。即使是政党、即使是人民，要求修改法律，也必须由立法机关依法定程序进行，而不得自行"突破"。实际上，中共十五大提出"依法治国"的基本方略正已内含着这一点。

回到步云乡试验上来。笔者认为，若要达到合理亦合法，最恰当的办法是，基层选民或基层组织通过一定管道，非常郑重地向全国人民代表大会或它的常委会提出"直选乡长"的建议并竭力论证其合理性，希望立法机关尽早提供法律依据。

从逻辑上分析，国家立法机关经过调查论证，可能选择的回应有以下五种：

民主选举
Democratic Elections

一是认为不合理,不予采纳;

二是认为合理而不可行(目前与今后一段时间内普遍缺乏实施条件),暂不采纳;

三是认为合理而不可行,但允许在个别地区继续试验,有保留地不采纳;

四是认为合理并在局部地区可行,有保留地采纳;

五是认为合理又可行,全面采纳。

按笔者估计,第一种、第五种可能性都极小。立法机关不至于全然认识不到其合理性,也不至于对可行性作出如此乐观的估计。第三种、第四种可能性有一些,但不大。因为第三种似乎较难解决个别试验地区的法据问题,第四种似乎难于解决法律统一性的问题。第二种似乎最稳妥,不排斥未来一定时候可采纳,因此可能性最大。

就笔者的愿望而言,第四种可能性最佳,完全符合本文的基本观点。其实,这里的法律问题也是可以解决的。办法是从实际出发作出灵活规定,即规定"乡长可以由乡人民代表大会选举,也可由全体选民直接选举"。至于哪些乡村可直选乡长,哪些仍由人民代表大会选举,可授权省级国家权力机关以地方性法规或"实施细则"去具体确定。须知,法律的统一性并不意味着非得规定"一刀切"、"齐步走"不可。例如,1953年《选举法》中就曾规定:在基层选举人大代表时,"采用以举手代投票方法,亦得采用无记名投票方法"。这给各地视情况灵活掌握留下了空间,提供了法据。事实证明效果是好的。

第三种可能性亦有其价值,可以继续在个案试验的基础上积累经验。这里碰到的问题是,如何为这类小型试验提供法据,以免出现步云乡那样的合理不合法现象?笔者的思考是:可由最高国家权力(立法)机关在严格审定与论证后,选择个别乡村作为"国家立法试验区",发布"特许状",准许其突破现行《宪法》与法律有关产生乡长的具体规定,进行"直选乡长"的试验。最高国家权力(立法)机关的决议具有法律效力。因此,个案试验便获得了法据,"合理又合法",反过来又可为立法机关未来立法提供实践依据。可谓"两全之策"。然而,问题在于,最高国家权力(立法)机关发布这类"特许状"的行为本身会存在违宪之嫌。为此,当做进一步思考:可否在《宪法》内作出一条类似如下内容的专项规定,即:"最高国家权力机关认为必要时,可在个别地区设立国家立法试验区,准其进行特定事项的试验,但不得违反《宪法》的原则"(内含着可以突破《宪法》或法律的某项具体规定)。这样,便可避免最高国家权力(立法)机关发布"特许状"的违宪问题。以上关于"国家立法试验区"的思路似有普遍意义,可更好地摆脱"改革与法律"的两难困境。诚然,假如此一思路果真被采纳,最高国家权力(立法)机关在实际运作时务须依据严格的法定程序从严掌握。

展开这些思考,无非是希望能给"直选乡长"提供立法支持,使其合理合法,顺利推行。

除了立法外,还需理论支持。这是一个更为深层的问题,似未引起人们的注意。笔者则意识到,"直选乡长"还存在着一个与人民代表大会制度理论的关系问题。按照这一理论,人民选举自己的代表,组成人民代表大会,而不直接选举政府领导人;各级人民代表大会受人民委托掌握(全国的或本地的)全部国家权力。选举政府领导人便是其中的一项重要权力。在步云,既然由全体选民直选乡长,这就意味着人民不再将这项选举权力委托给乡人民代表大会,那乡人民代表大会是否还掌握"全部"乡域内的国家权力?此次步云试验中,将直选产生的乡长人选提供给乡人民代表大会"确认其过程和结果合法有效"。这里存在的问题是:乡人民代表大会去"确认"全体选民的直选结果,是否颠倒了全体选民(人民)与(人民)代议机关的位置?如果未被"确认"而被否决,直选结果是否还有效?如果必须"确认"(不可否决),那此项程序有何实际价值?与人民代表大会制度又是什么关系?从更长远的观点看,随着条件的逐步发展,县长、市长、省长乃至总理,也可能会由选民直选产生,各级人民代表大会也许不再掌握选举政府领导人的权力。

这样，人民代表大会制度的理论是否需有所调整？笔者以为，这些问题有待作进一步探讨。理论与立法一样，不宜滞后于制度的发展、民主的推进。总之，为了扩大农村基层民主而迟早要走的"直选乡长"这一步，还需要获得立法与理论的支持。

(原载《云南行政学院学报》，2001年第6期)

云南省红河州乡镇党委换届直选观察报告

周梅燕
（上海市人大常委会）

继 2004 年石屏县乡镇长直选和泸西县乡镇党委领导直选试点成功后，2006 年初，云南省红河哈尼族彝族自治州再次在全州范围内进行了大规模的乡镇党委领导班子换届直选活动，成为目前国内地市级中第一个进行大规模乡镇党委领导班子换届直选的州，也是全国 30 个少数民族自治州中唯一进行了乡镇党委领导班子公推直选改革的州。笔者于 2006 年 3 月 7 日至 11 日赴红河州部分市、县了解这次换届直选情况，到乡镇和村庄与部分党员群众进行座谈，并实地观察了两个乡镇全体党员大会选举和投票活动。现将对这次直选活动的观察报告如下。

一、红河州乡镇党委换届直选基本情况

除泸西县已在 2004 年完成乡镇党委换届（原有 10 个乡镇，现撤并为 8 个），此次不再进行直选外，2006 年 1 月 20 日至 3 月 22 日，全州 2 市 10 县共有 126 个乡镇党委进行换届选举活动。根据州委的部署，所有乡镇党委的

民主选举
Democratic Elections

换届直选工作都在各级党委的领导下，依照《中国共产党章程》、《中国共产党基层组织选举工作暂行条例》和《中国共产党农村基层组织工作条例》的有关规定，组织普通党员和群众推荐，由广大党员直接选举乡镇党委书记、副书记、委员和纪委书记、纪委委员。

整个直选工作分为五个阶段进行，即宣传发动阶段、推荐候选人阶段、确定候选人阶段、正式选举阶段和报告选举结果阶段。

第一阶段是宣传发动。州、市县、乡镇分别成立乡镇党委换届直选工作领导小组，再从州、市县、乡镇直属机关抽调成立一批直选工作指导巡视组，指导组逐级下派，以便及时发现和研究直选中出现的各种问题，全面指导直选工作。各市县在此阶段要召开党员动员大会，全面部署换届直选工作，宣传直选目的、意义和方法步骤，制定出各级党委的《直选实施方案》，并通过召开各村党总支委员会和村委会党员成员组成的大会，选举产生乡镇党委换届直选选举委员会，负责组织实施直选工作。如开远市羊街乡在宣传发动阶段不仅召开各种会议安排布置直选工作，传达贯彻州市直选工作精神，培训乡机关干部、各党总支（支部）书记和村委会干部，还结合农村实际在本乡8个村委会、71个村民小组张贴乡党委直选公告80余份，张贴宣传标语68条，出黑板报19期，印发简报2期。同时，乡党委抽调27名工作人员组成驻村直选工作指导组，进驻8个村委会摸底调查党员情况，到村民小组中找党员谈心和家访，宣传发动面达50%以上。

第二阶段是推荐候选人。首先由各乡镇选举委员会制定出推荐的程序和办法，并在规定时间内向社会公布党委班子、纪委班子的职数、任职资格和任职条件，其中党委书记必须具有国家公务员身份和大专以上学历等。为了充分发扬党内民主与人民民主，调动党员和群众参与的积极性，红河州采用了党内与党外同时推荐的"两推"提名方式，即在党内，以党总支为单位，组织党员民主推荐乡镇党委书记、副书记、委员和纪委书记、纪委委员初步候选人；在党外，由年满18周岁以上、群众30人以上联名推荐上述初步候选人。如开远市羊街乡的总人口约32000人,党员886名(含预备党员52名),除去因病、外出无法参加选举的63名,共有823名党员、7275人次党外群众参加了推荐。"两推"的结果:乡党委书记候选人26名,副书记候选人35名,党委委员候选人111名,纪委书记候选人31名,纪委委员候选人98名,共有301名被推选为该乡党委班子、纪委班子初步候选人,现任乡党委领导班子成员全部高票入选。经过乡选举委员会对"两推"出来的候选人进行资格审查,最后确定并张榜公布初步候选人为105名。

第三阶段是确定候选人。正式候选人是由党群联席会议投票产生的。以村总支为单位推荐初步候选人时,已经组织党员投票选出党委分配的党员代表和党群联席会议部分成员。按州委规定,党群联席会议中的党外群众比例不得低于20%,由各个村委会按选举委员会分配的名额组织推选产生。如开远市羊街乡共推选出党员代表95名,群众代表22名,组成羊街乡党群联席会议。在选举委员会主持下,乡镇党委书记初步候选人要在会上进行竞职演说,副书记和委员作自我介绍,然后采用无记名投票方式选举产生乡镇党委书记2名、副书记3名(含书记候选人落选1名)、委员正式候选人7名(含副书记落选1名)。另外,选举委员会按纪委书记等额确定,纪委委员差额1名确定正式候选人。党群联席会议确定乡镇党委班子正式候选人后,由选举委员会报同级乡镇党委,乡镇党委报市委或县委批复后,再张榜公布。接下来,两名党委书记正式候选人要到各村党总支巡回演讲,回答群众提问。据与开远、蒙自、弥勒多位乡镇党委书记正式候选人交谈,他们直言说,虽然平时大会小会经常讲话,但对于这样的竞职演讲还是很紧张,不光担心自己是否会落选,还担心全盘工作是否出问题,觉也睡不好,压力很大。羊街乡现任党委书记、此次高票推选为乡党委书记正式候选人的张剑南说:"我虽然在此工作了六年多,非常熟悉情况,但在演讲时也感到心慌,其他候选人更是紧张的汗流浃背,毕竟这是第一次嘛。"

第四阶段是正式选举。参照党内"党代会的党员代表出席率应超过五分之四"的文件规定，红河州规定乡镇党委领导班子换届选举时，到会的党员人数必须超过应到党员人数的五分之四，正式选举时，还邀请若干名非党的人大代表、政协委员和群众代表列席监督。选举时，选举委员会要向大会介绍正式候选人的基本情况，有些地方还让正式候选人再次与全体到会者见面。所有的选举采用无记名投票方式分三场进行，即第一场直接选举乡镇党委书记；第二场直接选举乡镇党委副书记和纪委书记；第三场直接选举乡镇党委委员和纪委委员。红河州除泸西县外共有2市10县的126个乡镇进行党委换届选举，州里并没有统一规定正式选举日，而是在一定时间段内由各市县来确定正式选举日。所以，自3月6日起，陆续有市、县进入正式选举阶段。第一个召开乡镇党员大会进行投票选举的是绿春县和河口县，最后进入正式选举阶段的是开远市的两个乡，投票日定为3月22日。

第五阶段是报告选举结果。全部选举结束后，各乡镇选举委员会向市委或县委书面报告党员大会选举结果，由市委或县委对新当选的乡镇党委领导班子批复任命。然后市或县、乡镇两级党委对这次直选工作进行总结，最后由州委全面总结这次全州的乡镇党委换届直选工作。

二、两个镇党员大会选举观察实录

1. 蒙自县新安所镇

3月9日是蒙自县投票日，我们来到离县城较近的新安所镇某企业大礼堂观察全镇党员大会的选举活动。红河州委副书记、县委书记、县委组织部长等也到场观察选举。新安所镇历史上就是经济发达重镇，总人口三万多，群众观念开放，思想活跃，民主意识较强。据州人大介绍，该镇20世纪90年代初就发生过选不出镇长的事件。这天大会应到党员人数819名，经工作人员清点，实到党员人数762名，参会率占应到党员人数的93.3%。大会会场布置得庄严隆重，每位党员脖子上都挂着一张红色党徽图标的塑封出席证，上面印着"新安所镇党委班子换届直选大会出席证",落款时间是2006年3月9日,背面则醒目地印着新安所镇四大发展目标:"绿色水果大镇,历史文化名镇,生态旅游强镇,农村城市化示范镇",许多老党员表示,有生以来第一次参加这样的直接选举,非常兴奋。为了观选方便,我也挂上了一张同样内容的"列席证"。

镇党员大会应于上午9:00召开,因为人数较多,拖沓了一些时间才开始。镇党委直选选举委员会主任主持了大会,共有六项议程:第一项是由全体党员采用举手表决方式,通过《新安所镇党员大会直接选举党委班子选举办法》;第二项是全体党员表决通过《总监票人、监票人名单》,然后选举委员会宣布指定若干名计票人,宣读《党员大会选举注意事项》。第三项由全体党员表决通过《不列为应到会人数的有选举权的党员名单》(共有81人)。第四项到第六项就是分三场选举新安所镇镇党委书记、副书记、纪委书记和党委委员、纪委委员。第一场选举开始后,主持人先请两位党委书记正式候选人黄海荣和李民杰上台与全体党员见面,台下响起热烈的掌声,然后工作人员再次清点到会人数,总监票人、监票人当场检查票箱并封好票箱,按各总支分发选票。选票设计与人大代表选举时一样,有同意、弃权、反对和另选他人四栏,根据选举办法,同意的在候选人名字旁边划○,反对的划×,弃权则什么不用划,另选他人可以写上其名字。选票发放完毕后,党员们开始填写选票,由于会场是按各总支划区并安排座位,有少数不识字的老党员并没有到大会设立的代票处去求助工作人员,而是请自己村里的其他党员代为划票。投票开始后,由主席台就座的各总支书记和工作人员先投票,然后是党员们有秩序地排队进行投票,可能是为了投票和计票方便,各总支就座区域前都设有相应的票箱。投票结束后,由总监票人、监票人当场打开票箱并到礼堂后台清点票数。按照大会通过的《新安所镇党员大会直接选举党委班子选举办法》规定,如所投票数等于或少于发出的票数的,选举有效;如所投票数多于发出的票数的,选举无效,应再次组织投票。后台几张桌子前,计票人员在总监票人、监票人的监督下开始紧张地计票，对此我有些不解，问陪同的一位州直选指导组领导，为什么不公开唱票计票？她解释，有些地方只有一百多名党员，就使用公开唱票计票方式。这里的党员人数太多，公开唱票计票要花很长时间，后面还有两场选举没法进行，再说有监票人监督计票也一样。计票结束后，总监票人宣布计票结果：发放选票762张，收回选票762张，有效票757张，选举有效。现任党委书记李民杰以获得657票赞成当选为新安所镇新一届党委书记。当然，按照直选方案规定，这个选举结果有待向县委报告批复后，才能正式生效。

2. 弥勒县西三镇

3月10日是弥勒县乡镇党委换届选举投票日，这天中午阳光明媚，我们来到该县西三镇观摩选举。弥勒西山是彝族支系阿细人的主要聚居地，"阿细跳月"则是阿细人喜爱的一种舞蹈，我们到达西三镇时，有幸领略了充满欢快和喜悦之情的"阿细跳月"：一队小伙子边跳边弹着大三弦，曲调明快动听；一队姑娘则拍手跳着热情的舞蹈，舞姿优美奔放。全镇党员大会的选举会场设在镇政府院内一块露天空地上，每位出席选举大会的党员发一顶草帽，既用作出席会议标志，又能遮阳，显得别致实用。全镇588名党员戴着草帽坐着小凳子参加了大会，占应到党员人数100%（该镇党员635人，属于八种不列入到会人数的有47人，应到588人）。有一位老党员腿脚不便拄着双拐，却坚持让人用车将他拉到会场参加选举；还有几位老党员是1954年或20世纪60年代初入党的，对这样的党内直接选举连声称好。

候选选举大会是在中午12:45开始的，主持会议的是西三镇选举委员会主任李琼仙，一位非常能干的彝族女干部，曾任过西三镇党委副书记，现是县民政局副局长，兼任县驻西三镇直选指导组组长。党员大会的议程与昨天新安所镇一样，共有六项。前三项是由全体党员表决通过《西三镇党员大会直接选举党委班子选举办法》、《总监票人、监票人名单》和《不列为应到会人数的有选举权的党员名单》，选举委员会宣布指定若干名计票人和宣读《党员大会选举注意事项》。接着进入到选举镇党委书记的议程。我注意到，这里的选票样式和颜色与昨天在新安所镇见到的完全相同，包括我们在开远看到的选举指导手册中的选票样张在内，看来全州统一了这方面的程序和技术。可能一时疏忽，这里没有像昨天一样请两位党委书记正式候选人到前面与全体党员见面，略显遗憾。选举会场是按总支分开就座的，全镇共有10个党总支，每个总支约50人左右，前面有张小桌子放着红色票箱和写有总支名的标牌。从分发选票到划票、投票，整个选举显得井然有序，主持人节奏掌握得非常好。据介绍和察看选票，镇党委书记正式候选人是王世建和钱桂芹，后者是现任镇党委书记，一位彝族阿细女干部。计票就在500多名党员注视下进行，各个总支票箱前的3名工作人员开票点票，然后分别计票，最后汇总到总计票人处，在总监票人和四名非党监督员的监督下，选举结果很快就出来了：实到大会党员人数588名，发出选票588张，收回选票588张，选举有效；钱桂芹得赞成票580张，王世建得赞成票8张，钱桂芹当选为新一届西三镇党委书记。同样，这个结果也需要得等上级党委批复任命后才能算数。

我们惊讶地发现，第一场选举结束时是下午13:50，与昨天新安所镇结束第一场选举花了两个多小时相比，简直是非常之迅速。我与州直选指导组的领导分析：虽然新安所镇党员人数比西三镇多了200多名，但新安所镇计票花了40多分钟，而西三镇仅仅只花了10分钟就完成了全部计票工作，显得熟练快捷，同时也与选举主持人利落有效的组织能力有关。当然，这里也同样存在公开唱票计票的问题，估计全州情况一样，主要还是从连续进行三场选举考虑，担心唱票会使得选举时间显得过于冗长。

三、红河州乡镇党委换届直选特点

2006年3月1日中国网消息，在国务院新闻办当天举行的新闻发布会上，

民主选举
Democratic Elections

中组部副部长、中央先进性教育活动领导小组副组长兼办公室主任欧阳淞透露：截至去年10月，全国一共有13个省的217个乡镇开展了"公推直选"的试点。欧阳淞表示，中央支持公推产生候选人的做法。

据有关资料显示，最早的党内直选发生在1998年底四川青神县南城乡，有500多名党员参加了乡党委班子的直接选举，但这一改革事件只是由于未公开报道而鲜为人知；以后才是2002年湖北荆门杨集镇进行的"两推一选"乡镇党委书记和当年四川雅安所作的党代表直选和党代表常任制试验。此外还有2003年重庆城口坪坝镇包括党委书记直选在内的综合改革试验和四川成都新都木兰镇党委书记直选，2004年重庆渝北区公推直选镇党委书记和云南红河泸西县10个乡镇党委书记直选，以及2005年陕西省南郑县湘水镇和江苏省沭阳县13个乡镇党委书记直选等等，所有的直选事例证实了中组部官员的说法，全国许多地方都在进行党内公推直选的探索。

与所有这些已经进行了乡镇党委直选活动的地方相比，尤其是与湖北、四川、江苏几种不同直选模式相比，2006年红河州乡镇党委的直选显然具有参与面广、制度设计新颖、程序性强和民主程度高的特点：

I. 参与面广——"两推直选"乡镇党委领导班子

湖北杨集的"两推一选"首创了群众投票提名党委候选人方式，也为湖北和其他一些地方乡镇党委直选所采用，但杨集的"两推"与红河的"两推"显然不一样，其区别在于：杨集是先由群众大会投票"推"出建议候选人；再召开党员大会从群众推出的得票前三名建议候选人中，投票"推"出两名正式候选人。红河"两推"主要用在初步候选人提名方式上，即是发动广大群众和全体党员来"两推"，用党外推荐和党内推荐的方式，共同推出党委领导班子初步候选人，经过选举委员会资格审查后，公布初步候选人名单。再由选举委员会召开党群联席会议，由党委书记候选人发表竞职演说，其他候选人作自我介绍,然后由党群联席会议选举产生乡镇党委领导班子正式候选人。杨集的"一选"是在党员代表大会投票选出党委书记;而红河的"直选"就是由全体党员大会分别投票选举产生乡镇党委领导班子。

由此可见,较之杨集的党代会选举党委书记模式,由全体党员来选举党委领导班子的红河"直选"具有党员全面参与的特点,与新都模式相近;但红河的"两推"与四川新都的"公推"相比较,党员和群众的参与面更为广泛,不仅在初步候选人提名时有大量群众的参与,确定正式候选人的联席会议选举时,也有20%以上的群众票,因此,红河的"两推直选"模式是党内民主与人民民主有机结合的一次首创。据了解,已经结束直选的河口县6个乡镇应到会党员1380名,实到党员1342名,参选率高达97.2%。有关材料还证实,2004年红河州在泸西县乡镇党委、纪委班子直选试点时,由于宣传发动工作做得扎实,全县7627名正式党员中,共推出各类的初步候选人1428名;参加初步候选人推选的党员达到5930名;收到群众联名推荐表5160份,参与联名推荐人次达206273人次,当时该县总人口约37万,群众参与面达50%以上。

2. 制度设计新颖——成立专门的选举组织机构负责组织直选

杨集、新都模式中,一般都是由同级党委或上级党委主持选举活动,包括候选人资格审查、正式候选人确定等。但在红河直选中,除了同级党委的领导和上级直选指导组的指导,还专门成立了各乡镇党委换届直选选举委员会,负责组织实施整个直选工作,虽然人大和基层自治组织的选举中都有这样的制度安排,但党内选举采用选举委员会的制度设计显得十分新颖,其好处就在于党内选举组织机构跳出了上级党委指挥选举的老套路,减少上级组织对于选举人选和选举结果的非正常干预,使选举结果更能反映广大党员的真实意愿。

按照州委的规定,选举委员会9名组成人员中,由市委或县委派驻乡镇

的指导组组长担任主任，其余成员由乡镇总支委员会和村委会党员组成的大会投票选举产生。选举委员会下设办公室和候选人资格审查小组，分别由两位副主任分管，现任乡镇党委班子成员一般不被推荐为选举委员会成员，选举委员会成员被推荐为党委书记、副书记、委员和纪委书记、纪委委员候选人后，必须退出选举委员会，出现的空缺席位，根据投票产生选举委员会时的得票高低依次递补。

从这次直选过程来看，关于"五分之四"党员出席率的规定，实际上是要求全体党员参选率必须在80%以上，这是非常高的参选要求，而中央文件"五分之四"只是对基层党员代表出席党代会的要求，由于许多农村党员长年外出务工、经商，留在村里的多为高龄老党员，单在宣传发动阶段四处联系这些外出党员，统计参选党员人数，就耗费了大量的人力物力，给乡镇党委直选带来很大的障碍和困扰。但我们也充分理解红河在探索党内民主发展途径时，尽量与中央有关规定保持一致所作的努力，同时，广泛的发动和积极地参与也是让广大党员更加珍惜自己的民主权利，更加具有责任感，起到了其他政治活动无法替代的教育作用。当然，这样的规定只适合在基层党组织选举试点时使用，如果基层党组织直选工作能健全完善成为党内民主一项制度，就完全可以不必规定如此高的参选率，而应当提倡党员主动参选的意识，这样也可以省却许多不必要的程序环节，也能节约选举成本。实际上中共中央1994年出台的《中国共产党地方组织选举工作条例》中，已经降低了党员代表大会的出席率，如该条例第26条规定"参加选举的人数超过应到会人数的半数，方能进行选举。"虽然这一条例的适用范围是针对县级以上地方党组织的代表大会和纪委全体会议，但对基层党组织今后的选举工作也有一定的指导意义。

3. 程序性强——依照党章和借鉴人大选举技术安排直选程序

这次红河州乡镇党委直选虽然基本照搬了当年在石屏与泸西直选时的程

序设计，但许多程序规定显然来自于中央有关文件。比如，州委按照1990年《中国共产党基层组织选举工作暂行条例》第19条"进行选举时，有选举权的到会人数超过应到会人数的五分之四，会议有效"内容，规定乡镇直选大会的到会党员应当超过全体党员数的五分之四；从两推、预选到党群联席会议的组成，均规定群众参与率不得低于20%；正式选举时邀请非党员的人大代表、政协委员和群众代表到场监督等。

同时，从提名初步候选人和群众联名提候选人的推荐表印制，党群联席会议和党员大会的各种议程设计，竞职演讲规则的制定，预选和正式选举时通过总监票人、监票人建议名单，选举会场设代票处，分发选票和检查票箱，选票的设计和计票方式，甚至包括选举委员会的设立、主持人主持词等程序环节，均借鉴了许多人大选举技术，甚至比选举法规定的更为详尽和成熟。如开远市直选指导材料之一的《××乡党委班子换届直选竞选规则》中规定，"竞选活动必须在选举委员会的监督下进行"，"党委书记正式候选人需要利用电视、广播开展竞选活动的，可以向选举委员会提出申请。选举委员会根据客观条件保证每一名候选人公平利用媒体"；"候选人的合法竞选活动，不受任何个人、团体、组织的干扰或威胁、恐吓"；"严禁正式候选人直接或通过其支持者间接使用贿赂、欺骗、作假、暴力威胁或其他不正当手段从事竞选活动"等等，这样富有创造性的选举规则，既增强了党内直选的程序性和竞争性，也使得整场选举显得更为严谨和规范，为其他党内直选所少见。

由于这次乡镇党委换届直选在全自治州范围内展开，为了确保直选工作的顺利进行，州委还采取层层下派直选工作巡视组、指导组的方式，即州向市、县派出直选巡视组，市县向乡镇派出直选工作指导组，乡镇向各村总支派出直选工作指导组，为做好这次大规模的乡镇党委换届直选工作奠定了很好的基础。同时，各市、县委组织部均编写了内容详尽的直选指导材料，包括上级党委关于直选工作的实施方案、乡镇党群联席会人员构成比例和规模、乡镇党委各式公告、各种会议主持词、"双推"程序及办法、竞选演讲办法、选举办法、选票样张、清点或发出或收回选票各式报告单、计票结果报告单等，应有尽有，足有140多页。如此缜密的程序指导与过程监督，对于保证党内选举过程的公开与公正，提高选举公信力非常有利，也为今后党内选举程序设计作了极为有益的探索。

4. 民主程度高——乡镇党委班子由党员大会直接选举产生

四川南城和新都直选的优势都在于由全体党员大会直接选举党委书记，较之过去的党委会和党代会选举产生党委书记，将党内选举民主朝前推进了一大步。但是，新都选举产生了乡镇党委书记后，由党委书记组阁建立党委班子的做法，却遭到理论界和实务界的许多质疑。红河州将所有乡镇党委领导班子全部交由党员大会直接选举产生，在党内选举民主实践之路上较之新都走得更远，也更具民主性，并且避免了新都模式的弊端。当然，这样选举的成本也大为增加，还可能存在党委班子配置不太合理的隐患。所以，红河州一位参与石屏、泸西直选试点的领导认为，如果采用由党员大会直接选举党委书记，再由上级党委会选举并任命副书记、委员等职，也许不失为一个较好的解决方法，但也有待于实践的佐证。

四、红河州乡镇党委直选的重大意义

从2004年3月石屏县乡镇长直选试点，到同年7月泸西县乡镇党委班子直选试验，再到2006年全州范围内举行乡镇党委班子换届直选活动，地处祖国西南边疆的云南红河哈尼族彝族自治州在扩大人民民主和党内民主方面做出了一系列具有深远影响的改革举措，引起国内外的广泛关注。

1. 党内民主与人民民主结合的有益尝试

早在上个世纪中国共产党第十三次代表大会上，中央就提出"以党内民主来逐步推动人民民主,是发展社会主义民主政治的一条切实可行、易于见效的途径。"十三大报告还指出:"要改革和完善党内选举制度,明确规定党内选举的提名程序和差额选举办法。"著名宪法学者浦增元先生在当时撰写的《论党内民主和人民民主》一文中认为,"党内民主是实现和发展人民民主的关键,……二者也有相互促进的作用"。但进入 90 年代后,虽然中央先后出台了两部选举工作条例(即 1990 年《中国共产党基层组织选举工作暂行条例》和 1994 年《中国共产党地方组织选举工作条例》),但这方面的学术研究与实践并无实质性进展。直到 1998 年底,四川青神县南城乡全体党员直选乡党委书记事件启动了党内民主的最早实践,紧接着就是 1999 年底发生在四川遂宁的步云乡镇长直选。正是因为"南城直选"和"步云直选"的相继出现,引发了 2002 年以来全国各地党内外基层组织领导人"公推公选"的系列活动,并逐渐转为乡镇长直接选举和乡镇党委书记直接选举的各种试验和实践。

  无论此后的理论界对于党内民主与人民民主孰先孰后发展如何争论,但这是一个不争的事实:任何一种民主的发展,都离不开民主存在的社会基础。中国 20 多年经济体制改革积聚下的问题和蕴含的能量,随时都会冲击政治体制的这道敏感堤坝,引发体制内外对于民主发展的激烈讨论,这是无论如何都无法绕开的艰难话题。重温 20 年前的十三大报告,感触极深:如果说早在 20 年前党中央就看到并提出了党内民主与人民民主发展的重要性,10 年以后将这些内容付诸实践的却是一批冒着风险、敢为人先的地方基层党委领导和广大普通党员。他们清楚地意识到,"发展社会主义商品经济的过程,应该是建设社会主义民主政治的过程"。(十三大报告)党内民主与人民民主应该是相辅相成,相互促进的关系,在政党政治并不健全的中国,执政党自身的民主程度对于人民民主发展的影响显然重大,反过来,人民民主的发展也在促进执政党的民主转型。事实上,近年来"三个代表"、"和谐社会建设"和"科学发展观"等一系列党的新主张的提出,就是顺应历史发展的很好例证。

  红河州的一系列改革举措显然是深思熟虑的结果。无论是 2004 年石屏乡

民主选举
Democratic Elections

镇长直选程序设计中的"人代会休会、复会"环节，还是2004年泸西乡镇党委书记直选制度安排中的"两推"和党群联席会议，都显示了一种对法律和现实有机结合的成熟智慧。在2006年红河全州乡镇党委换届直选中，石屏的程序设计和泸西的制度安排基本都用上了，显示出当年试点的优势和很强的生命力。参与这次直选的各方，包括已经当选的乡镇党委书记、参加推荐和投票的普通党员或普通农民，都有很深的感受：党内民主可以激发人民群众的政治参与热情，党内民主可以让当选的领导牢记竞选时的承诺而不敢有片刻松懈，党内民主让老百姓看到了国家民主的将来，党内民主也让广大的普通党员体会到了自己实实在在的权利。这是任何一场政治动员都无法起到的作用，但是一场场发生在农村的基层党组织直接选举却实现了，所以，红河直选实现了党内民主与人民民主的有机结合，是一次非常有意义的有益尝试。

2. 提高基层党组织执政能力的有效途径

"谁当书记，党员群众说了算！"这条由州里拟定的宣传标语在所有乡镇的各个村寨中四处张贴，很受党员群众的欢迎。在羊街乡座谈时，当地领导介绍说，进入第二阶段提名并公布初步候选人名单后，党员群众发现没有组织提名建议，也没有指定候选人，开始相信这样选举是真的。于是有些党员群众提出说，这样的选举确实是好，可不可以用这种方法选乡长？该乡卧龙谷村一位普通党员说，他是平生第一次参加这样的直接选举，感到自己权利受到了尊重；也有一位村民说，这样的选举晚了10年，再早点就更好；还有一位村民说他很高兴能看到乡党委书记可以让党员来选举产生，他相信自己的下一代可以直接选举国家领导人了。

新安所镇第一场选举结束后，我与新当选的镇党委书记李民杰有过一番交谈，李民杰坦言自从直选开始后，压力非常大。他原在县委办公室工作，半年前由县委调任新安所镇党委书记，他担心自己刚来时间不长，党员群众是否会接受自己？经过在党群联席会议上的竞职演讲并以高票当选为正式候选人后,他逐渐心中有了底,但面对党员大会的选举投票,他仍然不敢掉以轻心。我问他在参选过程中印象最深刻的是什么?他说最深刻的是自己向党员群众作出的承诺,自己是 700 多名党员选出来的书记,又是广大群众提名过的党委领导,一定要在今后的工作中密切联系群众,为新安所镇的经济社会发展作出贡献。弥勒县西三镇高票当选的党委书记钱桂芹的回答也一样朴实:我将时刻记住自己在党群会上的承诺,为西三人民踏踏实实做好每一项工作。泸西县金马镇党委书记李俊则说,选上就干,选不上想干也干不成。直选是将用人权交给了全体党员,自己不仅要向上负责,也要向下负责,不仅要为 700 多名党员,还要为全镇 5 万多名群众做实事,才对得起他们。

这样的直选顺应了历史发展,也顺应了民心民意的要求,是检验党的执政理念和群众支持度的最好方式,也是提高基层党组织执政能力的有效途径。中国共产党在从革命党向执政党转型过程中,在全球民主化的浪潮中,如何熟悉和学习选举方式,学会用选票来获取和巩固执政地位,红河实践做出了很好的回应。

3. 党内干部选拔机制改革的重大突破

红河直选过程中,最引人注目的是 3 月 6 日河口县 6 个乡镇党委班子选举结果:一名现任乡镇党委书记落选,两名现任副书记落选,数名党委委员落选。据了解,金平县也有一名现任党委书记落选,还有个别乡镇的现任党委书记未被列入正式候选人,其落选的可能性也非常之大。因此,在全州乡镇直选结束前,可能还会出现类似事件,这是国内其他地方党委公推直选中未曾发生过的重大事件,引起我们的特别关注。我曾问过有关领导,落选后怎么办?他们说,只要选举程序合法,选上谁就是谁,应当承认选举的结果。我又问,选上的书记和副书记未达到体制内的级别,如何处理?有关领导介绍了州委规定:原来不是正科干部被选为党委书记的,享受正科待遇;如果下届连选就连任,落选则回到原来的岗位和级别。

这是红河乡镇直选中最具民主性的一道亮点。如果乡镇党委班子直选试点中没有现任党委书记的落选，倒是令人难以置信的。那样的直选程序和场面虽然壮观好看，可选举结果总让人心存疑惑。所以，红河直选中发生的落选事件正是他们求真务实搞改革的最好写照，它证实了这样的直选并非政治秀，更不是走走过场、造造声势的一时冲动，而是红河人力求用真实的选举来顺应党内民主的发展，来增强基层党组织凝聚力的决心。其实，现任党委书记落选是竞争性选举中必然会出现的正常情况，不必追究过去的上级任命是否合理，也不必质问有关部门干部考察是否失当，因为落选的干部不一定都有问题，当选也不一定是最好的人选，在竞争机制下选举产生的基层党组织负责人，会有一种强烈的责任意识，会时刻牢记党的宗旨和自己的承诺，成为基层党组织在社会主义新农村建设中的核心带头人。更为重要的是，学会尊重选举的规则，尊重党员群众的选择，着眼于直选带来的党内干部选拔机制的改革效应，寻找解决干部任用中能上能下的突破口，这才是建立起一系列党内民主制度的最好契机。

4. 直选对于农村经济发展的推动作用

去年我们在石屏调研时，曾发现7个直选后的乡镇经济都有不同程度的提高。那么当年直选乡镇党委书记的泸西县情况如何？乡镇党委的工作作风有无变化？

2006年3月10日下午4:00过后，我们驱车到达泸西县委组织部，与当年参加直选的三位乡镇党委书记、部分党群联席会议成员、村总支书记、普通农民、中学校长等进行了座谈。三位直选党委书记虽然都讲到直选调动了党员群众的积极性，直选密切了党群联系，直选让自己多了一份责任，时刻记住自己的承诺等，但也都不约而同地感到"很累"，因为他们全身心的扑在工作中，丝毫不敢松懈，所以许多党员群众评价他们"做的比说的（指竞职演说）还多"。白水镇党委书记马喜成说，通过直选，自己的工作方式和作风有了很大的转变，民主意识显著增强，最重要的就是能正确处理向上负责和对下负责的矛盾。曾经有一次县里安排各乡镇在路边栽种一种经济作物，马喜成到党员群众中征求意见时，发现这种作物不适合在白水栽种，于是他主动与县有关部门联系和说明情况，没有按照县里的安排去做。我问道，如果这种上级意见将影响到你的政绩考核，你会怎样做？他马上回答，如果对群众利益没有好处的事，即使是上级指示，我也宁愿放弃。从白水镇一组经济指标中，我们可以看到这样的变化：直选前财政收入为715万元，2004年达到925万元，2005年为967万元；农民人均收入2004年为1320元，2005年为1560元。三塘乡党委书记李俊用形象的语言介绍三塘是泸西有名的"三乡"，即国土大乡、人口小乡和经济穷乡，经济位居全县倒数第一。该乡直选前财政收入为195万，2004年达到240万元，2005年为240.1万元（国家取消农业税，少收入28万元）；农民人均收入也有较大幅度增加，2004年为846元，2005年为923元。金马镇的李涛在2004年直选时任镇长，与后来当选的书记一起竞选党委书记一职。后来当选的书记调任副县长，于是党员提出来要选李涛做党委书记，由于试点结束不能再搞直选，但县委组织部下达的任命就是他当党委书记，与金马镇党员群众的意见不谋而合。这位李书记谈到直选带来的变化时，说金马镇因为历史遗留问题曾有过一些上访的，直选后，党委书记逐户上门听取意见，做政策解释工作，现在该镇的上访为零。

正如泸西县委组织部在总结乡镇党委直选试点一年来情况时所认为：直选转变了广大乡镇领导的思想观念，密切了党群关系，巩固了党在农村的执政地位，提高了乡镇党委班子的执政能力和执政水平，全县呈现出农村社会稳定，经济快速发展的良好局面。2005年泸西县完成工农业生产总值16.13亿元，比上年增长11.3%；完成地方财政一般预算收入11.892亿元，同比增长11%；完成全社会固定资产投资10亿元，比上年增长30%；实现农民人均纯收入1885元，同比增长10%，等等。直选焕发出来的热情，为泸西发展增添了活力，这也许就是红河继续推进直选改革的重要原因之一。

五、红河改革持续发展的启示

红河改革仍将继续。从红河改革中,我们得到了什么样的启示?红河改革的下一处触角将在哪里?

红河州有着得天特厚的自然环境和丰富资源,但是经济发展水平并不平衡,许多地方还在靠天吃饭,群众生活非常艰苦,部分乡镇财政也往往捉襟见肘,入不敷出。但无论是普通百姓脸上谦和的笑容,还是乡镇干部朴实的言行,都凝聚在"诚信务实,开放兼容,敢为人先,奔腾图强"的红河精神之中。两次红河之行,我们在与州、市、县、乡镇领导以及普通农民的交谈中,真实感受到直选所带来的变化,常常为红河人的民主意识和兼容精神所深深打动,这就是红河改革"敢为人先"的启示之一。

制度设计是政治文明的重要内容。红河人在改革中不等天,不靠地,尽可能地挖掘现有的制度资源,在借鉴中创造和发展了具有红河特色的直选制度。尽管政党民主与人民民主不可能完全相等,因为各自的内涵与外延并不一样;尽管直选的程序安排还有一些缺陷,如背对背的竞职演说削弱了双方针锋相对的辩论性,又如公开唱票计票因人数众多未能施行等,但这些并不能影响红河改革的魄力,也不能抵挡红河改革的魅力。红河人在政治文明方面的自主创造性,丝毫不逊色于其他地方,这是红河改革的启示之二。

红河改革从基层政权和基层党组织建设起步,目标则是推动社会主义民主政治的发展,因此,红河改革不应遗忘地方国家权力机关——地方人民代表大会及其常委会的建设。事实上,红河的每一次改革都有人大或者人大代表的积极参与,改革的许多程序安排也源自人大,那么,丰富社会主义民主政治的内涵,充分发挥人大代表的作用,让宪法与法律赋予地方人大的各项职权更好地实现,应当是红河改革的启示之三。

我们对红河改革满怀着期待,我们祝福红河经济奔腾图强。我们相信前进中的红河将再次创造民主奇迹!

(原载《今日中国论坛》,2006年第6期)

局部创新和制度瓶颈
——四川省遂宁市市中区"公推公选"乡镇长和乡镇党委书记*

杨雪冬
(中央编译局世界发展战略研究部)

干部的选拔直接关系到制度的活力和绩效。从20世纪80年代以来,增加干部选拔的公开性、公正性和公平性就被确定为干部制度改革的基本目标,并以不同的形式实践着。各地进行的公开选拔干部的实践有两个基本特点:一是局限在属于委任范畴的副职;二是职位多属于职能部门,带有较强的技术性。之所以如此有两个主要原因:一是限制在委任范畴可以减少政治风险,二是职位的技术性强不仅缩小了选拔范围而且有利于操作。

比较而言,四川省遂宁市市中区在1998年进行的乡镇长和乡镇党委书记公开选拔(当地称之为"公推公选",简称"公选")更具有政治创造力和勇气,在探索干部制度改革上更富有创新精神。这体现在三个方面:首先,一

---

* 本报告是在2001年9月和2002年10月两次调查的基础上完成的。笔者特别感谢为调查提供诸多便利的前市中区区委书记张锦明,市中区区委副书记杨华弟,组织部部长马胜康,副部长刘辉、罗克光、唐进平,干部科长雷春蓉,干部科工作人员王继钊等人,以及参加过"公选"活动的向道全、唐坤伦、唐俊等。他们不仅给笔者详细介绍了"公选"运行的情况,而且从切身感受出发谈了对干部制度改革的看法,使笔者了解到更多更真实的情况。笔者对文章的所有观点负责。

方面乡镇长和乡镇党委书记都是政治性职位，更具有影响力；其次，乡镇作为基层政权所在地，管辖着相当数量的人口和面积，[1] 直接影响着上万居民的生产生活，关乎整个政治体制的稳定和有效运行。最后，虽然镇长是选任性职位，但按照现有法律并不能采用直接选举产生。与直接选举相比，"公选"并没有与现有的法律规定冲突，并且由于其渐进性而显得更为切实可用。更重要的是，乡镇党委书记这个委任性职位也被纳入了"公选"，而在过去这一职务一直是由上级党委任命的，缺乏透明性和竞争性。

本文将详细描述"公选"乡镇长和乡镇党委书记决策产生与执行过程，并分析这一决策产生的原因，决策执行中遇到的问题以及这种创新可能产生的影响。

一、缘　起

四川省遂宁市市中区位于四川盆地中部，距成都约140公里，距重庆129公里，是1985年遂宁建市时在原遂宁县的基础上新建的县级区。区委区政府与遂宁市委市政府同城办公。全区面积1876平方公里；辖34个乡镇，737个村，7077个村民小组。1998年末，全区总人口1391157人（其中非农业人口229229人）；国内生产总值357353万元，财政收入14279万元，农民人均纯收入1819元。在经济发展水平上处于四川省的中游。相对于四川其他地方来说，交通较为便利，国道318线、达县—成都铁路横穿境内，与省会成都以及重庆的距离有大约3个小时的火车车程。尽管与东部沿海发达地区相比，市中区的发展还相对落后，尤其是管辖的大部分地区是农村，存在着许多其他农村地区类似的问题和矛盾。但是与西部许多地方相比，它是一个城市化

---

1. 根据统计，1999年中国大陆有44741个乡镇，每个乡或镇管辖着16.5村庄。每个乡镇平均有5321.85个家庭。参见：http://www.stats.gov.cn/sjjw/ndsj/zgnj/2000/L01c.htm。

民主选举
Democratic Elections

程度较高，经济较为发达，信息较为通畅的地方。[1]

20世纪90年代以来，随着干群关系的恶化，乡镇政府已经成为社会关注的焦点。作为最低一级的政府，乡镇担负着上级部门指派的越来越多的任务，而且特定的任务还附带着一套严格的评价指标。有些是强制性的，如果乡镇无法按时完成，就会受到惩罚，甚至其他方面的工作成绩也受到影响（这被称为"一票否决"）。有关乡镇的首长（书记、乡镇长）将被通报批评、罚款、调动以及降级使用。由于1994年的分税制改革并没有涉及县市与乡镇的财政关系，所以上级政府通常在给乡镇布置任务的时候不拨付相应的财政资源，这迫使乡镇必须寻找多方渠道来缓解任务增加与资源有限的矛盾。而农民自然而然成为了乡镇转移压力的目标。这种机制被一些学者称为"压力型体制"。[2] 这是上世纪90年代中期以来"三乱"问题日益严重的主要原因。

此外，三个困扰乡镇的问题也日益突出。第一个是乡镇债务问题。许多乡镇企业破产倒闭，乡镇开支缺乏控制，使得乡镇收入无法支持公共品的提供。第二个问题与前一个密切相关。乡镇财政虽然被称为"吃饭财政"，但实际上在许多地方连乡镇干部的工资都无法保证，或者拖欠或者发放部分。[3] 由于缺乏有效的激励机制，许多干部不愿意到乡镇工作。即使是乡镇干部，一些人也要尽力调动工作或者把大部分时间花在城里的家中。尽管如此，乡镇干部依然超编，因为毕竟在政府部门工作还有获得额外好处的机会。一些乡镇干部对农村情况知之甚少或者根本不关心。这必然影响到乡镇政府的工作运行，造成干群关系的紧张。第三个问题是农村的社会不稳定状况。一方面，现有的乡镇管理结构存在明显缺陷，缺乏效率。另一方面，随着大众媒体的

---

1. 关于市中区社会经济基本情况的变化，请参考张锦明：《步云乡长直选的背景、过程与效果》，中国选举与治理网，http://www.chinaelections.org/NewsInfo.asp? NewsID=78930，访问时间：2001年10月10日。
2. 详见荣敬本等：《从压力型体制向民主合作制的转型》，北京：中央编译出版社1998年版。
3. 例如，河南省90%的乡镇拖欠工资，湖南省88.2%的乡镇欠债，平均债务负担为363万元。参见嵇春梅：《乡镇财政危机重重》，载《乡镇论坛》，2000年第11期。

普及，人口的流动以及法律普及，农民的政治意识也在不断提高。他们对乡镇管理提出了更高的要求。但现有的机制无法为他们的意见和利益的表达提供合适的渠道。其中的一些人最终选择了使用暴力来包围冲击乡镇政府或攻击乡镇干部。

显然，不可能用一两项措施来解决所有的问题，因为这些问题是累积性的，并且是体制转型过程中的必然产物。然而，一些制度创新依然能够缓解这些问题并为进一步改革提供新的可能性选择。改革现有的乡镇主要领导的选拔机制就是其中之一。毕竟，竞争和透明度是新的激励因素，有助于鼓励更多有能力的人参与选拔，增强他们对普通农民的责任感。

乡镇党委书记和乡镇长是按照不同的方式选拔的。按照《中国共产党党章》，上一级党委（通常是县委或市委）向乡镇党代会推荐党委书记的候选人，然后由后者投票选举。党代会通常不会提出新的候选人。《宪法》和《地方政府组织法》明确规定了乡镇长的选举程序。乡镇长是由乡镇人民代表大会选举产生的，但候选人是由上级党委推荐的，并且通常是单一的。因此，这两种职务的选拔方式具有一个共同特点：上级党委掌握着整个选拔过程。而在实际运行中，某些个人（党委书记）有可能控制候选人名单，使选拔成为"暗箱"操作。乡镇领导的激励机制也因而被扭曲了。候选人要花费大量的时间、精力以及物质资源来讨好上级领导以争取他们的注意和关心，"买官卖官"成了一种普遍的现象。

从上世纪 90 年代中期开始，深化干部制度改革在全国进一步展开。1994年，党的十四届四中全会通过了《关于加强党的建设几个重大问题的决定》，提出要加快党政领导干部选拔任用等重要制度的改革，逐步形成优秀人才能够脱颖而出、富有生机与活力的用人机制。在 1994 年召开的全国组织工作会议上，江泽民同志进一步强调："深化干部制度改革必须有新的进展"，"推进干部制度改革的总目标是，从我国的国情出发，通过深化改革，逐步创造一个公开、平等、竞争、择优的用人环境，建立一套干部能上能下、能进能出、充满活力的管理机制,形成一套法制完备、纪律严明的监督体系。"

1995年2月,中国共产党颁布了历史上第一个规范干部选拔任用的法规《党政干部选拔任用条例》。明确规定,选拔任用党政领导干部必须坚持群众公认、公开推荐等原则,指出"推荐党委、政府及其工作部门某些领导成员人选,还可以采取组织推荐、群众推荐、个人自荐和考试、考察结合的办法"。这一规定直接推动了各地积极尝试新的选拔任用机制。吉林省于1995年率先建立了公开推荐和考试考核相结合的领导干部选拔制度。同年,四川省委组织部发布了《关于公开选拔领导干部的试行意见》,公开选拔10名副厅级干部、117名副处级干部。[1] 1997年党的十五大工作报告指出:"扩大基层民主,保证人民群众直接行使民主权利,依法管理自己的事情,创造自己的幸福生活,是社会主义民主最广泛的实践。城乡基层政权机关和基层群众自治组织,都要健全民主选举制度"。[2]

中央和省的有关政策精神在市中区得到了切实的贯彻和实现。从1997年起开始担任市中区区委书记的张锦明女士是改革市中区干部选拔方式的最有力支持者和策划者。[3] 她曾经在共青团四川省委工作,在国家经贸委挂职实习,思想开放,见解深刻,锐意改革。她在2002年写的一篇总结步云直接选举乡长的文章中写到:"民主选举,在上层可能是一种复杂的制度设计,在地方是一个并不复杂的组织问题,在广大的选民那里则是一个简单的操作技术。……其实,世界上很多问题不是因为难我们才不能做,而是因为我们不去做才变得难。"而目前的干部制度的最大问题就是少数人从少数人中选人,非常容易孳生腐败并导致干部队伍质量的下降和群众的不认同。她说:"事实上,

---

1. 在其他地区公开选拔也有较大的发展。1996年,湖北省试用这种方法选拔了一名厅长。1997年北京市一次面向社会公开选拔57名副厅级干部。1998年,广西面向全国公开选拔领导干部。据统计,到十五大前,全国已经有27个省市区开展了这项工作,选拔了厅级干部352人,县处级干部4377人。
2. 江泽民:《高举邓小平理论伟大旗帜,把建设有中国特色社会主义事业全面推向二十一世纪——在中国共产党第十五次全国代表大会上的报告》。
3. 2001年她被任命为遂宁市副市长,2002年下半年被调往雅安市担任市委常委、组织部部长。

拥有任免权的领导干部相对于干部队伍来说，永远只是极少数。这些少数人当然也不乏为党为国选贤任能的公心，但是客观上他们是无法真正熟知他们所管辖的每一个干部的真实情况的。改善党的领导就是要在干部人事问题上，改变过去那种党内少数人决定具体人事方案的手工作坊似的落后方式，建立面向社会的公开公平竞争的选人用人机制，让竞争者接受群众（市场）的挑选。在这种方式下，党管干部主要体现在组织制定相对合理的规则、提出竞选职位的原则条件、组织竞选活动的开展，维护公平公正的竞选秩序等等方面。"[1] 虽然这是5年后写的文章，肯定加入了新的认识，但也从某个侧面反映了作为一个地方领导的政治远见和勇气。

参考中央和省的有关政策要求，1997年底市中区委对全区干部人事制度改革进行了系统的总结，提出基层组织的总体状况是好的，但存在三个不适应："一是乡镇领导班子、基层组织建设的现状与实现农村小康目标的要求不相适应；二是现行的干部选任制度与建设高素质干部队伍的需要不相适应；三是目前乡镇人民政府组成人员的选拔、选举形式与人民群众参与和管理政务的愿望不相适应。"在这种情况下，关键是建立一支高素质的基层领导干部队伍，切实改变由少数人选人、在少数人中选人的弊端，不断扩大选人范围，拓宽选人渠道，改进选人办法。[2] 1998年1月，第四届区委工作报告明确指出，要大力推进干部人事制度改革，对部分科局级干部实行"公选"。

二、尝　试

所谓"公选"，指的是公开报名、公开考试、公开选拔领导干部的方式。它

---

1. 张锦明：《步云乡长直选的背景、过程与效果》，中国选举与治理网，http://www.chinaelections.org/NewsInfo.asp? NewsID=78930，访问时间：2001年10月10日。
2. 中共遂宁市市中区委员会：《扩大农村基层民主，探索新的用人机制——公开选拔保石镇镇长候选人的实践与启示》，未刊稿。

民主选举
Democratic Elections

包括四个环节：(1) 公开报名；(2) 笔试选拔出参加面试的人选；(3) 面试选拔出职位候选人；(4) 根据法定程序进行人员任免。它与通常采取的常委会直接决定干部任选的方式有三个明显不同：(1) 向社会公开空缺的职位以及所需要人选的标准，允许符合条件的人自由报名参加；(2) 以具有客观性的笔试形式对申请者进行筛选，根据考试成绩选拔进入面试的人选；(3) 面试的参加者范围扩大了，不限于常委会成员，还包括了许多其他相关者，比如职位所在部门的普通职工等。参加者根据候选人面试情况按照"一人一票"的原则投票，然后根据面试投票结果，把得票最多者推荐给常委会作为空缺职位的人选。

在1998年初市中区区委工作会议结束后，组织部开始着手准备"公选"工作。最初的想法是先拿出空缺的政府职能部门副职，比如区交通局副局长、统计局副局长、广播电视局副局长、教育委员会副主任、财贸办公室副主任、农机局副局长、科学技术委员会副主任等来进行"公选"。这样做是各地试行"公选"干部常用的方法，不仅稳妥也容易进行。

但是1998年3月保石镇出现的事件改变了区委主要领导的设想。保石镇离遂宁市66公里，24个村，252个合作社，人口33000人，耕地32898亩，是一个以种养殖业为主的农业镇。该镇的书记与镇长因经济原因被免职，包括镇人大主席团主席在内的20多位工作人员均有不同程度的违法乱纪行为。整个镇的工作陷于停滞状态。镇党委副书记张凌被任命为保石镇党委书记，同时兼任人大主席和镇长。在此之前，该镇的书记镇长一度被区委领导视为能干的干部。因此，市中区领导面临着一个十分现实的问题，那就是如何选拔影响范围更大的乡镇领导。

这个时候，有人提出把保石镇镇长也纳入"公选"范围。[1] 但这个建议引起了区委领导内部的争论。市中区区委组织部在为参加四川省农村基层组织

---

1. 虽然前区委书记张锦明没有谈到自己是这个建议的提出者，但按照常识来说，她应该是这重要建议的提议者。而笔者2001年9月在保石镇调查时，当时的镇党委书记张凌谈到，她在1998年初曾去海南考察学习，了解到当地企业采取了"末位淘汰制"，回到遂宁后也想在乡镇进行尝试。

建设工作会议写的材料中是这样说的:"有的领导同志在思想上存在一些顾虑,认为'公选'镇长候选人,全省尚无先例,何必担这个风险;有的领导说,过去搞单位提名,人民代表画圈,实行等额选举都容易出问题,这次面向社会'公选'候选人,又实行差额选举,出问题的可能性更大;保石镇党委和一些镇干部思想不通,认为本镇有人才,搞试验应该到条件好的乡镇,万一失败了,责任担当不起;社会上一时也议论纷纷,猜疑是否有内定对象,能否真正体现公平竞争;而更多的顾虑则是'公选'镇长候选人,没有现成经验可资借鉴,顾虑的核心问题是党管干部原则和群众公认原则如何体现,依法办事原则如何坚持,三者如何统一。"[1] 为此,区委多次召开会议,统一思想,提高认识,最后达成了共识,认为"公选"有利于妥善解决基层工作中的四对矛盾:有利于解决个别选民政治淡漠与扩大基层民主的矛盾;有利于解决组织意图与选民意愿不完全一致的矛盾;有利于解决选举的民主性、公开性与选民知情有限性的矛盾;有利于解决选任纪律与不正之风的矛盾。[2]

在思想达成统一后,1998年5月12日,市中区区委做出关于公开推选保石镇人民政府镇长候选人的决定,把保石镇镇长与其他八个职能局委的副职作为首批"公选"职位。同时成立了"遂宁市市中区公开选拔工作领导小组"。专门制定了遂宁市市中区公开推选保石镇人民政府镇长候选人简章。"公选"领导小组的构成如下:

  组 长:杨华弟,区委副书记
  副组长:马胜康,区委常委,组织部部长
      罗仁树,常务副区长

---

[1]. 中共遂宁市市中区委员会:《扩大农村基层民主,探索新的用人机制——公开选拔保石镇镇长候选人的实践与启示》,未刊稿。
[2]. 刘辉、雷春蓉、王继钊:《遂宁市市中区干部人事制度改革纪实》,载《遂宁文史资料选辑》,1999年9月,第15辑。

成　　员：刘辉，区委组织部副部长

舒桂珍，区委组织部副部长，劳动人事局局长

夏先荣，区纪委副书记，监察局局长

周光宁，区委宣传部副部长

罗克光，区劳动人事局副局长

戴中荣，区人大常委会人事代表工作委员会主任

贺昌文，区政协办公室主任

从人员构成来看，地方政治体系中与干部选拔任命有关的机构都被吸收进来。这些机构包括：管理副科级以上干部的组织部、管理非干部工作人员的劳动人事局、负责选举政府职能部门行政首长的人大常委会、负责审查和监督干部的纪律检查委员会和监察局。此外，负责宣传工作的宣传部，具有政治协商功能的区政协也被吸收进来，这无疑保证了"公选"宣传活动的顺利进行并能体现"公选"对非党团体和人员的重视。但是所有这些部门的参与都是以组织部的牵头为基础的。操作整个"公选"过程的是领导小组下设立的办公室。而办公室设在区委组织部，由组织部副部长刘辉担任主任，办事人员是组织部下的干部科。换句话说，实际操作者是区委组织部下的干部科。

设立公选领导小组和公选办公室是地方政治运行中解决重大具体问题的典型做法。当地方党委就某一重要问题做出回应时，通常的做法就是由直接主管部门牵头建立各有关部门参加的领导小组，具体工作由直接分管部门执行。这样做的最大好处是，通过吸收有关部门的参与，可以协调问题解决过程中涉及的各种关系，避免个别部门的不合作（因为部门的主要领导是领导小组的成员），较为有效地解决一些具体问题。同时，这样的做法也有明显的缺陷。由于实际的操作者是牵头机构下的分管部门，所以大量的工作就积累在这个人员有限并有其他工作任务的部门，造成该部门在短时期内工作量急

剧增加，难以负荷。并可能由于过重的工作量而降低解决问题的质量，甚至直接削弱工作的可持续性。

1998年5月18日，市中区区委召开了全区选拔部门科局级领导干部工作动员会，乡镇、街道、区直部门分管领导、政工科科长、区委组织员，以及区委主要领导都参加了这次动员会。在动员大会上，区委书记张锦明发表了热情洋溢的讲话，组织部长马胜康则详细介绍了"公选"的目的、方式和要求。动员会是动员型体制下解决重要问题的一个环节。[1] 它的作用在于：（1）表明决策者的立场和态度；（2）向执行者传达决策的目的，介绍具体措施；（3）鼓舞执行者的士气。在"公选"动员会结束之后，市中区委利用《遂宁日报》、《遂州报》以及其他地方媒体对"公选"进行了广泛的宣传。一方面把"公选"的职位、程序和目的向社会公布，另一方面吸引了社会的关注，提高了参与。在"公选"消息公布之后，遂宁市新华书店以及其他书店中涉及"公选"考试科目的各类书籍被抢购一空。[2]

为了保证笔试考题内容的全面性，评价的客观性以及对外的保密性，组织部组织了由副部长刘辉领导的命题小组。由于进行这样规模和目的的考试在市中区是第一次，没有现成的题目可以选择，所以组织部特地派人到其他地区和省里了解情况，然后根据市中区的具体情况和"公选"职位的基本要求来设计考卷。命题人员分别来自组织部、人事局、纪检委等部门。为了保密，命题小组被拉到100多公里外的县市出题，实行全封闭管理，特殊情况需要与家人或单位联系时，必须有3人在场并做电话谈话记录。

报名时间是1998年5月25日到28日。报名者的条件除了政治素质和业

---

1. 孙立平等人归纳的动员型体制的两个突出特征：一是群众的参与；二是发动运动。因此，组织化动员成为社会的基本运作方式。（参见孙立平、晋军：《动员与参与：第三部门募捐机制个案研究》，杭州：浙江人民出版社1999年版。）
2. 参加了"公选"并当选保石镇镇长的向道全提起当时的情景依然非常感慨。他说，很久没有看到干部有那样高的学习热情，书店老板肯定赚了一笔（2001年9月10日与笔者的谈话）。

务素质外，还包括三个硬标准：（1）报名者限定在区直机关和拦江、白马、东禅片区的乡镇机关副科级及其以下的党内外干部，村党支部书记和村主任也可以报名；（2）年龄在38周岁以下（即1960年6月1日以后出生）；（3）具有高中、中专以上文化程度。全区共有69人报名，67人合格，其中，中共党员52名，占77.6%，民主党派2名，占3%；具有大专以上文化29名，占43.3%，中专（高中）38名，占56.7%；30岁以下23名，占34.3%，30—33岁18名，占26.9%，33—38岁26名，占38.8%；副科级19名，占28.4%，股级20名，占29.9%，企事业干部和农民28名，占41.7%；有专业技术职称的9名，占13.4%。

笔试在6月上旬进行，实行闭卷考试。笔试题目涉及面广容，包括邓小平理论、市场经济理论、行政管理学、法律、科技、历史、公文写作、农业生产知识等。笔试总分为100分，考试时间为150分钟。

试题包括几种类型。除了填空、判断和多项选择题外，简答题和阅读分析题特别值得注意。出题者在这方面显然花了很多心思。两个简答题分别是：领导者在树立典型的时候应注意些什么？乡镇政府管理经济的主要任务是什么？阅读分析题提供的案例非常典型，是一个农民起诉乡政府收取农业负担和滞纳金的案例。要求考生回答：该案是否适用调解及其原因？乡政府如何合法收取农民负担？该案如何处理？该事件的启示等。

阅卷也是封闭进行的。按照预先设计的程序，根据考试成绩，笔试考试前六名被确定为参加面试的人选（表11）。从这6个人的基本情况看，年龄从25岁到34岁，学历是中专以上，都是国家干部，具有较高的素质。同时，我们能从中看到报名标准在笔试这个环节实际上已经变得更加具有限制性。因为就考试试题来说，一方面涉及许多新的知识；另一方面题量大，形式多样。这无疑对于年轻、受过系统教育的报名者更为有利。他们记忆力好，更容易掌握新知识，精力旺盛，能够应付如此紧张的考试。

表 11　保石镇镇长候选人笔试前六名基本情况

黄代斌	男	30 岁	中共党员	大专学历	步云乡办公室主任
谭春晓	男	30 岁	中共党员	中专学历	区农工委股长
向道全	男	29 岁	中共党员	大专学历	区委驻安居片区组织员
胡永光	男	28 岁	中共党员	大专学历	区农业局农经站副站长
淼霖	男	25 岁	中共党员	中专学历	区农机局干部
吴德明	男	34 岁	中共党员	大专学历	中兴镇纪委书记

资料来源："公选"保石镇人民政府镇长候选人面试人员基本情况

在确定参加面试的人选后，区委组织部安排他们到乡镇进行两天的实地调查，以进一步了解这些乡镇的情况，为面试做准备。[1]

在某种程度上，面试类似竞选演讲。在听取候选人陈述自己工作计划的演讲并进行提问之后，代表团通过投票从 6 位候选人选出两位推荐给区委常委会议，作为镇长的候选人。然后由区委推荐给保石镇人大，由人大进行选举。在现有的制度背景下很难确定这个代表团的性质。当地的组织部门也找不到一个合适的称呼。他们只把这种会议形式称为答辩会。把投票过程称为"民主推荐"。由于参与者增加，这种方式实际上已经与传统的方法有了较大的差别。在保石镇，听取答辩的包括 49 名镇人大代表，68 名非镇人大代表的村三职干部和镇机关干部，32 名区委、人大、区政府、政协领导、离退休干部代表和市直有关部门领导，共 149 人。面试是 1998 年 6 月 22 日在保石镇礼堂举行的。

面试设有主考和副主考，分别由公选领导小组组长杨华弟和副组长马胜康担任。面试的顺序是根据候选人笔试成绩高低排列的。面试问题有四个。

---

1. 显然，两天的时间对于这些候选人了解他们即将工作的乡镇太短了。而该乡镇的居民也没有足够的机会与这些候选人接触沟通。因此，市中区委在这三个乡镇"公选"之后通过的《遂宁市市中区公选乡镇长试行规定》规定候选人的调查时间不少于 7 天。

一个是公开的，可以提前准备，问题的内容是如何当好保石镇镇长。另外三个是保密的，必须现场选题回答，分别是：在保石镇遭受旱灾后采取什么措施来恢复和发展经济？如何看待农民大量外出打工问题？如何解决土地抛荒问题？由于面试的试题相同，所以当一位候选人回答问题的时候，其他候选人回避。

候选人在回答了四个问题后，还要回答代表团提出的一些问题。当全部六位候选人回答问题结束后，代表团开始投票选举正式的镇长候选人。每个代表最多只能在"推荐票"上填写两名面试候选人。所有代表都是在自己的座位上划票的，由工作人员收票，没有设投票箱，也没有履行"投票"步骤。计票是在会场外的办公室秘密进行的。结果，得票前两名向道全和黄代斌被推荐为镇长候选人（表12）。

表12 保石镇"公选"镇长民主推荐投票结果

笔试名次	考生姓名	人大代表票（共49人）	镇村干部票（共68人）	市区干部票（共32人）	总得票数（张）	面试名次
1	黄代斌	22	36	8	66	2
2	谭春晓	14	2	14	30	3
3	向道全	46	67	32	145	1
4	胡永光	3	0	0	3	5
5	淼霖	2	0	0	2	6
6	吴德明	5	16	2	23	4

说明：投票人数共149人，每人可以选两人，所以候选人得票数之和与投票人数不符合。
资料来源：遂宁市市中区"公选"保石镇镇长候选人面试民主测评表（1998年6月22日）。

公选领导小组把两个候选人提交给区委常委会审定。与以往不同的是，常委会是在"公选"投票之后在保石镇举行的。由于与会的常委都参加了"公选"投票，所以没有对提交的人选名单提出不同意见，而是直接推荐给了保石镇人民代表大会主席团。

保石镇第二届人民代表大会第五次会议是在常委会会议之后举行的。这样实际上实现了"公选"面试、常委会会议和人代会三会合一。经市中区区委审定的两名候选人成为人大主席团提名人选。保石镇第二届人代会共 64 名代表,出席大会的代表有 50 名。在这 50 名代表中有 49 名参加了民主推荐。人代会投票结果是:向道全得 46 票,黄代斌得 4 票,向道全当选为镇长。

对于保石镇"公选"镇长候选人的活动,《四川日报》、《四川农村日报》、《改革时报》、《成都商报》、《华西都市报》、《遂宁日报》、遂宁电视台和广播电台等媒体都进行了专题报道,四川电视台的"今晚10分"在 6 月 22 日对面试和选举的全过程做了现场拍摄,在 7 月 4 日进行了详细报道。这些报道不仅宣传了"公选",提高了其在社会中的影响力,获得了社会的支持,[1]而且也直接推动了上级部门对"公选"的积极评价。在 9 月的四川省农村基层组织建设工作会议上,区委书记张锦明作了专题发言。上级的肯定打消了市中区区委领导层对"公选"的疑虑,鼓励了他们把"公选"推到更大范围,并尝试更有力度的干部选拔方式改革。

三、展　开

保石镇"公选"结束后,市中区区委进行了及时总结。1998 年 7 月 5 日,区委组织部召开了"公选"科局级领导干部座谈会,46 名参加了面试的人员参加了会议。区委副书记杨华弟在讲话中指出,"公选"产生了三个积极作用:(1)变"伯乐相马"为全区范围内由党组织和人民群众一起"赛场选马",使干部的任免从过去那种神秘化、封闭化形式中走出来,代以公开化、民主化;(2)拓宽了区委选人、识人、用人途径,发现了一大批人才,激发

---

[1] 一位蓬溪县鸣凤镇的居民在读了 1998 年 6 月 25 日在《遂宁日报》上发表的《新镇长诞生记》之后,特意给向道全写信说:"'公选'是干部制度一种成功的改革和探索,打破了干部任免的神秘化、封闭化,大大地推进了干部人事制度民主进程,合党心、顺民心、得民意。"

了广大青年干部认真学习、勤奋工作的热情；（3）培育了广大青年干部的竞争意识，给他们创造了成长成才机遇。

为了鼓励所有参加"公选"的干部的积极性，区委把每一个参加竞选"公选"职位进入面试但未被选上的人员，纳入后备干部管理。并加强了对"公选"产生的后备干部的管理、监督和培训工作。具体做法有：（1）培训，对8名"公选"的区直部门副科级干部和13名在"公选"工作中选拔出来的科局级后备干部进行了培训，并在当年9月把6名通过"公选"产生的副科级干部下派到乡镇担任党委副书记或副镇长，工作一年以上；（2）结合乡镇换届，将机关"公选"干部中没有基层工作经历的7名年轻干部下派到乡镇挂职锻炼，对在机关工作，在"公选"中进入面试的13名落选者下调乡镇任职；（3）在有职位空缺时，同等条件下，根据职位的需要，优先考虑面试人员；（4）个别单位考调工作人员优先推荐面试人员。

"公选"也被引入了村党支部书记选举。从1998年7月开始市中区对农村的729个村党支部进行了公推直选，全区报名竞选党支部书记的党员达到2764人，报选比例达到3.8:1，选举结果新任的支部书记191名，占29%。紧接着，党支部又领导村民直接选举了村委会。全区报名竞选村委会主任的有3126人，报选比例达到4.3:1，选举结果新任村主任210名，占30%。在公推直选中，村民的参选率达到92%。

1998年9月，区委书记张锦明参加了四川省农村基层组织建设工作会议，介绍了保石镇"公选"的经验，引起了省委有关部门和领导的重视，并得到了鼓励。这在很大程度上坚定了她继续推行"公选"的决心。同时，"公选"乡镇长后现有乡镇领导层内部可能出现的新矛盾也迫使市中区区委考虑扩大"公选"的对象。张锦明在后来的一篇文章中写道，"公选"有可能造成书记与乡镇长在权力关系方面的矛盾，也有可能会在一定程度上影响党组织发挥其在农村的作用。这是市中区领导所担忧的。因此经研究，市中区领导做出乡镇党委书记实行"公选"的决定，试点在莲花乡、东禅镇进行。[1]

1998年9月17日，市中区区委发出了《关于公选东禅镇、莲花乡党委书记和横山镇人民政府镇长候选人的决定》，并在19日分别制定了《遂宁市市中区公选东禅镇、莲花乡党委书记简章》和《遂宁市市中区公开选拔横山镇人民政府镇长候选人简章》。

"公选"乡镇党委书记的程序与保石镇"公选"程序基本相同，包括了报名、资格审查、笔试、面试、区委常委会审定等环节。报名时间定在1998年9月21日到24日。共有99人报名参加东禅镇和莲花乡的党委书记竞争，全部通过资格审查。考试在1998年9月底进行。根据考试成绩分别确定了两个乡镇的各6名面试候选人。东禅镇排在前六名的是：易鹏飞、刘安中、孙红军、唐坤伦、张甲午、刘洋；莲花乡的前六名是：夏先佀、刘用军、郭德金、袁杰、段继教、胡永光。具体来说，"公选"乡镇党委书记与保石镇"公选"镇长有以下几个不同之处（请参考表13）：

第一，任职资格有所调整，虽然在报名的地理范围上扩大了，年龄限制放宽了，但是其他方面的标准有所提高。担任乡镇党委书记必须是中共正式党员；具有大专以上学历；行政级别为副科；年龄在40周岁以下（即1958年9月30日以后出生）；工龄5年以上；选拔范围是市中区区直机关、城工办、各乡镇、街道。

第二，笔试内容增加了，而且试题的设计更有针对性。笔试内容包括：邓小平理论，社会主义市场经济理论和基本知识，行政管理和领导科学，法律常识，现代科学技术知识，公文写作，历史知识，时事政治及必备的农村工作、农业生产知识。考试满分从100分调整到150分，时间从150分钟增加到180分钟。题型增加了情景模拟题。设计了两个非常具有针对性和现实性

---

1. 张锦明：《步云乡长直选的背景、过程与效果》，http://www.chinaelections.org/NewsInfo.asp? NewsID = 78930，访问时间：2001年10月10日。

的案例。一个是防洪工作调查，另一个是村民状告乡镇政府。众所周知，1998年长江出现历史性的巨大洪水，四川处于长江上游也深受其害，社会安全和经济发展都受到了严重影响。防洪成为地方政府的主要工作。另外，四川省农村在过去几年出现过多起村民围攻乡镇政府的事件，在一些地方村民与政府的矛盾非常突出。把这个问题作为一个分析案例不仅说明了考试不是流于形式，而且也在一定程度上揭示了市中区委改革的决心。

第三，由于"公选"的是乡镇党委书记，所以面试的参加者都为党员。他们包括区委区政府领导、人大和政协的主要领导、区直机关单位负责人、乡镇的党员干部、村干部中的党员和群众党员代表。莲花乡的"公选"面试在1998年10月11日进行，参加面试的有市、区领导32人，本乡干部48人，村级干部和村民党员代表198人，共278人。东禅镇的面试在12日举行的，参加人员包括市、区领导44人，本镇干部107人，村级干部和村民党员237人，共计388人。东禅镇60%的党员参加了面试投票。

第四，"公选"乡镇书记的面试题目与"公选"乡镇长的侧重点有所不同。前者更强调党委书记的宏观管理能力和政治水平；后者侧重于乡镇长发展经济、解决具体问题的能力。比如，莲花乡的面试题包括：目前市中区村级组织存在的主要问题以及如何进一步加强？作为党委书记如何发挥莲花乡经济发展的优势？作为党委书记如何进一步密切党群关系？东禅镇的面试题包括：如何作到村级组织建设中的"有人管事、有钱办事、有章理事"？东禅镇的新经济增长点在那里，如何加快发展？作为党委书记，如何增强领导班子的整体功能？如何调动一般干部的积极性？

第五，任命程序有所不同。党委书记和乡镇长是不同的职位，有不同的任命程序。面试投票后，夏先侗和段继教成为莲花乡党委书记候选人。唐坤伦和易鹏飞成为东禅镇党委书记候选人。在莲花乡和东禅镇面试结束后，区委常委会扩大会议随后在当地召开，决定任命两个乡镇的面试第一名，即夏先侗和唐坤伦分别为莲花乡和东禅镇党委书记。

"公选"横山镇镇长候选人的工作是和上述两个乡镇的工作同步展开的，报名和笔试是同时进行的。共有76人报名竞争横山镇镇长，经资格审查，有72人符合条件。与"公选"乡镇党委书记除了最终任命程序不同外，笔试考题和面试试题也有所不同。笔试用的是同样的考卷，唯一的区别是简答题，竞争镇长职位者回答的是"乡镇财政支出的原则是什么"，竞争党委书记职位者回答的是"党的民主集中制原则主要内容是什么？"

表13　四个乡镇"公选"资格比较

乡镇	公选职位	政治资格	基本素质	党派要求	级别要求	学历要求	年龄要求	工龄要求	报名时间
保石镇	镇长	（1）热爱祖国和人民，拥护中国共产党，具有履行职责所需的理论素养和法律政策水平，忠诚党的事业；（2）能够全面理解和贯彻执行党的基本路线，具有开拓进取精神，熟悉经济工作并做出实绩；（3）遵纪守法，清正廉洁，作风正派，密切联系群众，全心全意为人民服务，群众公认。	有胜任该职位所必备的专业知识，工作经验，组织领导能力，调研分析能力，综合表达和宏观决策能力。	党内外干部。	（1）区直部门和拦江、白马、东禅片区副科及其以下乡镇机关干部；（2）村支部书记、村主任。	高中、中专以上。	年龄在38周岁以下，即1960年6月1日以后出生。	无	1998年5月25—28日。

续表

乡镇	公选职位	政治资格	基本素质	党派要求	级别要求	学历要求	年龄要求	工龄要求	报名时间
横山镇	镇长	基本内容同上。	有胜任该职位所必备的农村工作常识、工作经验，组织领导能力，调研分析和综合表达能力。	党内外干部。	（1）区直部门、城工办和各乡镇、街道机关正股级及其以上的干部；（2）村（居）委会党支部书记、村主任。	中专（高中）以上。	年龄在40周岁以下，即1958年9月30日以后出生。	党政干部工龄在5年以上，担任村（居）委会党支部书记、村主任3年以上。	1998年9月21—24日。
东禅镇、莲花乡	党委书记	（1）热爱党、热爱人民、热爱社会主义祖国，具有履行职责所需的马列主义理论素养和法律政策水平，忠诚党的事业；（2）能够全面理解和贯彻执行党的路线、方针、政策；（3）思想解放、实事求是，有强烈的事业心、责任感和改革创新意识，工作经验比较丰富，工作成绩显著；（3）遵纪守法、清正廉洁、作风正派、密切联系群众，真心实意为人民服务，党性强，群众公认。	有胜任该职位所必备的农村工作常识、工作经验，组织领导能力，调研分析能力，综合表达和宏观决策能力，决断应变能力。	中共正式党员。	区直机关、城工办、各乡镇、街道的副科级干部。	大专以上。	年龄在40周岁以下，即1958年9月30日以后出生。	工龄5年以上。	1998年9月21—24日。

说明：有下划线部分是相互有区别的地方。

资料来源：《遂宁市市中区公开推选保石镇人民政府镇长候选人简章》、《遂宁市市中区公开选拔横山镇人民政府镇长候选人简章》、《遂宁市市中区公选东禅镇、莲花乡党委书记简章》。

与保石镇"公选"相比，横山镇"公选"在下述方面有所调整：

第一，在任职资格上放宽了年龄、行政级别和区域的限制，但是增加了工龄的限制（参见表13）。具体来说，报名条件除了政治素质和基本素质要求外，还包括：（1）区直部门、城工办和各乡镇、街道的正股级及其以上的干部，村民委员会（居民委员会）主任、书记；（2）年龄在40周岁以下（即1958年9月30日以后出生）；（3）干部要有5年以上工龄，村（居）委会书记、主任要任职在3年以上。

第二，笔试内容增加了，时间延长了（见对于莲花乡和东禅镇公选党委书记的笔试描述）。

第三，参加面试投票的人数大大增加。保石镇"公选"只有149人参加投票，而参加1999年11月2日横山镇"公选"面试的投票人员达到了653人，实际参加会议的人数近800人。其中包括：78位镇人大代表，471位镇、村干部、104位市区干部等。

第四，面试题除了常规的"如何当好镇长"外，还包括了其他三个有针对性的问题：结合横山镇的实际谈如何搞好该镇财政的增收节支；分析横山镇农业生产的水利状况，提出最大限度减少旱灾影响的措施；作为镇长，如何处理好镇政府与镇党委、人大主席团以及人大代表的关系。

第五，选举程序与保石镇"公选"有所不同，只提名一位候选人，实行等额选举。在1999年11月2日的面试投票中，有653人投票，废票22张。来自区委财政办公室的、26岁的邓绍斌获得398票，仁里镇办公室主任、26岁的蒋晟获得206票，分列面试前两位，被"公选"领导小组推荐给区委常委会。经过讨论，这次只把得票第一的邓绍斌推荐给横山镇人大主席团。在随后举行的横山镇第三届人民代表大会第一次会议上，78名与会代表全票选举邓绍斌为横山镇镇长。

为了进一步规范乡镇长"公选"，1998年11月3日，市中区制定了《公开选拔乡镇人民政府乡镇长暂行办法》（讨论稿）。经过讨论，1999年2月23日出台了《遂宁市市中区公开选拔乡镇人民政府乡镇长候选人暂行办法》（以下简称

《暂行办法》)。该办法在总结已有的"公选"经验的基础上,对报名条件、"公选"程序等进行了较为清楚的规定。在报名资格上,把学历要求从高中调高到大专,工龄规定为3年,一定程度上放宽了行政级别,允许担任过与股级相应职务的人参加。(见表14)。此外,另两项规定也值得注意:(1)第14条第2款规定,组织政治审查合格者到"公选"职位所在乡镇进行2—3天的考察。[1] (2)第15条规定了参加面试评议的人员组成:"公选"乡镇本级和本辖区内的上级人民代表、村"三职"干部、村民小组组长、每村村民代表5人、场镇各单位代表、乡镇机关全体工作人员、区委常委、人大主任、副区长、政协主席、公选领导小组成员及办公室工作人员。择优推荐2人(横山镇推荐1人)。[2]

表14 保石、横山镇长"公选"资格要求与《暂行办法》规定的资格要求比较

乡镇	公选职位	政治资格	基本素质	党派要求	级别要求	地域范围	学历要求	年龄要求	工龄要求
保石镇	镇长	(略)	(略)	无	(1)副科及其以下乡镇机关干部;(2)村支部书记、村主任。	区直部门和拦江、白马、东禅片区。	高中、中专以上。	年龄在38周岁以下,即1960年6月1日以后出生。	无
横山镇	镇长	(略)	(略)	无	(1)正股级及其以上的干部;(2)村(居)委会党支部书记、村主任。	无	中专(高中)以上。	年龄在40周岁以下,即1958年9月30日以后出生。	党政干部工龄在5年以上,担任村(居)委会党支部书记、村主任3年以上。
《暂行办法》规定	乡镇长	(略)	(略)	无	(1)担任过股级(含相应职级)以上职务;(2)村党支部书记、村主任。	无	大专以上。	年龄在40周岁以下。	3年以上。

注:政治资格和基本素质要求同表11。

---

1. 《公开选拔乡镇人民政府乡镇长暂行办法》(讨论稿)规定不少于7天。
2. 《公开选拔乡镇人民政府乡镇长暂行办法》(讨论稿)规定的更加清楚,参加答辩的人员(第16条第1款):"公选"职位所在乡镇本级和上级人民代表,村社干部,村民代表,场镇机关、学校、厂矿干部和群众代表,乡镇机关全体工作人员,上级党委政府、人大、政协和有关单位负责人。参会人数不低于该乡镇的1%(大中型乡镇不低于1‰,小型乡镇不低于2‰),上级机关参会人数不得超过听取答辩总人数的10%。面试答辩需在乡镇人代会召开3天前进行。

"公选"与过去那种事实上的任命制（人大代表在某种程度上仅仅扮演一个划圈圈的角色）的区别在于群众更拥护，也更加了解"公选"出来的乡镇长，干部与群众的距离拉近了。与此同时，被"公选"出来的乡镇长亦喜欢"公选"，因为他的权力来源于选举，可以理直气壮地行使其权力。即便如此，仍有群众总觉得选出的人员还是由上面指定与选派的，并且也不知道候选人是如何选出来的，还不能真正按照选民的意愿来选择乡镇长。在农民看来，最好还是让他们自己来选择父母官。群众的不满与对民主的进一步要求，使市中区领导开始考虑是否借1998年底的乡镇换届选举把干部选拔改革再向前推进一步。"到这个阶段，如果再往前跨出一步，那么逻辑的推论必然就是乡镇长直选。"[1]

按照现行法律，乡镇长是由同级人民代表大会选举产生的，是间接选举。由乡镇居民直接投票选举乡镇长不仅涉及选举的合法性问题，而且还有其他诸如选民参与的积极性，宗族势力的影响，选什么样的乡镇做直选试点，如果实验失败如何处理等诸多问题。在市中区领导层的内部讨论中，区委书记张锦明再次扮演了关键人物。[2] 她的决心和勇气使市中区成为中国大陆乡镇长直选的第一个地方。[3]

1998年11月4日下午，区委在横山镇镇长"公选"结束后动议进一步开展乡长直选的试点工作；5日，开始商议乡长直选的办法。11月5日，市中区委的有关领导提出了3个乡作为候选：船山乡、马家乡、步云乡。这3个乡的共同特点是建制规模小，领导班子强。船山乡虽然只有6个村，不到1

---

1. 张锦明：《步云乡长直选的背景、过程与效果》，中国选举与治理网，http://www.chinaelections.org/NewsInfo.asp? NewsID =78930，访问时间：2001年10月10日。
2. 何包钢和郎友兴在分析步云直选的一篇文章中，提到"在决策过程中，市中区委书记张锦明起到了关键作用。她不仅意识超前，思想开放，并且善于理论分析。她的决心终于推动了市中区的直选"。
3. 另一个因素也值得注意，市中区的"公选"引起了北京等地学者的重视，他们开始与张锦明接触。与学者的接触中她了解到深圳市大鹏镇也在策划举行直选。因此她决定加快步云的直选进程。步云领先大鹏镇一个月成为了第一个举行乡镇直选的地方。

万人，是全区经济的首富乡，离城市太近，有 4 个村的村委会设在遂宁市区中心。在这里做如此敏感的试点，城乡之间相互影响太大，恐难善始善终。马家乡虽然离城 35 公里，民风淳朴，与城市联系较少，但是马家乡位于黄（板石）大（安）公路中间，是市中区西眉镇、大安乡、三家镇、玉丰镇上上下下过往赶集的必经之地，在这里试点，容易对其他几个乡镇的换届选举产生直接的影响。步云乡位于遂宁市中区西北的最顶端，是市中区与大英县的交界地，距市区 60 公里，辖区面积 22.4 平方公里；辖 10 个村，1 个居委会，1998 年底全乡总人口 16421 人。11 月 6 日，区委书记率宣传部长亲自前往步云乡实地考察并最后决定在步云乡进行乡长直选。[1]

步云直选从 1998 年 11 月初开始到 1999 年 1 月 4 日结束历时两个月。其活动程序如下：[2]

第一，动议。步云乡人大主席团做出由选民直接选举乡人民政府乡长的决定，经乡党委同意后，报区人大常委会批准，最终报区委批准。

第二，组织筹备。步云乡成立以党委书记任组长的乡选举委员会，各村成立了由村党支部书记任组长的村直选领导小组。区委和区人大联合成立了监督指导小组。在区指导小组的帮助下，步云乡人大主席团制定了《遂宁市市中区步云乡选民直接选举乡人民政府乡长试行办法》（以下简称《试行办法》）。

第三，宣传。为了广泛动员具有选举权和被选举权的公民积极参与选举活动，步云乡动用了电视、广播、板报、标语、告示、公开信、传单、快板、会议、咨询站等各种传统的和现代的传媒工具和宣传形式，深入浅出地广泛宣传直选乡长的办法、政策、日程、报名条件等大家普遍关心的问题。从宣

---

1. 张锦明：《步云乡长直选的背景、过程与效果》，http：//www. chinaelections. org/NewsInfo. asp? NewsID = 78930，访问时间：2001 年 10 月 10 日。
2. 对于步云乡选举的描述笔者参考了张锦明：《步云乡长直选的背景、过程与效果》，http：//www. chinaelections. org/NewsInfo. asp? NewsID =78930，访问时间：2001 年 10 月 10 日；刘辉、雷春蓉、王继钊：《遂宁市市中区干部人事制度改革纪实》，载《遂宁文史资料选辑》，1999 年第 15 辑。

传开始到报名截止的12天内,全乡印发宣传资料3800余份,接待直接咨询1100余人次,电话咨询120人次,向外出务工人员单独或联名发出公开动员信件2896封。

第四,报名。《试行办法》规定:户籍或工作关系在本乡,依法享有选举权和被选举权,且年满25周岁,具有高中或同等学力的公民,均可报名参加乡人民政府乡长竞选。政党、人民团体、群众组织可以联合或单独推荐乡长候选人;政党提名的候选人不受乡行政区域的限制,由政党组织在全区范围内推荐;个人可以自由报名参加竞选,但需得到30名以上的选民联名推荐;每一选民只能有一次提名推荐一名候选人的权利。截至11月12日晚12点为止,全乡共有15人报名参加步云乡乡长竞选。其中:本乡党政干部4人,学校教师4人,企业管理人员4人(其中私人企业主2人),村干部2人,外出务工人员1人;中共党员8人,无党派7人;男性12人,女性3人;年龄最小27岁,最大44岁;文化程度大专以上4人,高中、中专11人;夫妻一对。经过资格审查,均符合竞选条件。

第五,协商。1998年12月15日,步云乡各选区派出了各村党支部书记、村委会主任、村文书、村民小组组长和每村3名普通村民代表共161人,组成并召开了选区联席会。联席会代表着全乡13个选区,通过了《遂宁市中区步云乡直选乡长选区联席会协商提名乡长正式候选人实施办法》。根据这个实施办法,15名报名者以抽签所获序号为序,分别作了由乡选举委员会命题、限时15分钟的《立足步云实际,发展步云经济》的施政演讲;之后每人抽签回答各选区在会前经过讨论提出的该选区急待解决的实际问题,并回答联席会代表的现场提问。最后,联席会全体正式代表以无记名投票方式协商产生出了两名正式候选人,他们是周兴义、蔡荣辉。现任步云党委副书记谭小秋被乡党委提名为政党候选人。

第六,竞选。从12月20日到12月28日,3名正式候选人采取演讲、辩论、直接回答选民提问等方式,先后在步云乡的11个投票站和场镇巡回进行

民主选举
Democratic Elections

了13场公开演讲、答辩和辩论,竞选的气氛热烈而有序。全乡共有650多人次踊跃提问,近两万人次听取答辩。29日是3位候选人的自由竞选日,他们可以到任一个村或机关去继续发布他们的施政演讲,但是事前必须向选委报告他们的去向。

第七,投票。为了避免选民按照排名的先后顺序划票,市广播电视局的志愿者王幼成为步云直选发明了选票"错位排名法",即所有选票分为三个1/3,每个候选人的姓名分别在1/3的选票上排在第一、第二、第三。这些选票发到各选区之前也要按照这样的顺序重新"洗牌",然后再进行密封。1998年12月31日上午10点投票开始。各投票站都设立了5个以上的秘密划票间,每个划票间都安放有三位候选人的近期正面免冠照片。选委会还为不识字的选民统一设置了代填票处和候选人照片,代填票在选举产生的监票员的监督下进行。全乡共有选民11347人,外出打工未归约3700人,直接参选6236人,参选率54.95%,在家选民参选率81%。全乡共发出选票6236张,收回6212张,选举有效。3位正式候选人中,乡党委副书记谭小秋得3130票,占发出选票的50.9%;十村村主任蔡荣辉得1995票,占31.99%;教师周兴义得1017票,占16.03%。

第八,确认。1月4日下午步云乡第12届人民代表大会第一次会议在乡礼堂召开。乡选举委员会向乡人大主席团作了乡长直选工作的汇报,新一届人大主席团向乡人民代表大会作了《关于步云乡乡长直接选举工作的报告》。到会的46名人民代表(应到51名)通过举手表决的方式,通过了《关于确认步云乡选民直接选举人民政府乡长结果的决议》,确认选民的直接选举有效。

第九,宣誓任职。乡人民代表大会向谭小秋正式颁发了当选证书。紧接着,直选产生的乡长谭小秋在乡人大主席的监督下,手执国旗面向全体代表宣誓:"忠于祖国,热爱乡民,遵守宪法和法律,恪尽职守,廉洁奉公,勤政为民,为全乡人民的利益贡献自己的一切!"

四、调　整

"公选"乡镇长和党委书记候选人对于推动乡镇工作起到了积极的作用。以保石镇为例，在向道全当选后，有效地加强了镇的财务管理，建立了预算外管理中心，严格了接待制度和标准，成立了由人大、纪检委和老干部代表组成的财务监督小组，在1998年10月，生活接待支出比上年同期下降了45%；解决了财务遗留问题，收回历年拖欠提留款30多万元。同时也及时有效地解决了一些长期上访问题。[1]

"公选"也得到了四川省委的重视。2001年9月省委组织部下发的一个文件中，要求全省除少数民族地区，至少1/3的乡镇在当年年底的乡镇换届选举中采取"公选"的方式。[2]

2002年1月保石镇进行了第二次镇长候选人"公选"。有19人报名参加。唐俊当选为镇长。此外，新桥镇、三家镇、横山镇、河沙镇、分水镇、观音乡、马家乡、莲花乡八个乡镇的8个副乡镇长候选人也进行了"公选"。选拔范围是：（1）年龄在35岁以下（1966年12月31日以后出生）；（2）高中、中专以上学历；（3）身体健康；（4）全区范围内的机关、企事业单位、村干部、回乡青年、复员退伍军人符合上述条件都可以报名。共有257人报名。[3]

与"公选"相比，步云乡的直选更具有影响力，一时间成为全国争论的焦点。有人公开批评其违反了现行法律规定。但是更多的人强调其带来的积

---

1. 向道全：《无悔的选择：在市中区公选干部座谈交流会上的发言》，未刊稿。
2. 中共四川省委组织部：《中共四川省委组织部关于作好乡（镇）村换届选举工作的通知》，2001年9月6日。
3. 面试的题目同样值得注意。在保石镇，问题是：（1）如何当好保石镇长；（2）如何化解"乡镇债务"；（3）联系实际谈谈对"有权不用，过期作废"与"为官一任，造福一方"的认识；（4）结合保石镇实际，谈谈加入世贸组织后如何进行农业经济结构调整。副镇长面试题目是：（1）如何当好副乡镇长；（2）谈谈对这样一种看法的认识：现在基层工作越来越难做，过去是"上面无法我有法"，现在是"上面有法我无法"；（3）作为一名领导干部，应如何管住自己的嘴；（4）如何解决一些村社出现的土地荒芜、各种税费不能按时足额提取、双提款"上清下不清"等问题？

极效应。在1999年3月召开的中国人民政治协商会议九届二次大会上，政协委员提出了三份提案，均建议"逐步把农民对村民委员会的直接选举扩大到乡镇这一层的主要干部，在一些有条件的乡镇可试行允许农民直接选举乡镇长"，他们认为，"乡镇一级的直接民主选举可以巩固村民自治和农村基层民主建设的成果"。[1]

2002年1月步云乡第12届乡政府任期届满，进行换届选举。但是2001年10月，中共中央向全国转发全国人大党组关于作好乡镇换届选举工作的意见，明文规定各地在换届中，不得对乡镇长进行直接选举。尽管如此，步云人依然坚持认为直接选举比间接选举好，他们认为作为选民自己应该参与到对乡长的选举中去。为了在中央规定和选民要求中找到一个最佳的结合点，有关领导同区委组织部制定了一个折中的选举方案：全民推选乡长候选人，提交乡人大正式选举乡长。特别值得注意的是，与上次选举相比，这次的候选人提名方式有了很大的改变。1998年，各选区通过选区联席会无记名投票协商的方式产生了两名候选人，紧接着乡党委代表政党在会上提出了政党推荐候选人1名，然后3名候选人以平等的地位和身份到各选区开展竞职演讲；2002年，各选区采用同样的方式产生了两名人选，随后这两名竞选者即到选民中开展竞职演讲；在两位竞选者决出胜负之后，政党再把得票最多的人作为自己提名的候选人，提交乡人代会进行正式选举。谭小秋通过竞选和选举，连任步云乡第13届人民政府乡长，1月25日，在乡人代会上宣誓就职。

在经历了富有挑战和想象力的"公选"和直选尝试之后，市中区的干部选拔制度改革在进入2002年后趋于平静。虽然在换届过程中，达到了省委规定的1/3比例的乡镇实行"公选"的标准，但并没有在更多乡镇，更多乡镇长职位上推行开来。2002年上半年，一直大力倡导"公选"和直选的区委书

---

1. 《乡镇论坛》杂志社、民政部基层政权和社区建设司农村处：《1999年度农村基层民主政治建设资料汇编》，2000年2月，内部资料。

记张锦明被调往雅安市担任组织部长。负责"公选"和直选操作的组织部长马胜康在区委领导班子调整中,获得了最高的民主推荐票,但并没有得到提拔。主要决策者和执行者的变化为曾经红红火火的市中区干部选拔制度改革的继续推进留下了更大的想象空间。

五、展 望

为什么乡长直选和"公选"会在遂宁这个中国西部的小城市率先产生呢?就经济发展水平而言,它落后于东部许多城市。按照经济发展与政治发展关系的常识,很难理解在一个相对落后的地区会出现这样的政治创新。因此,"遂宁"现象值得我们深入分析。

首先,我们应该记住,发生在遂宁的是一种政治创新。而创新仅仅是政治发展过程中的某些事件或环节,因此,从经济发展与政治发展的角度来理解遂宁必然会得出简单结论,并误导进一步的分析。当然,我们在谈到遂宁经济发展程度是相对东部而言的,并不意味着遂宁经济没有发展或者其发展没有为政治创新提供有利因素。我们在这里通过这个案例想强调的是,1978年以来中国的许多具有重大影响的创新都是在不发达地区出现的。有两个例子特别突出。一个是1977年在安徽省凤阳县小岗村出现的土地承包责任制。另一个是在1980年底、1981年初在广西壮族自治区两个县出现的村民委员会选举。[1] 这两项对中国农村社会政治发展产生巨大影响的创新都是首先在落后地区出现,然后扩展到全国的。因此,我们似乎可以得出这样一个初步性结论:在某些地区,在现有的制度框架下,经济的不发达及其产生的政治上的

---

[1]. 关于村民选举的历史发展情况,可以参考王仲田:《中国农村的基层民主发展与农民的民主权利保护》,"中国大陆村级组织建设研讨会"论文,香港中文大学,1998年10月8—9日,以及 Kevin J. O'Brien, Lianjiang Li, "Accommodating 'Democracy' in a one - party state: Introducing village elections in China", (*The China Quarterly*, No. 162, June 2000) 的第2个脚注。

危机或经济上的困难能够推动政治创新。

之所以得出这样的结论出于以下理由。首先,危机通常最有可能在不发达地区出现。上面提到的两个例子以及遂宁的案例都与危机有直接联系。对于这些地区的政府来说,他们由于经济不发达所以缺乏足够的财政能力来安抚公众以缓解或消除危机。制度性的变革常常成为不得已为之的选择。按照党的意识形态和工作方法,扩大公众的参与,走群众路线往往是最终解决问题的根本出路。其次,在经济不发达地区,社会的分化程度较低。社会群体的数量有限,这使社会群体之间的利益冲突在方式上相对较为简单,更容易就如何解决问题达成共识。而政府也不需要花费很多时间来平衡不同利益群体的要求。政府启动的创新更容易被社会各界接受并得到顺利实施。第三,由于经济发展水平,不发达地区的公众似乎更关注基本的物质需要。因此创新产生的效果更容易满足他们的要求。第四,在不发达地区政府与社会之间的信息不对称是明显的。由于各种条件的限制,政府控制并占有着主要信息渠道和大量信息资源。在认知参照系不足的情况下,公众更容易认同在现有制度框架下某些创新。这种认同也相应减弱了政府对创新产生意料之外结果的担忧,使其能够走出大胆的一步。

上面提出的几点理由是普遍意义上的。就遂宁而言,除了这些普遍性因素外,还存在着具体的条件。显然,保石镇出现的经济案件加强了区委领导采用"公选"方法选拔乡镇领导的决心。保石"公选"的成功进一步推动了"公选"应用范围的扩大。最后乡镇党委书记的职务也被纳入进来。与"公选"乡镇长相比,"公选"党委书记的影响更大,因为它把党内运行向更多的公众公开了,扩大了党内生活的透明度。

此外,其他具体因素也值得注意。第一个是政治地理因素。远离政治中心往往成为改革的有利条件。我们可以从广东和浙江经济发展中看到这点。但是遂宁的案例稍微有些不同,因为市中区和遂宁市同处于同一个城市。换句话说,遂宁市委和政府直接控制着市中区委和政府。来自市的干预有时会制约市中区的改革。[1] 而"公选"在某种程度上能够有效地限制和减少这种干部使用上的干预。一方面,"公选"的笔试内容是保密的;另一方面,民主推荐的代表团人数多、范围广,很难控制。

第二个因素是有力的领导。在一篇文章中,我曾经通过一个个案分析了领导人在中国制度变革中的作用。[2] 在中国许多地方,思想敏锐、富有进取心的领导人在启动和推进改革方面起到了关键性作用。市中区前任书记张锦明就在"公选"改革中起到了这种作用。她对"公选"的支持保证了试点试验的成功,并进而用成功赢得了其他领导对该项改革的支持。

第三个是地区性因素。一些学者认为,地方政府为了发展本地经济进行的相互竞争是推动中国经济强劲增长的主要力量。[3] 尽管在现有的体制下,政治创新比经济创新更有风险,但是政治领域依然存在着类似的竞争。同一地区的不同地方政府都愿意成为某项改革的试点,因为这样可以享受到上级赋予的特定优惠(政策上或财政上的)。对于当地领导来说,他们也有更多的机会接触上级并被上级认同。在遂宁个案中,市中区推动的"公选"引起了四川省委以及北京的一些学者的注意。张锦明参加了1998年9月由省委组织部举行的研讨会并作了发言。在与学者的接触中她了解到深圳市大鹏镇也在策划举行直选。因此她决定加快步云的直选进程。步云领先大鹏镇一个月成为了第一个举行乡镇直选的地方。

"公选"仅仅是过去几年中试行干部制度改革,推进党内民主化的一个部分。干部腐败问题一直是全党和全社会关心的问题,直接威胁着执政党的地位。而随着中国加入世界贸易组织,各行业的全面开放,越来越多的年轻有

---

1. 市中区的有关人员谈到,一些市领导甚至对村选举的人选进行干预。
2. 杨雪冬:《地域、个人和制度创新:以陕西省咸阳市秦都区为例》,见荣敬本等:《再论从压力型体制向民主合作制的转变》,北京:中央编译出版社2001年版,第189—245页。
3. Stephan M. Goldstein, "China in transition: The political foundations of incremental reform", Thomas G. Rawski, "Implications of China's reform experience", *The China Quarterly*, No. 144, December 1995.

为的人才将被更多能够提供高薪和良好发展环境的国外机构所吸收，这无疑会影响整个干部队伍的建设。"公选"为年轻人提供了进一步发展的机会和渠道。在旧的体制下，40岁以下的年轻干部成为乡镇主要领导几乎是不可能的。在遂宁市中区，我们发现许多乡镇领导非常年轻，其中有一些不到30岁，最年轻的乡长只有26岁。对他们来说，如果没有"公选"，他们也许必须等到40岁，甚至45岁以上才能担任这个职务。因此他们特别支持这项改革并希望能够进一步深入完善。

此外，"公选"也为年轻人提供了展示自己能力和才华，进行公平竞争的舞台。而在过去他们并没有太多这样的机会，他们的破格提拔或者要依靠与某些领导的特殊关系或者需要某种偶然性的机会。市中区主管组织工作的副书记告诉笔者，如果没有"公选"，他可能长期不了解区里有这么多优秀的年轻干部。他认为现有的干部制度需要深入改革。更重要的是，组织部门现在了解到更多的符合标准的干部，加强了干部的储备。一些参加过"公选"但落选的报名者在事后也得到了提拔。一位年轻干部曾经六次参加"公选"并通过笔试，但在口试后落选，尽管如此，他依然得到了组织部的重视，被任命为一个街道办事处的副主任。

"公选"也对个别领导人滥用人事任免权力产生了一定的约束，有利于干部任命过程的公开化和公平性。因为笔试是闭卷考试并有客观的评判标准。代表团人数的大幅度增加让某些个人难以控制。

当然，作为一种制度设计，"公选"依然存在着一些缺点。这表现为：（1）报名标准带有某种程度的歧视性。年龄、教育程度和行政级别把许多干部挡在"公选"之外。这些标准实际上限制了选择的范围。（2）投票方法不严密。例如，代表投票没有秘密划票间，也没有公开唱票和计票。（3）当选者在自己的任期内依然可以被任意调动。这实际上有悖于当地居民的意愿并弱化这项改革对当选者的约束力。（4）"公选"只是被当做一种手段和工具，这必然扭曲"公选"本应有的内在精神。我们从1999年2月23日制订了

《遂宁市市中区公开选拔乡镇人民政府乡镇长候选人暂行办法》的第四条上就能看到这点，它规定："公开选拔乡镇长、副乡镇长候选人工作，根据领导班子建设的需要，不定期举行"。在这些缺点中，有的是现有制度框架下必然存在的，有的则是可以在短时间内加以纠正的。

作为一种扩大参与和增加竞争的措施，"公选"如果要继续推行和完善需要考虑并调整好以下四种关系：首先是党委与人大的关系。组织部主导着干部制度改革。但是按照法律，行政首长是由人代会选举产生的。因此，在"公选"过程中如何发挥人大法律上的作用对于使选拔过程合法化非常重要。第二个关系是年轻干部与年龄较大干部之间的关系。选拔年轻干部已经成为党增加组织活力的主要手段。但目前，这种新老更替似乎在节奏和时机上存在某些问题。一些年轻干部对于新的岗位缺乏必要的经验和准备，而一些年龄大一些的干部不愿意离开现有的职务，有的甚至为工作交替设置障碍。在县级，许多年龄刚超过45岁的干部就失去了继续被提拔任用的机会，甚至要提前退休。这也是人力资源的浪费。第三个关系存在于选举产生的领导干部与上级任命的干部之间。乡镇长是选举产生的，对村民负责，但是他们没有权力任命乡镇副职，后者依然是由上级直接任命的。这种状况不仅有可能削弱乡镇领导班子的团结，也会模糊他们工作上的责任。

最后，最重要的是局部创新和整体制度之间的关系。中国的制度在传统上带有强烈的整体主义，各个环节相互耦合，很难从某个环节上加以突破。但是从1978年以来，随着市场体制的建立，社会经济生活的多样化，中国的制度步入了转型时期，在一些地方和部门出现的变革也有可能引发全国性的变革。但是权力集中的传统依然根深蒂固，局部创新的可持续性和扩散性经常会被整体制度削弱，甚至扼杀。我们在市中区的创新中已经看到这种迹象。随着人事的调整，已经实践的好想法正在被新的领导忽视，也许有意淡化；创新执行者的人数有限，无法承担起创新扩散的巨大工作量；由于创新者的工作成绩依然依靠上级评价，而上级在某种程度更追求稳定，因此创新有时候反而成为负面激励因素；整体制度框架的严密性，有时候把创新者置于新旧制度的双重制约之下。[1]

市中区的"公选"是一项富有勇气的政治性创新，与整体制度在许多方面存在着需要磨合之处。如何提高这种创新的可持续性和扩散性，不仅需要创新者的坚持和政治智慧，从现有框架中寻找到更大一些的空间，更需要整体制度的变革和高层领导者的自信、远见和果敢。

（原载俞可平主编：《地方政府创新与善治：案例研究》，北京：社会科学文献出版社2003年版）

---

1. 笔者在2002年10月采访步云乡乡长谭小秋的时候，他说自己现在的压力非常大，在过去压力只来自上级，而现在压力不仅来自上面，还来自下面。而上级和群众的要求在很多方面又是矛盾的，因此使自己左右为难。

论"两票制"对我国基层民主政治建设的贡献
——以深圳市龙岗区为例

王乐夫
(中山大学政治与公共事务管理学院)

党的十五大根据我国社会主义市场经济体制深入发展的实际需要,把扩大基层民主作为政治体制改革和民主法制建设的重要内容。江泽民同志在报告中指出:"扩大基层民主,保证人民群众直接行使民主权利,依法管理自己的事情,创造自己幸福生活,是社会主义民主最广泛的实践。"[1]深圳市龙岗区积极落实十五大"扩大基层民主"的精神,以"两票制"的形式推选农村党支部负责人和镇长的做法,拓宽了基层民主的实践渠道,对我国基层民主政治建设做了有益的探索和尝试。

这里所说的"两票制",包括推选农村党支部负责人和推选镇长两部分。就推选农村党支部班子这方面而言,"两票制"中的第一票是推荐票,或叫民意票,即民意测评中的赞成票。这一票包括下列内容:先经过村民代表、党

---

1. 江泽民:《高举邓小平理论伟大的旗帜把建设有中国特色的社会主义事业全面推向二十一世纪》,http://news.xinhuanet.com/ziliao/2003-01/20/content_697189.htm,访问时间1999年2月2日。

员和党组织推荐产生党支部班子候选人初步人选；然后召开党员、村民大会，让候选人初步人选进行竞选演讲、答辩和在此基础之上的民意测评；最后组织党员、村民或村民代表（按照不少于20%的差额原则），投票选出党支部书记、副书记和委员等正式候选人，报镇党委审批而告完成。这一票主要是测评初步人选在人民评价中的公认程度如何，是党委确定正式候选人的依据。第二票就是正式选举时的正式投票。这一票是按常规程序进行的，即召开党员大会，由党员从正式候选人中选举党支部委员，再由委员选举党支部书记、副书记。这一票是党内的选举票。[1]

就"两票制"推选镇长这方面而言，第一票也是民意测评中的赞成票，由全体有选举权的村民参加推荐镇长候选人，并以其结果作为确定正式候选人的依据。第二票是人大代表选举票，即区、镇党委对已推荐的候选人进行资格审查后，提交镇人大作为正式候选人，按法定程序，由人大代表进行选举。

"两票制"推荐农村党支部负责人和推荐镇长的基本概念和程序，蕴含了扩大农村基层民主，实行村民自治和建设有中国特色社会主义民主政治的内涵；蕴含了在总结村民委员会民主选举制度经验的基础上，把民主选举、民主决策、民主管理和民主监督提高到乡镇一级的新意。在一定意义上说，这是一次完善我国民主选举制度、提高直接选举层次的制度创新，为我国基层民主政治建设作出了宝贵的贡献。

"两票制"对基层民主政治建设的主要贡献有下面几个方面：

一、贯穿了民主选举的基本原则

在我国，社会主义制度的建立，确立了人民在国家和社会生活中的主人

---

1. 中共深圳市龙岗区委组织部：《推进基层民主政治建设的新尝试》，未刊稿，1999年。

地位。一切权力属于人民，人民是国家和社会最高的和最根本的权力主体。因此，人民享有管理国家的权力，是一切权力属于人民的社会主义本质和人民民主权利的宪法精神的生动体现。要"充分发挥人民民主，保证全体人民真正享有通过各种有效形式管理国家，特别是管理基层地方政权和各项企业事业的权力，享有各项公民权利"。[1] 但是，由于我们的国家还只是处于社会主义的初级阶段，人民的权力还不可能在全社会范围内由人民群众自己直接行使，只能通过人民中的先进阶级的先进分子组成的政党——共产党来实现；通过人民选举出来的代表以一定的组织方式和活动形式来实现。从国家制度类型来分析，这里体现的是一种代议制民主政治的根本特征。

代议制民主决定了人民行使管理国家权力的主要方式是通过选举来实现，即选出自己的代表来管理国家和社会的事务，没有选举就没有代议制的民主存在，人民享有管理国家的权力就无法实现。可见，选举制度是社会主义民主政治的一项极为重要的内容，是国家生活民主化发展程度的重要标志。民主选举是民主决策、民主管理和民主监督的前提，没有民主选举，也就谈不上民主决策、民主管理和民主监督。江泽民同志在党的十五大报告中指出"城乡基层政权机关和基层群众性自治组织，都要健全民主选举制度，实行政务和财务公开，让群众参与讨论和决定基层公共事务和公益事业，对干部实行民主监督。"这再次表明了民主选举对民主决策、民主管理和民主监督的实质意义。"两票制"正是抓住了问题的实质，无论是从其基本概念的内涵上，还是从其具体的操作程序上，"两票"都是以民主选举为基本原则的，它不再带有任何"人治"、"钦定"、"委派"的成分。

"两票制"中的民主选举，无疑是我国社会主义民主政治的组成部分，也是村民实现民主权利的一种重要方式。农村基层党支部是农村两个文明建设的核心，担负着对农村经济建设和社会发展全面领导的责任，乡、镇是我国

---

1. 邓小平：《党和国家领导制度的改革》，见《邓小平文选》第 3 卷，北京：人民出版社 1993 年版。

法定行政区划的最底层，在国家的政权体系中处于最基层，村民自治委员会是乡镇基层政权的基础。它们都是党和政府联系群众的桥梁和纽带，在密切党和政府与群众的关系，化解各种矛盾，促进城乡政治稳定和社会治安等方面起着重要作用。村民自治委员会的状况关系到国家政权的巩固与否。农村党支部班子和镇领导都是村民的带头人。因此，能否选出既为党员所拥戴，又为广大群众所信赖的带头人，就成为基层民主政治建设、扩大基层民主和实现人民当家做主权利的核心问题。因为人民行使当家做主这种民主权利的原则规定，就是通过自己的带头人自己选这类具体形式来直接或间接地参与管理国家事务。没有村民自己的带头人自己选，就做不到村民自己的事情自己办，自己的事情自己管。"两票制"正是对村民自己的带头人自己选这个重要原则提供了制度保障，保障了村民进一步享有选举权和被选举权，创造了能者上、庸者下的平等竞争环境，较好地做到了参与选举和被选举的村民的广泛性、选举的公正性和选举结果的合法性三者统一。

二、候选人的确定体现了由下而上的民主集中制原则

民主选举的实质是人民通过选举，选出自己的代表去管理国家事务和社会事务，因而它是实现人民自己管理国家和社会的权利的方式，是人民充分行使当家做主权利的保障，也是人民群众真正选出代表自己利益和意愿的人的保证。民主选举的这一实质告诉我们，民主选举主要的不在于形式上的人民群众有没有参加选举，而在于所选举的候选人是不是人民群众自己的代表。也就是说，如果候选人不是由人民群众依法通过一定的方式产生的，即使有人民群众参加选举，那也不是真正意义上的民主。如简单的由领导提名，然后经过协商确定，产生候选人的方式，就不能很好地体现选举制度的民主原则，容易导致少数人决定，甚至个人说了算的结局。长期以来"领导定名单，群众划圈圈"的现象就是这样形成的。在这种候选人的确定、产生方式下，

选民不知道代表是谁,更不用说了解,代表也不了解选民,这种选举流于形式,使人民当家做主的权利落空。因此,如何确定候选人成为了民主选举的核心环节,是民主选举的实质体现。因此,改进和完善候选人的产生方式,必定对健全和完善民主选举制度的改革有重要的影响。

毫无疑问,"两票制"的实施,在候选人的产生方式上,就成为了健全完善我国基层民主选举制度的一项重要的民主程序和方法,它较好地解决了候选人产生程序的这个民主选举的核心问题。深圳市龙岗区"两票制"中的第一票,是民意票,是通过民意票测评初步人选在人民群众中的公认程度,并且是确定正式候选人的依据。"两票制"推选农村党支部负责人和推选镇长,其正式选举的候选人就是在这种民意中产生的。

"两票制"通过民意测评产生候选人的民主选举程序和方法,改变了过去农村党支部领导班子候选人仅由党委组织部门进行考察,确定人选后,以镇党委的名义推荐并经新一届镇人大主席团研究后,再作为人大主席团提名,交由代表选举的做法。将原来仅由党委组织部门考察镇长人选,变成由村民直接推荐;将党委组织部门的小圈子考察,变成了全面的民意测评;将镇长候选人的提名权、推荐权交给了广大群众和村民,而不再是简单地由上而下的"党委提名"、"代表选举"了。

"两票制"通过自下而上民意测评产生候选人的程序与方法,保证了村党支部负责人和镇长候选人真正在民主的基础上产生,是村民自己的带头人自己选的真实体现,也是我国民主选举制度的一项重要改革,这样做,有利于人民的选举权真正得到实现。

三、体现了民主选举的量度,具有广泛性

民主是指公民的权利,主要是指公民管理国家的权利。公民享有权利的大小与多少,表明了民主的程度。任何一种性质的民主都有一个从不发达到

发达,从不完善到完善的发展过程。民主程度包括民主选举的量度,具体就表现为选民选举权和被选举权的大小与多少,而民主选举的广泛性则是选举权和被选举权的大小多少的集中反映。

民主选举的广泛性也就是民主选举的量度,它表现在两个方面:一方面是指参与选举、享有选举权和被选举权的人的广泛程度;另一方面是候选人名额与应选人名额之间有无差额及其差额的大小。参与选举的人越多,享有选举权和被选举权的人越多,候选人名额多于应选人名额而且差距越大,选举就越具广泛性。只有具有广泛性的选举,选民才能根据自己的意愿对候选人进行自由选举,选出自己满意的代表,才能体现民主原则。也只有实行广泛性的民主选举,才能提高选举的民主程度,调动人民群众参加选举的积极性,激励人民群众参政议政的政治热情;对当选人来说,也能增强他们的群众观点和政治责任感。因此,民主选举量的规定性,不仅会影响选举的结果,而且是民主程度、民主完不完善的重要标志。

我们说,"两票制"体现了民主选举的量度,具有广泛性,就在于参与人数的范围大和实行了候选人多于应选人的差额选举。因为,从目的来看,实施"两票制"推选办法,就是为了通过畅通的民主渠道,充分了解民意,真正地发现人才,选好人才,用好人才;从实施过程来看,最大限度地发动全体村民和党员参加民主推荐、民主测评和民主选举,是推荐、审定(候选人)、选举三个环节协调统一的过程,使组织考察与走群众路线有机地结合起来了。就深圳市龙岗区而言,从参与的人数和差额情况来看,每一个程序和环节,群众的参与率达60%以上,党员的参与率达90%以上,候选人比应选人多20%。龙岗区实行的"两票制"推选办法,是该区落实十五大精神,进行基层民主政治建设、扩大基层民主的客观需要,同时,也是该区基层经济发展的结果,反映了民主政治发展的客观过程。随着该地区的经济发展,农村城市化步伐的不断加快,人们的生活水平和文明程度的大大提高,民主意识、法制意识和参与管理公共事务的意识和能力,也都得到了进一步加强。

基层经济的发展，内生了一种民主结构。村民从关心自身利益的角度去关心社会、参与社会事务，渴望选出德才兼备的人作为他们自己的带头人。因此，在社会经济发展内生出一种民主结构的时候，人民群众就会要求实实在在成为民主选举的主体，去行使自己的民主权利。"两票制"的实施，实现了在社会主义市场经济体制这种新的经营方式下，把人民更好地组合起来的目的，提高了人民群众的组织化程度和参与各项事业的积极性，有力地推动了基层民主政治建设和社会各项事业更快、更协调地发展。

四、体现了直接民主选举的方向

直接民主选举就是由选民直接推选和确定选举结果的民主选举。民主选举由不发达到发达、由不完善到完善的发展过程，在某种程度上也可以说是由间接民主选举到直接民主选举的过程。因此，直接民主选举是一种完善的民主选举，是一种彻底的民主选举。直接与间接的选举方式是民主成熟度的质的方面差别体现。

由于我国的社会主义是在落后的、不发达的社会生产力的基础上建立起来的，现在还处于社会主义的初级阶段，社会主义初级阶段的民主还不是一种完善的民主，还不可能在全社会范围内实行直接民主选举制。尽管如此，也并不能否定直接民主的社会主义民主发展方向，并不能否定直接民主选举的伟大意义。而且，要创造条件，逐步发展直接民主。实行直接选举制，是体现人民当家做主的具体形式，人民群众通过直接选举产生的代表组成国家机关，实际上是直接参与国家政治生活和社会公共事务的管理，直接体现了人民当家做主的社会主义民主的本质。随着社会主义民主政治的发展与进一步完善，特别是随着经济的发展，基层民主政治建设实行直接民主选举就成为可能。"两票制"正是适应了我国社会发展的趋势，在总结了村直接选举的经验的基础上，把直接选举提高到乡镇一级。在这个过程中，把镇级

党政机关、镇属企事业单位和各村划分为若干个推选区域,由各推选区域的干部、群众采取无记名推荐的方式推荐镇长候选人,根据民主推荐和民主测评来确定正式的候选人,是"两票制"直接民主的体现,从而把村民推荐由间接变为直接,使党组织的决定真正体现民情、反映民意、集中民智,扩大了基层民主,这一举措不仅具有重大的现实意义,而且还有深远的历史意义,不可低估。

纵观全国,类似深圳市龙岗区的"两票制"探索不只龙岗区一家,有的地方起步还早些,也有不少独到的实践经验。我们在充分肯定其积极贡献的同时,也要看到应该注意的问题。

一是不宜把某一模式的具体做法绝对化。如除了"两票制"的名称外,也有"三票制"的说法。重在实质,至于具体形式,还是"因地制宜"、"因时制宜"为好。二是不能盲目苛求。"两票制"是特定条件下产生的,不可能没有缺陷,如选镇长中的两票,第一票是全体村民参与,第二票则是限于人民代表,这是《中华人民共和国地方各级人民代表大会和地方各级人民政府组织法》规定使然,第二十四条规定:"地方各级人民代表大会选举本级国家领导人员"。否则会"违法"。三是注意两者兼顾的态度。在我国基层民主政治建设的长河中,"两票制"是其中的一个发展模式或阶段,我们既要揭示其积极的意义,又要研究解决前进中的具体问题。只有这样,我们才能脚踏实地、一步一个脚印地迈向美好的未来。

(原载《中山大学学报(社会科学版)》,2000年第5期)

从确认性选举转向竞选性选举：动因与意义
——以2003年深圳区级人大代表竞选群体性案例为解读对象

唐 娟

（深圳大学当代中国政治研究所）

在现代民主过程中，选举尽管不是民主的全部内容，但总是居于核心的地位，而且选举本身内嵌着竞争的涵义，没有竞争的选举不是真正的选举。中国乡镇一级人大代表和有下辖区的一些城市的区级人大代表的直接选举制度已经运行了40多年，县级人大代表直接选举制度也运行了20多年，但选举的竞争性内涵一直体现得很不充分。因此，长期以来，我们的人大代表选举制度在实质上是一种确认式选举制度[1]，在这一游戏规则中，如果说候选人之间也存在着竞争的话，他们要竞争的主要是上级领导而非普通选民的信任，所以候选人与普通选民之间的关系是疏离的，普通选民主要扮演着被动的投票工具的角色，而且选民的投票行动不能担负着传达其利益偏好的功能，或

---

1. 所谓确认式选举，是我们对过去运行了多年的基层人大代表选举运行方式的概括。意思是指代表候选人一般由中共党组织或其他政党、人民团体提名推荐，通过法律程序确定为正式候选人，他们之间缺乏竞争性，因为基层的选举工作机构为了完成选举任务，一般要确保他们当选，选民实际上没有选择权，他们的投票行为在实质上是对这些必须当选的候选人的一种确认形式。

者说，选民的投票行为并非他的利益选择行为，投票给谁与他的利益表达并不相关。

随着中国市场经济的发展和政治改革的深入进行，这种确认式选举制度正在发生变化，正在向真正的竞争性选举制度过渡。从基层人大代表选举的角度看，这一过渡的标志是：出现了选民缘于利益需求而自主竞选人大代表的新现象。2003年在深圳市、北京市、湖北省等地的市区级人大代表换届选举中，都出现了选民群体性竞选人大代表的现象，这是公民从维护权益出发而进行的政治参与，期望在更高级的政治平台上寻求更高级的话语系统以进一步维护权益的行动体现。本文拟以深圳竞选现象为解读对象，分析中国公民自主性的政治参与及其与选举制度转型的关联性。

一、2003年深圳区级人大代表竞选过程简述

首先有必要对2003年发生在深圳的、被国内外媒体竞相报道的"人大代表竞选风云"作一说明。2003年4—5月，是深圳市各区人民代表大会代表换届选举的时间，期间，涌现了一批所谓"民荐候选人"[1]和"自荐竞选者"[2]。已经公开见诸报端的有肖幼美、吴海宁、邹家健、叶原百、徐波、王亮。此外，还有一位未经媒体披露的失业女性谢潇英。此次竞选风云中的当事人的基本情况如表15。

对这些典型案例略作描述：肖幼美是引发深圳"竞选风云"的第一人。她由所居住社区的33名居民联名推荐，因为她所在的选区90%以上都是单位

---

1. 所谓民荐候选人，即非由各政党、各人民团体联合或者单独推荐的代表候选人，而是由选民十人以上联名推荐的代表候选人。
2. 所谓自荐候选人，即未经法定程序成为正式人大代表候选人，而是向选民自荐，与正式候选人竞选，直接诉诸选民，希望他们投票时，在选票上不投正式候选人，而在"另选他人"一栏内选他。

表 15 深圳市群发性竞选现象 7 位当事人基本情况

姓名	性别	年龄	学历	党派	工作单位及主要任职	选区	选举日	参选身份	得票及结果
肖幼美	女	48	大学本科	民盟	深圳有色金属财务公司总经理助理，高级会计师，市人大代表。	罗湖区12选区	4月18日	独立候选人（正式候选人）	191票落选
吴海宁	男	38	大学本科	民盟	深圳双海新技术开发有限公司董事长、总经理，凯丽花园业主委员会主任。	南山区麻岭选区	5月9日	独立候选人（正式候选人）	229票落选
邹家健	男	47	大学专科	无党派	深圳市深大电话有限公司宣传主管，深圳振业景洲大厦业主委员会主任。	福田区55选区	5月15日	自荐竞选者（非正式候选人）	135票落选
徐波	男	39	大学本科	九三学社	深圳市市政工程设计院副总经理、高级工程师。	福田区55选区	5月15日	自荐竞选者（非正式候选人）	123票落选
叶原百	男	39	大学本科	无党派	深圳市平安保险公司员工、工程师，福田区益田村105栋楼长。	福田区39选区	5月15日	自荐竞选者（非正式候选人）	173票落选
王亮	男	44	博士	中共党员	深圳高级技工学校校长、党委书记，曾经留学美国。	福田区29选区	5月15日	自荐竞选者（非正式候选人）	1308票当选
谢潇英	女	50	大学专科	无党派	深圳市失业人员，失业前曾当过报社记者。	南山区花果山选区	4月23日	自荐竞选者（非正式候选人）	60票落选

选民[1]，而且她的两名竞争对手就是其中两个大单位的领导，所以她感到了很大压力。为了让更多的选民知道她，她要求选区选举工作领导小组组织候选

---

[1] 根据《中华人民共和国全国人民代表大会和地方各级人民代表大会选举法》第二十四条规定："选区可以按居住状况划分，也可以按生产单位、事业单位、工作单位划分。"在实际工作中，单位是选区划分的重要依据，大多数选区是单位选区，单位内的选民，也就是"单位选民"，这一概念是相对于没有工作单位的或不在工作单位投票的选民而言的。单位选民由本单位组织进行投票活动，如果某一单位有代表候选人名额，那么该单位的选民一般都会投本单位候选人的赞成票。因此，当选举真正具有竞争性时，以生产单位、事业单位和工作单位为选区划分基础，会使候选人之争变成单位势力之争。王亮当选的案例就证明了这一点。

民主选举
Democratic Elections

人到选民最集中的单位去开见面会，但没有得到允许，为改变劣势，她贴出了深圳区级人大代表选举史上第一张竞选海报，引起了巨大的社会反响。

吴海宁征集了151名选民的签名推荐书，并最终成为正式候选人。其后，由于另一名正式候选人的临时退出[1]，选举被推迟进行，吴所在选区的居委会主任，同时也是选区选举工作领导小组组长的陈慧斌成为新的正式候选人。陈慧斌的双重身份使吴海宁信心不足，因此他决定主动宣传自己，在社区内张贴宣传海报并往居民信箱中塞了1900多封公开信，宣传自己的竞选理念和承诺。选举结束后，吴海宁落败。基于对选举过程中一些操作程序的不满，吴海宁的支持者发动33名选民联名以陈慧斌"漠不关心群众疾苦，工作严重渎职"为由，向深圳市南山区人大常委会提出了罢免函，要求罢免陈慧斌区人大代表资格。但由于中途有选民退出，南山区人大常委会没有启动罢免程序。

谢潇英联系了社区15位选民联名推荐自己成为初步候选人，但在酝酿阶段落选[2]。她认为这一过程不公平，因此在选举过程中乃至结束后向深圳市人大投诉、向南山区法院起诉了南山区人大，但没有受理，最后南山区人大对她的投诉给予了回复。

邹家健因为不知道选举日程而错过了代表候选人提名时间，只好以"自荐竞选者"的身份、以"另选他人"的方式直接参选。为了让选民知道自己参选的消息，他连夜印制了竞选海报，在选举日前一天张贴在选区内。选举结束，邹家健落败。

徐波曾被九三学社提名为初步候选人，但在酝酿阶段落选，他认为暗

---

1. 当时，另一名正式代表候选人名叫宋晓伟，他因被人举报违反计划生育而自动退出选举。他退出后，因该选区正式代表候选人不再符合选举法规定的差额原则，该选区原定于2003年4月23日的投票日被延期，以重新提名代表候选人。
2. 根据《选举法》第三十一条的有关规定，由各政党、各人民团体和各选区选民提名推荐的代表候选人，由区选举委员会汇总名单，在选举日的十五日前公布，并由候选人所在的选区的选民小组反复酝酿、讨论和协商，根据较多数选民的意见，确定正式代表候选人。这一规定因缺乏技术上的可操作性，已经引起越来越多的争议和批评。

箱操作的成分太多。几天后，社区居委会给单位打电话，要求必须选某某人。徐波对这种做法十分生气，认为这是强奸民意，因为选民选谁不选谁应由他们自己来决定。为维护自己的选举权利，他决定以"自荐竞选者"的身份，通过"另选他人"的方式参选，并且连夜赶制了竞选海报，在投票日当天张贴出去。

叶原百由90多名选民联名推荐成为初步候选人，但在酝酿过程中被淘汰掉。他决定以"另选他人"方式直接参选，制作了竞选海报张贴到选区的公告栏。选举日当天，当2名候选人身披红绶带站在投票现场展示自己，叶原百也走来站在她们身边，并在现场摆放了三个贴有竞选海报的展牌。

王亮参选的客观原因是他的学校在选民登记中被漏登，王亮决定以"另选他人"的方式参选，并成立了竞选小组。他的竞选小组为他印制了宣传材料散发到学校周边社区。最后，在他的学校的老师和学生的支持下，王亮获得了胜利。

从上述7位候选人参加竞选的过程看，其中有2位是自己主动联系选民签名推荐并最终成为正式候选人；有2位联系选民推荐；1位由党派提名成为初步提名候选人却在确定正式候选人过程中被淘汰，但仍然坚持以"另选他人"方式参选；有2位毛遂自荐也采取了"另选他人"的参选途径。他们在竞选过程中大多数人都不顺利，社区居委会即选区选举工作领导小组或者阻挠这些人参选，或者反对、禁止、甚至撕毁他们张贴的竞选海报，或者在确定正式代表候选人时把他们"酝酿"出局。从参选人的总体情况和竞选结果看：①所有的参选者都受过高等教育；②年龄在35岁至50岁之间；③除了谢潇英外都有较强的经济能力，估计年薪应该在10万元左右；④就其政治面貌而言，其中有3位属于民主党派，有3位属于无党派，有1位是中共党员；⑤除了共产党员王亮获胜外，其余全部落选。

二、2003 年深圳群体性竞选行为的动因

深圳出现选民群体性地竞选人大代表的现象，应该说不是偶然的，而是由一系列内外因素所促成的，最重要的因素有如下五个：

第一，利益驱动是公民参与竞选的最深刻的动因。公民是不是参与选举或者参与其他公共事务，在很大程度上取决于他对参与的预期的成本和收益的估量，或者实现他的目标的可能性和自身力量的评估。对于大多数人来说，如果他的政治参与行动不可能解决他面临的问题或不可能给他带来利益，通常就会采取比较淡漠的态度或者干脆放弃。深圳竞选现象在一定意义上说明了这个问题。深圳经济特区到目前为止是中国大陆市场经济发育程度相对较高的地区，传统的单位制影响相对较小，而社会利益多元化、社会需求多样化程度相对较高。随着深圳房产制度的改革和民营企业的发展，人们的产权意识高涨，居民社区逐渐成为一个个利益共同体，社区居民为了维护和促进自己的利益，纷纷成立业主委员会，这标志着一个以经济利益为纽带而联结起来的公民社会正在崛起。

事实上，从参加竞选的当事人看，大多数是为经济上的维权而自然而然地走上政治参与的道路，以期用提高政治地位的做法来维护和促进自己所代表的群体的经济利益。

从表 16 可以看出，吴海宁、邹家健、叶原百等均是作为住宅小区的业主代表在与房地产开发商或物业管理公司发生经济纠纷中，试图通过竞选人大代表来提升自己的政治地位和社会影响力，以利于更有效地维护自己所代表的特定群体的经济利益，因此，他们拥有一定的民众基础，他们的竞选行为生长于一定的社会土壤里，他们都有一批坚定的支持者。

第二，20 世纪 90 年代以来中国农村村委会选举和城市社区居委会选举发展过程中的制度建设，是深圳群体性竞选现象出现的宏观政治背景。从 1998 年

表16 7个参选者的参选动机

姓名	肖幼美	吴海宁	邹家健	叶原百	徐波	王亮	谢潇英
参选动机	2000年当选为市人大代表后，为社区居民办过一些好事，认识到人大代表的建议和提案能够受到尊重。竞选区人大代表，就是想继续沿着这一有效渠道，为社区居民做点事。	如果能够当选人大代表，通过体制内的途径提议案，业主维权的事情就好办多了。	在房产维权过程中，深感业主的弱小和开发商的强大，意识到"如果我是人大代表，就可以直接通过提交议案方式反映业主的呼声"。	维权过程中的对手即开发商都有人大代表、政协委员的头衔，跟他们斗根本斗不过，"如果我当选人大代表，维权就有合法的渠道，说话就更有分量了"。	对不透明的正式代表候选人的确定程序感到非常不满意，对社区选举工作小组以命令方式要求选民投赞成票给确定的候选人的做法感到气愤。	在筹建和发展深圳高级技工学校的过程中，逐渐认识到应该有一个人大代表直接地反映学校的情况。	希望有一个有效渠道推动深圳政府制订反对就业歧视法，改善就业环境，尤其是改善失业的妇女和中年人的就业环境。

以来，中国社会选举制度[1]出现了一系列创新和突破。在农村选举中，农民积极竞选并高票当选村委员会主任已经不是偶然的，而是大范围出现的事情；在城市社区选举中，许多城市的居委会主任已经采取由社区居民直接选举的办法产生出来。2002年深圳市曾经进行了大范围的社区选举，大约260多个由城市周边农村村委会转成的社区居民委员会直接选举产生居委会主任，这种社区选举对政治选举所产生的影响是不容忽视的，可以说，社会选举的发展必然推动政治选举的发展。在农村基层政权一级，出现了乡镇长、乡镇党委书记公选或直接竞选的事例，早在1998年，深圳大鹏镇就进行了镇长公选，这为2003年深圳人大代表竞选现象的出现以及在可能的条件下进行较大范围的民主改革奠定下了基础。

第三，20多年的市场经济发展催生了一个新的社会群体——中产阶级，他们不但有民主理念，更有实施民主行动的能力，这在微观行动层面上为深

---

1. 我们把农村村民委员会选举、城市社区居民委员会选举和业委员会选举、学校选举等称为社会选举，而人大代表选举、行政首长选举、共产党党代会代表选举则属于政治选举。

圳竞选现象的出现培育了主客观条件。深圳市区级人大代表选举中出现异常现象的都是社会选区,或社区与单位的混合选区,传统计划经济体制下单位领导对单位人的约束力大大下降,而参与竞选的当事人要么是民营企业主,要么是各种专业人士,即使如王亮这样的深圳高级技工学校的党委书记兼校长,也是一位有留学背景的人士,他们都受过高等教育,有较强的适应市场经济社会的生存能力,有较高的经济收入,他们的利益源泉主要来自于社会与市场,在经济上与党政机关、国有企事业单位的利益关联度较低,因而较少受传统计划经济体制内的党政机关和国有企事业单位的利益分配机制束缚,在政治上更具有独立表达意愿的自由度。值得注意的还有,这批人大都经历过20世纪80年代中国高校的学生民主运动,如果说当年他们所怀有的仅仅是一种政治理想并仅仅为这种理想而行动的话,那么,这次竞选行动的出发点却是十分现实的,因为它和具体的利益联系在了一起,因此他们目标清晰,作风比较稳妥,以一种合作的态度努力在现有制度框架内寻求最佳的利益实现渠道,在竞选过程中十分重视用法律来约束和保护自己,这说明这一新出现的中产阶层在本质上不仅不是社会稳定的破坏者,而恰恰是秩序与法律的维护者。

第四,有较强自主性的新闻媒体发挥了重要的宣传、启迪、纽带、桥梁作用,它们在传递信息的同时也传递了行动。起初,这些竞选者本来都只是个别的、孤立的偶发现象,彼此间没有联系,也根本互不相识,但各类媒体的介入和及时的新闻报道,使他们彼此引为同道,在心理上备受鼓舞,不再孤独地承受某些无形的压力,而且也在竞选的实践中相互交流学习,取长补短,逐步地提高法治意识和竞选技巧。媒体持续不断地对深圳市区级人大代表竞选新闻的跟踪报道,充分显示了大众传媒在推动民主政治方面的重要作用。

第五,主持和领导这次人大代表选举工作的深圳市区两级公共权力机关表现了理性、法治、克制、宽容和开放的姿态,这是这次群体性竞选得以发生的关键因素。深圳市区两级人大代表选举工作的领导机构，在选举前对有关此次选举工作进行了广泛的宣传动员，特别是对选举法中有关候选人也可以由选民推荐产生这一规定做了宣传，这是以前没有做过的事情。在选举过程中，面对不约而同的竞选态势，虽不免有些应对失措，而且方法不一，但总体上默许了这一态势，而不是像其他一些城市政府那样强行压制选民自发的竞选行动。这表明深圳各级决策层在有序逐步推进民主政治发展的过程中，正边实践、边学习，不断提升自己的民主治理能力，并有可能因势利导，将民间社会自发的民主冲动吸纳进体制内来释放。

三、竞选风云的政治意义

如果将深圳此次发生的竞选事件置于中国民主政治发展进程中加以考察，不难发现其所具有的重大政治意义及深远的民主示范效应。

其一，一批既有政治参与热情、又有政治参与能力的公民竞选人大代表，而且，背后都有特定利益诉求的群体给予其坚定的支持，表明中国公民的政治参与正在由动员型参与向自主型参与转变，体现了中国民主政治发展的民间动力和社会基础正在日益生成中，这必将推动人大代表选举由确认型选举向竞争性选举的转变。

其二，城市社区人大代表竞争如此激烈，为一向被认为是"政治荒漠"的城市注入了生机，表明中国政治体制改革的空间正在由农村向城市拓展，城市政治发展的主题也正在由单位人政治向社区人政治转变，社区型民主正在向政权体系型民主转变。

其三，选举是个利益委托过程，将竞选机制引入人大代表选举中，必将强化人大代表利益代言人的角色意识，充分发挥人大代表的责任。而众多具有不同利益背景、在政治上具有强烈自主意识的政治精英步入人大，也必将强化人大作为利益博弈场的功能，从而提升其在政治谱系中的地位。

其四，强烈的维权意识是这些普通公民踏向竞逐人大代表之路的内在动力，而与利益的高度结合必然赋予选举更为实质性的意义，这批公民的竞选行为正在试图激活现行的文本选举制度中包含的民主因素，使选举法中的细则一条条被实践，冲击了现实的选举操作过程中的许多潜规则，这将推动选举程序和结果更加公开、公平和公正。

其五，媒体、政府与民众等多方利益主体在整个事件中，形成和平博弈的局面，这种恪守体制内民主运作规则的方式为公民有序的政治参与提供了范本，催生着有中国特色社会主义的民主竞选制度。

(原载《南京社会科学》，2004年第3期)

深圳人大代表选举事件及其对中国基层人大选举改革的意义

李 凡
（世界与中国研究所）

深圳从 2003 年 3 月开始试点，一直到 5 月 15 日结束，进行了区一级的人大代表换届选举。在这个选举过程中，共有 10 名左右的非人大事先协商提名的候选人以多种方式参选，和人大协商的正式代表候选人展开选举竞争。在 5 月 15 日投票日这一天，有两位这样的候选人被选民以"另选他人"方式选举为人大代表。投票的结束并不意味事情的结束。在投票日以后，一些参选的选民发起了另一轮的活动，有到人大对选举过程的不公正进行申诉的，有发出"罢免函"要求罢免新当选的人大代表的，这样就将深圳人大由代表选举而引发的事件进一步延伸到法律和法治的程序。目前这一事情仍然在发展的过程中。

深圳人大代表选举事件的发生引起了国内各方面的高度关注，全国的主要媒体对这一事件的发生都加以了大幅度的报道，高度赞扬了选民积极自我参与人大代表选举的热情，也对选民能够以"另选他人"方式竞争成为人大代表表示高兴。无疑，深圳人大代表选举事件的出现已经成了中国民主发展过程的一个值得关注的事情。这个事情的发生对于中国基层人民代表大会代表选举制度的改革是有很大意义的。

一、非正式协商候选人"独立"竞选现象和产生原因

深圳的人大代表选举事件的发生是从3月开始的试点引起的。当时深圳市人大代表、深圳市有色金属财务公司的会计师肖幼美自己报名参选她所在的罗湖区12选区的区人大代表的选举。当时这个选区已经经过反复协商由上级提名3名人大代表正式候选人,其中两名来自市规划和国土资源局,一名来自市委党校这样的大单位。肖幼美以自我报名方式被选区居民联名推荐为候选人参加选举。由于12选区候选人中两名来自大的单位,得到单位的支持,只有肖幼美是由退休失业人员所推选。为了她自己能够当选为区人大代表,她开始用自费印制竞选海报的方式在居民区和机关张贴宣传自己,并做了自我介绍。罗湖区和市人大"判定"肖幼美的这种张贴自我竞选海报的做法在法律上没有规定不许做,因此同意可以张贴。虽然遇到了一些麻烦,曾经有的单位将她的竞选海报撕了下来,但是最后,她的竞选海报终于贴到了市委党校、市规划和国土资源局、外贸大院小区等单位的宣传栏上。4月20日是试点选区的投票日,投票结果肖幼美由于所得选票不够而落选。

肖幼美所在选区的投票是深圳市区人大换届选举的试点,肖幼美自我竞选和自我宣传的做法和有关机构的判定,在深圳以至在全国都引起了很大的反响。肖幼美虽然本人在选举中失败,但是这种做法却引起了深圳其他地方的反应,有一些深圳的选民开始效仿她的做法,在区人大换届选举中,在上级提名的正式协商产生的候选人之外,也以自我报名或者另行参选的方式竞争人大代表,并也在选举中使用张贴竞选海报、进选民家里拉票、成立自我竞选班子等方式开展竞选活动。由于一些人没有来得及成为正式候选人,因此有人甚至于在投票日还进行竞选,也有人虽然没有在投票日进行竞选,但

是也在所在选区参与选举，以"另选他人"方式由选民直接选举人大代表。这样的例子加上肖幼美在内一共有 10 个左右，这些非正式协商提名的候选人或者选民直接参选的人员中有两人以"另选他人"的方式直接由选民选举为区人大代表，其中包括深圳市高级技工学校校长兼党委书记王亮和在龙岗区布吉镇打工的打工妹陈彩琼。不管是出于什么样的原因这些人出来参加选举，也不论是什么样的原因造成了这些非正式协商独立候选人的失败或者是胜利，这些人敢于排除阻力出来竞选和有人取得胜利，就表明中国公众的民主意识已经有所提高，政治参与的方式也在发生变化。而在另外一个方面，也表明中国公众的政治参与实际上是存在着一定程度的制度空间的。只要将现有的选举制度加以改革和进一步的发展，也可以像深圳市和罗湖区人大判定肖幼美选举案时表示什么不可以做就可以了，这样就可以营造出一个积极和广泛的民主参与的制度环境。

深圳市在区一届人大换届中出现比较大范围的选民独立参选的现象应该说不是偶然的，是有一系列外部因素和内部因素所促成的。这些因素当中值得指出的有如下几个：第一，多年来农村选举发展的影响。在农村选举中许多农民自己参选并高票当选已经不是偶然的事情，而是大范围出现的事情，农村选举的影响已经对城市的各种选举产生了相当大的影响，会引发城市人的仿效，农民可以做到的事情，城市人不但可以做，而且可以做得更好；第二，深圳市在 2002 年曾经进行了面积比较大的城市社区的直接选举。2002 年是深圳城市社区选举换届年，在这一年中深圳市在原来属于农村地区而现在已经归入城市的村改居范围内进行了较大面积的选举改革，在这些地方使用了和深圳其他城社区选举不一样的办法——直接选举，其数量大致在 260 多个，这些城市社区的直接选举会对深圳的其他地区的居民产生一定的影响。除了直接选举以外，深圳市的其他社区也在 2002 年进行了选举制度的改革，并选举产生了一批社区居委会成员；第三，深圳是一个经济发展水平比较高的地区，这里的居民不仅本身文化素质较高、教育水平高，而且由于是特区，

在观念上也比较开放,容易接受外来新鲜事物,因此参与的意识比较强。第四,深圳市的地方政府比较有改革和创新意识,比较容易接受新事物。在此之前的政治改革中深圳就实行过大鹏镇的镇一级选举改革,也有区政府官员竞职考试和上岗的改革。这些都为深圳这次人大代表选举事件的出现,以及在可能的条件下进行较大范围的民主改革打下了基础。

此次从深圳居民大规模参选区级人大代表的情况看,虽然不是中国首次出现的事情,但是比较1980年北京大学生积极参加区人民代表的选举,以及20世纪90年代中后期在全国各地出现的一些农民竞选乡镇人大代表和姚立法竞选市(县一级)人大代表成功的事例,深圳所表现的情况是有很大不同的。在深圳相当多的一些企业家和白领出来参选表明了社会的发展会有可能带来新中产阶级人口对于政治的热情和兴趣,这是非常值得关注的现象,也是一种更深刻的社会和政治变革。另外更为重要的是,以前基层人大的选举中所出现的参选现象是一种个别的行为,在社会上没有就此引起要求对于基层人大选举制度进行改革的广泛反应,而在深圳的人大参选发生以后,已经在深圳和全国引起了广泛的对于改革基层人大选举制度的要求和讨论。

二、"另选他人"对选举改革的意义

在深圳的选举中,出现了两个(也有说三个)非官方协商产生的候选人通过"另选他人"的选举程序成为独立候选人成功的例子。就如前面所说,从以前中国改革的历史上的先例来看,这不是新鲜的事情,但深圳这两个另选他人成功的例子在目前的情况下对中国的基层人大选举制度的改革却有很大的意义。

深圳市高级技工学校校长王亮的例子表明,在政府按着条块分割的办法划分选区的时候把王亮所在的学校整个漏掉,造成了剥夺一大批人选举权和被选举权的现象。而在龙岗区布吉镇以另选他人当选的陈彩琼也有说不清的情况。据了解，布吉镇在布置人大代表的分配名额时没有完全按着区人大的计划，而是将代表打工仔的名额忽略掉而给了党政干部。这一做法引起了区人大的不满，要求布吉镇改正错误，将打工仔的名额放上去，于是就造成了既没有进行选民登记，也没有想当候选人的陈彩琼以另选他人方式一举被选民们"送"上了人大代表的位置，当然也有人可以就此提出其他的看法。这两件事情所出现的巧合有相似性、共同性，问题在于从这两件事情中如何看待我们目前的基层人大选举制度的改革。

从深圳选民参与人大代表选举的情况来看，已经表明在基层人民参政和表达自己意见的积极性非常高了，现在的情况是如何让中国的选举制度能够和这种积极性相配合，既保持群众的参与热情和基层人大、基层政府能够代表和直接反映老百姓意见的需求，又能够保持政治相对稳定性的状态。这就提出了基层人大代表选举制度的改革，从王亮和陈彩琼的情况来看，既可以鼓励基层居民以另选他人的方式来积极地参与基层人大代表的竞争，这会促进中国基层民主政治生态环境的转变，也更应该在选举制度上加以改革，以便使更多的居民可以直接以正式候选人的身份来参加选举。这涉及几个方面的改革，主要有如下几点看法：

第一，在基层人大的选举中，因为是直接选举所以可以考虑将地域范围的代表分配名额扩大，而将系统的代表分配名额减少。这样在基层人大选举中可以更多地在社区、街道以及个体工商户、私营企业中用自由报名和选民联署的办法让能够代表这些居民利益的人以正式候选人的身份参加选举。系统代表分配名额的减少并不是要取消系统代表名额，仍然可以让代表党、政和大型国有企业的人以系统的代表身份出现，并进行名额的协商分配。

第二，深圳人大"另选他人"的方式虽然是一个进步，但是也表明中国基层人大选举中在代表提名问题上有许多的弊病。提名的正式代表候选人往往成为官僚机构之间互相协商的结果，是由许多的"黑箱作业"所产生的，因此他们所代表的利益是和这些机构的利益相吻合的，而不能代表基层群众的利益。这样也就是"另选他人"方式出现的一个重要的制度原因。这种情况表现了反复协商产生的候选人没有和公众心目中的候选人相符合。因此关键要加以改革的是候选人的提名制度。在选举的提名制度中，特别是在从社区等基层人大代表的名额中要改变过去长期推行的反复协商方式，而要直接让愿意参选的选民报名，从而形成不同候选人之间的竞选，可以让选民从中加以挑选。在这个改革中，可以应用农村和城市基层选举的经验，在提名制度上加以改革，减少和取消目前应用的候选人协商产生方式，而代之以自我报名加若干选民的联名支持为主的提名方式，另外也可以增加适当的工作资历和学历的条件（当然也可以不要），让基层的候选人直接竞争。这种做法就是要让现在在许多地方所进行的城市社区居委会直接选举的做法拿到基层人民代表的选举制度中进行，将两种不同形式的基层民主统一起来，这样会更有利于中国基层民主的健康发展。

第三，在基层人大选举中可以适当考虑将地域选区的划分和目前社区居委会的划分相重合。根据各地的情况，例如一个居委会可以有一个选区或几个选区，或者一个选区也可以包括几个小社区。每个选区可以开展相对自由的候选人之间的竞争，这样经过一个比较规范的竞选过程、投票过程和公开点票过程，就可以让真正能够代表这个选区大多数人利益的人大代表产生出来，可以在人大会上比较正确地反应公众的意见。

三、对深圳人大代表选举中所出现问题的思考

在深圳人大换届选举中也出现了许多引发争议的事件，选举结束以后有几个独立参选的候选人开始向所在区的人民代表大会进行申诉，也有的向地方法院上告。但是到目前为止，这些候选人都没有从这些机构得到满意的答

复或者有的就干脆不受理。

在这 10 个参选人中，南山区粤海街道麻岭社区吴海宁的参选事件所引发的争议最大。到目前为止，虽然投票已经过去，吴海宁也已经落选，但是由于他的参选而引起的对一系列问题的争议却是非常有意义的，有可能会影响长远的中国选举制度的改革问题。吴海宁为凯丽花园业主，是一个私营企业家，他曾经带领居民为房产证问题进行静坐示威，直至问题解决，因此他出来参选区人大代表得到了居民的拥护，是顺理成章的事情。但在他的选举过程中，面临了中途有其他候选人退选因而引发选举取消和延期的争议、选举延期时出现的选民重新登记问题、竞选对手同时又是选举办公室负责人的回避问题、点票中的多出票问题等。这些都是一些在选举程序中值得关注的大问题，涉及到选举本身是否违法、是否需要推倒重来的问题。在投票结束以后，吴海宁当场宣读了他对于这个选举过程的 6 个质疑并不承认选举的结果。在规定的 5 天申诉期内，吴海宁已经将申诉书送达南山区人民代表大会，但是南山区人民代表大会至今没有回答。之后，吴海宁又将申诉送到了深圳市人大，仍然没有答复。支持吴海宁的 33 位选民将一纸罢免新当选的人大代表陈慧斌的函件送到了区人民代表大会，指责陈慧斌在担任居委会主任期间工作不负责，因而也没有资格担任人大代表，要求罢免陈慧斌的人大代表资格。接下来的事情是这些写"罢免函"的选民得到了某些方面的压力，要求他们撤销"罢免函"，有些人也因此而退出。与此同时，吴海宁也准备继续就这个选举所存在的问题上诉，要求撤销这个非法的选举，撤销陈慧斌的人大代表资格，重新进行选举。

从选举所发生的情况来看，吴海宁所指出的问题都没有错，这个选举确实疑问重重，问题很大，是一个不合格的选举。因此这件事情所引发出来的事情就不是一个简单的某个人大代表当选的问题，而是如何在城市基层人大代表的选举过程中建立规范的选举程序问题，是一个如何保证公平、公正、公开的选举能够在中国的基层人大代表选举中加以推广的问题。中国城市的人大代表选举过去并没有引起大家的关注，原因在于这个选举基本是由上级圈定候选人，而选民只是投票而已。因此，中国基层民主发展过程在农村和城市所发起的选举制度的改革风潮并没有吹到城市基层人大代表的选举上来，所以在农村和城市基层所进行的建立规范的选举制度的探讨并没有在基层人大代表的选举中发生作用。现在深圳人大代表的选举事件指出这样的选举改革过程也已经开始影响到城市人大代表的选举了，换句话说，城市基层人大代表的选举制度也到了该改革的时候了，再不改革就会无法适应中国民主发展的进程，也会拖中国民主发展的后腿。这是一个很严肃的问题。

吴海宁选举案中表现出来的选举过程的不公平、不公正以及不规范的程序是在选举改革开始进入城市基层人民代表大会的时候所必须要加以克服的事情。在从1987年开始的农村村委会选举改革和1998年开始的城市社区选举制度的改革所经历的发展道路中，其中心要解决的问题之一就是要逐步克服在选举制度上的不足之处，不断地从无到有，从简单到复杂，从粗犷到规范地建立选举制度。在民政部门和各级人大的关心之下，农村和城市社区的选举制度已经基本上有了一个规范的模式，在实践当中也得到了选民、地方政府和专家学者的认可，也得到了国际选举机构的认同，已经初步出现了一个可以和国际接轨的中国地方选举制度。这个选举制度不但可以在农村的村委会选举、城市的社区居委会选举和乡镇政府的政府选举中加以应用，其实也完全可以在中国城市的基层人大代表选举中加以应用。就吴海宁的选举情况来看，以农村和社区基层选举的基本规则来看也是不合格的。那么问题是为什么不能把中国基层民主发展中的选举制度拿来纠正吴海宁面对的选举问题呢？换句话说，中国城市基层人大代表的选举完全可以从既有的中国基层的选举制度中吸取好的东西，将城市人大代表选举做好，这是改善城市人大选举制度使之适合中国民主发展的步伐的一个捷径，也是一个最好的办法。因此就吴海宁的选举而言，虽然从表面上看只是他和陈慧斌之间的事情，但是在这个选举的背后，却涉及了中国基层人大选举制度的改革问题，也涉及中国基层人大选举制度的发展方向问题。

四、简单的结论

深圳人大代表选举事件的发生，表明不管是愿意还是不愿意，不管是早了还是晚了，不管是时机成熟还是不成熟，中国基层人大代表选举制度的改革已经提到了中国政治体制改革的议事日程上来了，中国公众的政治参与的程度也已经走上了一个新的阶段。

1987年中国农村的基层民主开始启动、1998年青岛的社区直接选举改革开始启动了城市基层民主的发展、2003年深圳市的基层人大代表选举事件的发生将有可能启动中国城市基层人大选举制度的改革，并从而带动中国基层民主的进一步发展。如果从这样的角度来看深圳的人大代表选举事件，也许可以看出中国基层民主持续发展的轨迹。如果深圳的人大代表选举事件真的能够在不久的将来由于各方面的努力启动中国基层人大选举制度改革的进程，则目前在深圳所发生的事情将会是有历史意义的。

从在深圳基层人大代表选举改革过程中所发生的事情来看，需要关注的一个重要问题是如何在中国基层人大选举制度改革的启动阶段就建立一个规范的选举制度。从农村选举和城市社区选举改革的历程来看，已经积累了相当多的经验和教训。特别是在教训方面已经使不少地方的改革走了弯路，影响了改革的进程。因此从建立一个规范的选举制度和各种其他适应改革的制度来看，需要从改革一开始就加以关注制度建设的问题。深圳的基层人大代表选举改革中所出现的问题很明显是一个旧的选举制度已经不适应新情况并阻碍新事物发展的典型例子。这也是一个教训，应该引起各方面的关注。要从中国基层人大代表选举改革的一开始就要考虑建立一个规范的以及能够和国际接轨的选举制度。只有这样，才有可能推动中国基层人大选举制度的改革。这是顺应形势发展的正当和合理的做法，也是保证中国稳定和发展的有效措施。

（原载《人大研究》，2003年第8期）

城乡按相同人口比例选举人大代表事件的宪法学思考
——以山东淄川选举事件为例

秦 强

(全国宣传干部学院)

2007年10月,在山东淄博市淄川区举行的县乡两级人大的换届选举中,采取了城乡按照相同人口比例原则对代表名额予以分配。这一事件引起了新闻界和法学界的广泛关注与争议:支持者认为此举体现了宪法中的平等原则,代表了《中华人民共和国全国人民代表大会和地方各级人民代表大会选举法》(以下简称《选举法》)的修改方面;反对者则认为此举本意虽好,但却是一种违反《选举法》的违法行为,其意义有限,不值得过多提倡。笔者这里拟对淄川选举事件做一个简单的介绍,希望能够如实展现淄川选举事件中的法律问题和宪法问题,以引起对《选举法》中的"四分之一"条款的关注,从而加快我国宪政建设的进程。

一、山东淄川选举事件的基本情况

山东省淄博市淄川区辖14个乡镇、3个乡、3个办事处、1个经济开发区和淄博矿业集团，共 22 个选举单位，截止到选举时总人口 683622 人。本次淄川区选举登记，18 周岁以上的 556592 人，其中，无法行使选举权利的 146 人，暂停选举权利的 7 人，被剥夺选举权利的 586 人。依法登记的选民 542176 人，参加投票选民 516151 人，参选率 95.2%。全区共划分选区 152 个，共选举淄川区第十六届人民代表大会代表 253 名。

按照 2007 年 9 月 20 日淄川区第十五届人大常委会第三十五次会议通过的川人发〔2007〕39 号《关于区、乡（镇）两级人民代表大会换届选举工作的安排意见》，对淄川区的县乡两级人大的换届选举工作做了系统的安排，并于 2007 年 10 月 25 日下发了川人发〔2007〕45 号《淄川区人大常委会关于区人民代表大会新一届代表名额分配的决定》，在该决定中明确指出："根据《中华人民共和国全国人民代表大会和地方各级人民代表大会选举法》和《山东省县乡两级人民代表大会选举实施细则》的有关规定，省人大常委会确定我区第十六届人民代表大会代表名额为 253 名，按照分配代表名额的有关规定，决定对我区人民代表大会新一届代表名额按照城乡相同比例分配到个选举单位。具体分配情况由区选举委员会依法确定。"

与此同时，淄川区选举委员会于 2007 年 10 月 25 日通过了川选〔2007〕4 号文件《淄川区选举委员会关于区第十六届人大代表名额分配的通知》，该通知规定："根据《中华人民共和国全国人民代表大会和地方各级人民代表大会选举法》和《山东省县乡两级人民代表大会选举实施细则》的有关规定，省人大常委会确定我区第十六届人民代表大会代表名额为 253 名。分配方法已经区人大常委会会议通过，确定我区按照城乡相同比例分配的原则，分配到各选举单位。望你们按照分配代表名额的有关规定，依法分配到辖区内各选区。具体分配方案务于 11 月 1 日前上报区选举委员会。"

山东淄川的城乡按相同比例人口选举人大代表事件一经公布，立刻引起了媒体和法学界的强烈关注。2007 年 12 月 29 日下午，在中国人民大学法学院举行的 2007 年度中国十大宪法事例发布暨学术研讨会上，"淄川区实行城乡按相同人口比例选举人大代表事件"高票入选 2007 年度十大宪法事例。[1] 而在山东具有主流影响的《齐鲁晚报》则把此次事件看做是全国的一次首创，认为"淄博市淄川区实行城乡按相同人口比例选举人大代表，此举在全国首开先河，对完善我国的选举制度意义深远。"[2]

二、淄川选举事件是否违反了选举法中的四分之一条款？

淄川区在实行城乡按相同人口比例选举人大代表的时候，经过了多重的考虑，可以看做是一次颇有意义的探索。党的十七大报告明确提出："保障人大代表依法行使职权，密切人大代表同人民的联系，建议逐步实行城乡按相同人口比例选举人大代表；"这就为淄川区人大的决定提供了政策上的依据。同时，淄川区经济的发展也为城乡按相同人口比例选举人大代表提供了可能性。尽管淄川区的做法具有极大的政治意义，但是，在法治语境下，任何有关制度的探索和创新都要放到合法的天平上予以衡量，只有在符合法律规定的前提下，这种制度方面的探索和创新才有法治意义上的促进作用，否则的话，在违反现有法律的前提下，对现有制度的突破可能造成更大的恶劣后果。我们在评价淄川区事件的时候，既要看到淄川区人大选举中的典范作用，也要看到这种制度创新的法律依据问题。对此，我们需要结合我国的《选举法》和《山东省县乡两级人民代表大会选举实施细则》来为淄川区的这种行为寻找合法性依据。

在我国《选举法》中，关于城乡人口按比例选举人大代表的规定主要集中在《选举法》第十二条和第十三条。《选举法》第十二条规定：

"自治州、县、自治县的人民代表大会代表的名额，由本级人民代表大会

---

[1]. 王丽丽、孟澍菲、程胜清：《2007 十大宪法事例出炉》，载《检察日报》，2008 年 1 月 7 日。
[2]. 王恒：《淄博淄川城乡同比例选举人大代表全国首创》，载《齐鲁晚报》，2008 年 1 月 10 日。

常务委员会按照农村每一代表所代表的人口数四倍于镇每一代表所代表的人口数的原则分配。在县、自治县的人民代表大会中,人口特少的乡、民族乡、镇,至少应有代表一人。

县、自治县行政区域内,镇的人口特多的,或者不属于县级以下人民政府领导的企业事业组织的职工人数在全县总人口中所占比例较大的,经省、自治区、直辖市的人民代表大会常务委员会决定,农村每一代表所代表的人口数同镇或者企业事业组织职工每一代表所代表的人口数之比可以小于四比一直至一比一。"

从《选举法》的规定来看,《选举法》第十二条第一款规定了自治州、县、自治县的人民代表大会代表选举的城乡人口比例原则,也即是通常所说的四比一原则,意思是说农村每一代表所代表的人口数四倍于城镇每一代表所代表的人口数。通俗地讲,就是在县乡两级人大代表选举中,四个农民的选票才能抵得上一个城镇人的选票。《选举法》第十二条第二款规定了四比一原则的例外情形,即如果在县级单位内,镇的人口特别多,或者不属于县级以下人民政府领导的企事业单位的职工人数较多的,这个时候,经过省级人民代表常务委员会决定,农村每一代表的所代表的人口数用城镇每一代表所代表的人口数之比可以小于四比一,最少可以到一比一。粗略的从《选举法》第十二条来看,似乎淄川区的人大换届选举完全符合《选举法》第十二条第二款的规定,因为《选举法》第十二条第二款也规定了在特殊情况下,城乡人口选举比例可以为一比一。但是,这里需要注意的是,《选举法》第十二条第二款所规定的一比一选举原则有着非常严格的使用条件:第一,在适用范围上,《选举法》第十二条第二款仅仅适用于"县、自治县"的人大代表选举中,其使用条件是这些"县、自治县"的镇人口较多,或者其他原因造成的职工数量较多,这个时候才能适用一比一原则。第二,在权力来源上,这种一比一的选举原则,并不能由"县、自治县"的人民代表大会常务委员会来决定,而必须是由"省、自治区、直辖市"的人民代表大会常务委员会来决定。因此，如果严格套用这两个条件的话，淄川区按城乡相同人口比例选举人大代表并不适用《选举法》第十二条第二款的规定：首先，淄川区是淄博市的一个"市辖区"，而不是所规定的"县、自治县"，因而，适用范围就不符合《选举法》第十二条第二款的规定。第二，在权力来源上，淄川区实行城乡按相同人口比例原则选举人大代表也并没有获得山东省人民代表大会常务委员会的批准决定，其文件依据仅仅是淄川区人民代表大会常务委员会的川人发〔2007〕45号《淄川区人大常委会关于区人民代表大会新一届代表名额分配的决定》，而按照《选举法》第十二条第二款的规定，淄川区人大常委会并没有自主决定实行城乡人口一比一的权力。因此，《选举法》第十二条第二款规定的一比一原则，并不适用于淄川区的人大代表换届选举，也不能以此证明淄川区人大代表换届选举的合法性。

同时，如果我们结合《选举法》第十三条来看的话，淄川区人大代表换届选举中的一比一原则则是更为明显的违反了《选举法》的规定。《选举法》第十三条："直辖市、市、市辖区的农村每一代表所代表的人口数，应多于市区每一代表所代表的人口数。"很明显，淄川区是淄博市的一个市辖区，按照《选举法》第十三条的规定，市辖区的农村每一代表所代表的人口数，应多于市区每一代表所代表的人口数。这里，《选举法》上的规定并没有什么回旋的余地，而是采取的"应多于"的表述方式，表示没有什么例外情形。而《山东省县乡两级人民代表大会选举实施细则》第十条也明确规定："不设区的市、市辖区的农村每一代表所代表的人口数，应多于市区每一代表所代表的人口数。应多的倍数由本级人民代表大会常务委员会确定。"山东省的这个关于选举方面的地方性法规将具体的城乡比例确定权赋予了本级人大常委会，但是对于《选举法》中所确定的城乡人口比例应大于一比一的原则，仍然没有任何改变。因而，作为一个市辖区，淄川区人大常委会可以根据自己的情况来确定人大代表选举中的城乡人口比例，这个人口比例可以是三比一、二比一，但是无论这个比例怎么变化，都不应该是一比一。因此，无论是从

《选举法》中的规定来看,还是从《山东省县乡两级人民代表大会选举实施细则》中的规定来看,淄川区的城乡按相同人口比例原则选举人大代表都不具有合法性依据。

尽管,从合法性层面来看,淄川区实行城乡按相同人口比例原则选举人大代表并不符合《选举法》的规定,但是,从正当性层面来看,淄川区的这种尝试却具有极大的价值合理性,具有深远的理论价值和宪法意义,在某种意义上,淄川区的这种尝试代表中国宪政建设的发展趋向,也代表了中国选举法的修改方向,必将对我国的选举实践产生积极的影响。

三、选举法中的四分之一条款是否违反了宪法中的平等原则?

淄川区人大代表选举事件虽然只是发生在局部地区的一个事件,但是这个事件却具有高度的典型性,集中地反映了法治转型时期中国的一些重要理论问题。这些问题主要涉及宪法中的选举权平等原则、宪法和法律的关系问题,以及执行法律与执行政策的关系问题。

作为现代民主政治的基础,选举制度具有多种原则。根据我国宪法和选举法规定的精神,我国现行选举制度贯彻的基本原则主要包括:选举权的普遍性、平等性,直接选举,无记名投票,以及代表向选民负责并受选民监督,选举的物质保障等原则。在这些诸多的原则中,选举权平等原则由于其对选举制度的基础性作用而成为选举制度的首要原则。选举权平等原则首先源于宪法中的平等原则,或者说是宪法中的平等原则在选举制度中的具体体现。我国宪法中的平等原则和选举权分别规定在《宪法》第三十三条和第三十四条。《宪法》第三十三条:"凡具有中华人民共和国国籍的人都是中华人民共和国公民。中华人民共和国公民在法律面前一律平等。国家尊重和保障人权。任何公民享有宪法和法律规定的权利,同时必须履行宪法和法律规定的义务。"《宪法》第三十四条:"中华人民共和国年满十八周岁的公民,不分民族、种族、性别、职业、家庭出身、宗教信仰、教育程度、财产状况、居住期限,都有选举权和被选举权;但是依照法律被剥夺政治权利的人除外。"对于宪法中的平等条款的性质,学界存在着两种争议:宪法原则说和基本权利说。宪法原则说认为宪法中的平等条款仅仅是一个原则性的概括条款,表明国家在公民权利保护方面的一种姿态,因而不具有具体的权利内涵。在这个意义上,宪法中的平等条款是"一个可以广泛解释用来保护公民权利的条款"。它的意义可以随着不同的历史发展时期和不同的社会情况加以阐发。如平等的受教育权,社会财富的公平分配,反对就业歧视,都可以依据此条款加以适用解释。[1] 基本权利说认为,宪法中的平等权是公民重要的基本权利,具有统领其他具体基本权利的功能。当公民的平等权受到侵犯的时候,当然可以诉诸宪法途径予以救济。现今的通说可以概括为折中说,即认为宪法中的平等既是一种基本权利,又是一项宪法原则。"宪法意义上的平等概念,是一种以宪法规范的平等价值为基础,在宪法效力中体现平等的内涵。"[2] 质言之,所谓"法律面前的平等"或"法律上的平等"这一类的宪法规范,对于国家一方而言,即可表述为"平等原则",而对于个人一方而言,即可表述为平等权。[3] 在以往,平等仅被视为一项解释宪法的原则,但在二次世界大战以来,"平等"概念不仅是个人人权更兼具解释所有基本权利的重要原则。[4]

宪法中的平等原则为选举平等原则提供了宪法依据。从选举权的发展历史看,选举权的发展过程同时也就是一个从不平等逐渐发展到平等的过程。从选举权的性质来看,选举平等原则是选举权形式的内在要求,选举权的理论基础是人民主权理论,而作为国家主权的享有者,公民与公民之间都是平等的,都平等地享有国家的权力,平等的成为国家的主人。因此,选举权的

---

[1] 蔡定剑:《宪法精解》,北京:法律出版社2006年版,第243页。
[2] 韩大元、胡锦光:《中国宪法》,北京:法律出版社2004年版,第223页。
[3] 林来梵:《从宪法规范到规范宪法》,北京:法律出版社2001年版,第111页。
[4] 法治斌、董保城:《宪法新论》,台北:元照出版有限公司2004年版,第243页。

平等性对于选举制度来说是其合法性的必然要求。只有在平等选举的基础上，选举出来的结果才具有公平性和权威性，才符合现代民主政治的要求。从内容上看，选举权平等原则的内容主要包括以下两个方面：第一，平等地享有选举权和被选举权。第二，一人一票及一票等值制度。由此，可以看出，我国《选举法》中的"四分之一条款"违反了《宪法》中的选举权平等原则，尽管四分之一条款的出台在当时具有某种程度的合理性。

由《选举法》中的四分之一条款违反了《宪法》中的选举权平等原则所涉及的另一个重要的理论问题是宪法和法律的关系问题。在本次事件中，淄川区的做法违反了现行《选举法》的规定，因而有违法的嫌疑，但是，这种违法却又符合《宪法》的规定，对于这种违法但合宪的问题该如何看待呢？这就涉及我国法律体系中的宪法与法律的关系问题。

我国的法律体系构成了一个涵盖宪法、法律、法规在内的统一体，形成一种多层次的系统性结构，在这个结构中，宪法统驭着其他一切法律法规，后者是前者的原则与规定的具体体现。法律体系和宪法的关系，可以概括为一句话：宪法是普通法律的立法基础，而普通法律是宪法的具体细化。宪法在法律体系建构中具有价值核心的功能。宪法的价值核心作用就要求在法律体系的建构过程中，普通法律不仅要在外在形式上符合宪法的要求，而且在内在的价值取向上，也要符合宪法的要求。这就要求我们在处理普通法律是否符合宪法或者在判断普通法律是否违宪的时候，不能仅仅单纯从宪法中寻求制定该普通法律的具体的立法基础、立法原则或立法依据，或单纯从普通法律中寻求有没有"根据宪法，制定本法"等相关条款和字样。在处理宪法和普通法律的关系或者在判断普通法律是否具有合宪性的时候，我们应该采取实质意义上的标准，而不能采取形式上的标准。形式上的标准就是将目光紧紧盯在普通法律的具体条文上，审查普通法律的条文中是否具有"根据宪法，制定本法"等相关条款，如果具有相关条款，则被认为是合宪的，至少在形式上认为是合宪的；没有相关条款，则被认为是没有宪法依据，是不合宪的。这种形式上的审查标准实际上是对授权规范说的一种机械运用，没有真正了解宪法作为上位法的真正价值之所在。而实质上的标准就是在判断普通法律是否合宪的问题上，不能根据普通法律中是否具有"根据宪法，制定本法"等形式条款来判断，而要从宪法的精神、原则及具体的宪法文本规定中进行判定。首先，要看普通法律的立法精神是否与宪法的精神相一致。宪法本质上是保障人权之法，因此，普通法律的立法精神必须要与宪法的保障人权精神相一致，否则尽管在其条文中明确标有"根据宪法，制定本法"字样也只不过是一种自欺欺人的点缀。这个保障人权的精神被誉为是宪法的实质意义上的"核"，是宪法赖以存在的东西，不能修改，更不能放弃。[1] 其次，要看普通法律的内容是否与宪法的基本原则相一致。宪法基本原则是宪法精神的具体表现，体现了宪法根本意义上的价值追求。像我国宪法中规定的人民主权原则、基本人权原则和法治原则都已经内化为法治建设的基本灵魂而对我们的法治建设起整体上的指导作用。因此，在审查普通法律的合宪性问题上，除了要看普通法律的立法精神是否有违于人权保障之原理外，还要审查其内容是否有违于宪法的基本原则。第三要看普通法律的条文与宪法中的条文规定是否相一致。宪法精神与宪法原则都是比较抽象和原则性的东西，在具体的宪政实践中不容易加以把握。而宪法条文则都是比较现实而具体的规定，因此，对于宪法文本中的具体规定，普通法律在立法过程中要给予最大的尊重，因此，宪法的权威和价值最主要的就体现为对宪法文本的尊重和遵守上。所以，当普通法律中，如果出现了明显违反宪法文本规定的条款时，不管其是良性违宪还是无意违宪，都要坚守宪法的最高性原则，认定其违宪无效。

在违宪审查的实质认定标准中，宪法精神、宪法原则和宪法文本都可以作为判定普通法律是否违反宪法的实质性标准而发挥作用，但是这三者之间

---

[1]. 胡锦光、韩大元：《中国宪法》，北京：法律出版社2004年版，第137页。

在实践适用中的效力层次和顺序标准却是不一样的。从效力层次上看，宪法精神是宪法价值之灵魂，具有最高的效力层次，而宪法原则作为统领宪法文本之价值核心，其效力层次仅次于宪法精神，而高于宪法文本。而从适用顺序上看，判断一个普通法律是否违宪，首先要审查该普通法律在具体规定上是否违反了宪法文本的强制性规定，如果在该普通法律中，明确出现了违反宪法文本规定的条款，那么自然可以认定该普通法律无效，而无需诉诸宪法原则与宪法精神。例外情形是，宪法文本虽然对普通法律规定的事项有规定，但是该规定由于时过境迁已经无法适应整个社会的需要，要想重新予以修改宪法来修正这个缺陷，在时效上已经来不及；或者宪法文本中虽然对此有规定，但是此规定在宪法条文中却有两种完全不同的解释，甚至在不同的宪法条文中都可以找到与此规定相关的宪法条文，但其规定却又截然相反，在这种情况下，单纯依据文本规定无法从根本上或者无法更好的解决这个问题的时候，方可诉诸较高效力位阶的宪法原则，来对这个时过境迁的宪法条文重新作出解释，或者根据宪法原则的价值取向对这两个完全相反的宪法条文做一个择优选择，从而解决普通法律规范的合宪性问题。如果依靠宪法原则仍然无法对普通法律的合宪与否作出明确的判断，就只好诉诸最高的宪法精神，从人权保障的角度考量该普通法律的规定对于人权的保护究竟是利大于弊还是弊大于利，可以依据一些实证的数据和材料，进行综合性的价值衡量，最终作出一个较为合适的判断。

结合以上理论，我们可以看出，尽管淄川区的做法的的确确违法了选举法的规定，根据现行的选举法，淄川区不符合实行城乡按相同人口比例原则选举人大代表的条件，因此，在定性上，我们可以认为淄川区的做法是一种违法行为。另一方面，我们需要进一步思考的是，选举法的规定本身的合宪性问题。在立宪主义理念中，由于基于对人性的一种不信任，以及对"多数人暴政"的恐惧，在宪法运行机制上，专门又确立宪法监督制度或违宪审查制度，来对议会通过的法律予以审查，以尽可能地保障公民的基本权利不受到非法的法律的侵犯。所以，对议会通过的法律进行合宪性审查也称为立宪主义的基本要求。按照这种要求，我国选举法中的四分之一条款的规定就面临着一个合宪性的审查问题，因为，这种四分之一条款的存在本身就违反了宪法中的平等原则。但是，限于我国宪法监督的实践，我国现在还缺乏行之有效的宪法审查，因此，对于选举法中的四分之一条款，无法也不能够对其进行审查，而只能默认这种违反宪法的事实存在。在这种情况下，淄川区人大的做法尽管有违反选举法的嫌疑，但是从宪政理念上，却符合宪法中的平等原则，代表了将来选举法的修改方向，因此，在理论上，对此还是应该予以正面肯定的。但是，对其在理论上的正面肯定无法掩盖其规范层面的违法性，这是我们在对待淄川区人大选举事件中所必须注意的一个问题。

（原载《人大研究》，2008 年第 7 期）

弱势群体公共参与：准行政性组织的作为空间
——河北迁西妇代会直选个案分析

陈雪莲
（中央编译局世界发展战略研究部）

　　一个以平等、公正为发展要义的现代社会里，弱势群体的发展是社会发展的重要组成部分。弱势群体通过参与和影响公共领域来争取和保障自己的权益。各种鼓励弱势群体公共参与的制度和渠道，试图将弱势群体纳入公共领域内，以提供服务的方式实现弱势群体的社会整合，减少弱势群体的社会分离感和社会仇视心理，减少社会不稳定因素。无论是从公正原则出发，还是从整个社会的治理与稳定的角度看，推动弱势群体的公共参与都是现代治理的重要任务之一，也是善治理念的体现和善治的要素。

　　诸多历史、社会及生理因素导致妇女这一群体在公共领域的弱势地位，本研究报告以"河北迁西县妇联妇代会直选"为个案，介绍和分析妇联这类"准行政性组织"在推动妇女公共参与，尤其是政治参与方面的实践经验和发展空间。

一、背 景

长期以来，女性参政是一个艰难的过程，不仅受制于我国当前有待变革的社会政治体制，更受制于我国传统文化的巨大惰性。千年传统文化所形成的男尊女卑价值观给女性的角色定位是"围着锅台转"，使得女性形成自卑、软弱、顺从、依赖的心理，在社会参与方面被动、压抑、胆怯和缺乏创造力和竞争力。因而，在公共生活领域，尤其是政治领域内占社会整体数量一半的女性的声音和身影甚少，从这个角度来说，妇女在公共参与领域是处于弱势的。但是，妇女参政问题在农村尤其重要，一是现在农村剩余劳动力主要以男性为主，男性大量外出打工，妇女占现有农业劳动力60%以上[1]，有的村子里除了村干部外几乎不剩什么男性劳动力，多数地区已形成农业劳动妇女化格局。在这一情况下，调动妇女参政热情、保证妇女在政治生活领域的发言权、提高女性干部比例是农村发展的必然要求。二是由于农村工作的特殊性，很多工作更适合由女性干部做，如计生、退耕、养老、精神文明建设等。

现阶段的中国，专职致力于实现"维护妇女权益，反映妇女的意见、建议和要求，代表妇女参与决策，发挥民主参与、民主管理、民主监督作用"的主要组织是各级妇联。妇代会（全称妇女代表会）是妇女联合会（妇联）的基层组织，有农村妇代会和城市妇代会两种形式。妇联、残联之类的组织一方面具有一般行政机关的特征，如占有编制，经费由政府拨款等；另一方面却又不具有行政机关的权力，在本质上是一个群众性组织机构。称其为政府组织并不准确，称其为非政府组织也不符合实际，笔者将这类组织定义为"准行政性群众组织"或"准政府性群众组织"。这一类准行政性组织的双重

---

1. 资料来源：迁西县妇联组织农村妇女骨干参与意识培训班上讲稿；《深化"双学双比"活动，重在提高农村妇女科技素质》。

民主选举
Democratic Elections

角色使得它们在推动弱势群体公共参与方面具有正式政府组织、公民组织所不具有的优势。

女性参与国家和社会事务管理、享有民主和自由的程度是女性的社会地位和在社会事务中发挥作用的重要标志,也是社会进步程度的重要尺度之一。多年来,女干部占一定比例一直作为一项正式规定写进党和政府的有关文件。但是,1998年11月《村民委员会组织法》的公布,使农村妇女参政面临新的难题。出于民主原则,《村民委员会组织法》中对妇女参政问题仅做出"村民委员会成员中,妇女应当有适当的名额"的倾向性要求。全国范围内逐步推行村委会"海选",竞选者靠实力参与竞选,妇女参政失去政策性倾斜。长期以来的"参与缺席"导致农村妇女参政能力普遍较低、参与意识不足;另一方面传统的社会文化并不鼓励妇女的广泛参政。因此,1999年山东、湖南实行村委会直选时,妇女当选比例急剧下降。对此,民政部曾下达确保妇女当选适当比例的紧急通知。

面对这一严峻现实,河北省迁西县妇联邀集民政局等部门共同商议解决问题的途径。村委会选举中妇女当选比例低,除了历史原因、社会原因之外,最根本的原因还在于女性候选人的竞争力不足。因而,既要为妇女参政制造社会舆论,提高全社会对妇女参政的合理性和重要性的认识,也需要提高妇女的参政热情和参政能力,为村委会选举推出有竞争力的女性候选人。妇代会作为农村唯一的妇女群众性组织,如果工作班子能力强、素质好,自然能够通过多渠道开展工作调动妇女的参与热情,也能够向全体村民展示女性参政的面貌。因而,一个好的妇代会班子是实现这两方面目标的最佳桥梁。

按规定,妇代会三年换届选举一次,但实际上妇代会不是选举产生,而是由村党支书指派。许多村妇代会主任长期任职,年龄老化,工作能力不能适应新时期的要求。1995年以前,迁西50岁以上的妇代会主任占30%,妇代会干部终身制问题严重。而且,委任制产生出的妇女干部往往只对上负责,不对下负责,缺乏群众基础,威望不高,工作开展困难。这样的妇代会干部参与村委会的竞选自然是竞争力不足，也使村民对妇女参政能力普遍持怀疑态度。迁西县1996年第四届村委会选举中，妇女参与选举的比例只有70%，村委会成员中妇女只占12%，妇代会主任进班子的比例只有68.3%[1]。妇女参与程度低，很少有机会进入权力系统，导致女性在村内公共生活领域缺乏发言权，反过来也使妇女愈发对政治冷淡、不关心公共事务。

迁西县妇联在分析这一系列问题时敏锐地认识到，解决问题的关键在于妇代会干部的任免机制。妇代会作为村一级群团组织，同党政机关一样沿袭由上级党委委任（或指定）或间接选举的传统作法，干部能进不能出，能上不能下，干好干坏一个样，没有竞争，缺少生机和活力，缺少凝聚力和向心力。[2] 因此，县妇联决定以妇代会的任免机制为切入点，抓住全县第五届村委会换届选举的契机，学习吉林省梨树县村委会海选的经验，采取妇代会直选的模式，将村委会海选对妇女参政的挑战转变为扩大妇女参政的机遇，在直选中争取更大的妇女参政空间。这一创新设想的实施切实调动了妇女的参与热情，推出了一批优秀的农村妇女干部，加大了村两委中女性的比例，提高了农村妇女的政治地位、社会地位以及家庭地位，也为基层民主建设和推动弱势群体公共参与积累了经验。

二、运 作

在全国率先进行村委会"海选"的吉林省梨树县在调动妇女参政积极性方面也颇具开创性。梨树县推动妇女参政的做法是：选举前，宣传和坚持村委会中要有女委员的原则；选举中，鼓励妇女珍视权利，增强竞争意识；选举后，对新上任的女村官"扶上马送一程"。工作方式是利用妇女之家、妇女

---

1. 王淑珍：2002年第一届"中国地方政府创新奖"颁奖大会发言，《开拓妇代会直接选举，实现农村妇女参政的制度创新》。
2. 迁西县妇联提供：《开拓妇代会直接选举，实现农村妇女参政的制度创新》。

活动中心等阵地,开大会教育发动,开小会讲解,鼓励妇女珍视自己的权利,积极参加投票选举;引导妇女认识村委会女委员对维护妇女权益的重要性;激励妇女增强竞争意识,积极参与村委会委员的竞选。梨树县妇女参政议政的做法给了迁西县妇联一个重要的启示。在学习梨树县经验的基础上,迁西县妇联决定突破先选村委会,后选妇代会的规定,在村委会换届之前,先进行村妇代会直选,为优秀妇女干部进入村委会创造有利条件。为此,在村委会和妇代会换届的前一年与民政局等有关部门认真谋划,为妇代会直选和妇女参政做好充分的准备工作,制定了"农村妇女参政系列行动方案"。

(一)宣传动员准备阶段

迁西妇代会直选的一系列筹备工作生动地展现了一项制度创新所应具备的前奏。[1]

首先,多方论证创新的可行性。1999年5月,县妇联邀请村委会"海选"的发源地——吉林省梨树县县委、民政局、妇联的有关人员到迁西介绍梨树县村委会"海选"的具体方法、程序和经验,并请有关专家、教授就妇代会直选问题进行分析论证。得出肯定的结论后,坚定了工作班子创新的决心。

其次,加强创新的组织领导和技术支持。一方面争取县领导的同意和支持,成立了由县人大、县政府、县民政局、县委组织部、县妇联等单位领导组成的"换届领导小组",以加强对直选的行政领导。村一级试行妇代会直选需要村两委直接操作及乡镇一级有关部门的协助和支持,而作为非行政职能部门的县妇联提出的创新举措对这些组织和个人来说并不具备行政效力,成

---

[1]. 王淑珍:2001年第一届"中国地方政府创新奖"颁奖大会发言,《开拓妇代会直接选举,实现农村妇女参政的制度创新》。

立由各相关权力部门领导组成的"换届领导小组"有效地减少了有些村镇干部不合作、不支持给创新带来的阻力。另一方面从北京聘请了一批富有基层民主建设方面理论和实践经验的专家,组建"换届专家指导小组",完善直选工作程序的设计,保证了直选的科学性、规范性。

第三,明确创新目的定位。迁西县妇联把妇代会直选的根本目的定位在不能为直选而直选,要把妇代会直选与村委会换届选举联系起来,为优秀妇女参与村委会竞选做准备。要在推动妇女群众广泛参与的基础上,提高妇女群体的参政能力,推进基层民主政治建设。

第四,为创新制造舆论气氛,争取大众支持。县妇联在县电视台、电台开办了"农村女领导干部访谈"专题节目,改变传统观念,向社会、向妇女宣传妇女参政的必要性和重要性;选编了相关法律条文、选举知识、竞选技巧等宣传材料,印发了两万多份到全县各村,大力营造妇女参政的气氛。

以上准备工作都是从外围着手,为直选的顺利进行创造客观条件。而对直选成功最重要的一项准备工作是充分调动妇女的参与热情,提高选民和竞选者的素质,提高直选的质量。考虑到现实情况,迁西县妇联决定从妇女中的精英入手,希望通过这一群体内精英对群体成员的帮带作用和示范效应,帮助妇女提高参与政治、经济、科技以至全面参与公共生活领域的能力。为此,迁西县妇联在寻得资金支持的基础上[1],开展了广泛而多层次的培训工作。

1999年7月至8月期间,县妇联利用农闲季节在全县按行政区划举办了先后有1500人参加的"农村妇女骨干参与意识培训班"。此次培训对象不仅有各村现任妇代会干部,还包括社会参与业绩较为突出的优秀妇女代表,每

---

[1]. 迁西县的妇代会直选活动能够开展如此广泛的宣传、培训工作,从而取得良好的动员效果,福特基金会提供的资金支持是一个重要因素。

村都有 3 至 5 名年轻、有文化、有致富业绩的妇女参加[1]。由于培训对象较多，难以集中统一培训，为方便培训对象就近参加学习，提高培训人员的到会率，县妇联采取了分片集中的办法。全县 17 个乡镇划分为 10 个片区，每天一个片区，共培训 10 场。培训内容以增强参与意识、提高妇女参与能力为中心（培训内容见表17），通过宣传"四自"（自尊、自信、自立、自强）精神以引导妇女的价值观走向，通过"双学双比"活动以提高妇女的科技素质，通过介绍村委会选举法和政治参与途径以提高妇女的政治参与知识和能力。培训班采取辅导与讨论相结合的办法，人人发言，激发与会者的参与热情。培训在农村妇女中引起了较大震动，激发了妇女的自我意识和群体意识，也引进了参政理念和竞争观念。时任县妇联主席的王淑珍在培训总结发言中说："这次培训为她们参与妇代会选举、参与村委会换届鼓了劲，打了气，加了油，增加了她们参加民主选举的信心。"[2]

表17　迁西县农村妇女骨干参与意识培训班日程安排

时间	主要内容	主讲人
上午 8:00—12:00	树立"四自"精神，增强参与意识	赵国芬（妇联副主席）
	深化"双学双比"活动，重在提高农村妇女的科技素质	宋翠敏（科协副主席）
	农村妇女的政治参与和实现途径	于桂新（妇联副主席）
	村委会换届与民主选举	陈义凤（民政局副局长）
	午饭	
下午 1:30—3:30	交流发言	
	即兴发言	
	结论	王淑珍　赵国芬

资料来源：迁西县妇联提供

---

1. 培训对象为各村推荐的优秀女性人才，其标准是：45岁以下，初中以上文化程度；积极拥护党的路线、方针、政策，带头发家致富；敢于仗义执言，维护妇女利益；有竞争意识，勇于参加村委会竞选；有协调各方面的能力，善于与人合作。——《县妇联关于推荐农村优秀女性人才的通知》
2. 王淑珍：迁西县农村妇女骨干参与意识培训班总结发言。

在这次受众较广、旨在提高妇女参与素质的培训取得很好的实效之后，迁西县妇联有针对性地进一步培养这些优秀妇女中的精英，从培训班中挑选出有竞争实力的 100 名妇女精英，于 10 月份再次举办了为期三天的农村妇女骨干参政素质培训班。此次培训重在提高妇女群体中精英分子的参政素质与参政能力，为帮助妇女参与即将举行的村委会选举做准备（培训内容见表 18）。此轮培训还组织她们外出参观学习，开阔眼界，解放思想，帮助她们树立自信，聘请了北京专家对其进行竞选能力、技巧等培训，并进行了模拟选举，按直选方式进行了一场演练。高层次地培训和模拟选举大大地增强了准备竞选者的参政信心和民主能力，为保证直选的成功奠定了良好的基础。

表 18　农村妇女骨干参政素质培训班日程

时间	主要内容	主讲人
第一天	开幕词	李学田
	参政动员讲话	王淑珍
	6 名村支书、村主任作大会交流	
	看梨树县四家子村选举实况录像	
第二天	去唐山市兴隆庄村参观	
第三天	北京专家讲妇女参政	李慧英　吴青
	北京专家讲参政及参选技巧	陈明侠
	模拟选举村委会成员	陈义凤
	结论	王淑珍

资料来源：迁西县妇联提供

（二）直选实施阶段[1]

在为妇代会直选做了充分准备后，1999 年 12 月，在直选正式启动前夕，

---

1. 根据迁西县妇联提供的资料整理。

民主选举
Democratic Elections

为使直选有序进行，经请示县委批准，下发了关于妇代会民主换届的通知，并借鉴村委会选举的办法和操作经验，出台了《农村妇代会民主换届选举工作办法》等专门文件，使各乡镇、村操作起来有章可循。创新过程中有意识地借鉴其他领域较为成熟的做法，不失为减少创新盲目性的有效举措。

首先，加强直选的组织性以增强直选过程的有序性，村成立由3至5人组成的妇代会换届选举领导小组，村党支部书记任组长，一名支委和一名不参加竞选的妇女代表为成员。其次，明确选民和竞选者资格，妇女选民参照村委会选举选民资格认定，全体选民名单在选举大会三天前张榜公布，做到不错、不重、不漏。只要符合45周岁以下，初中以上文化程度，身体健康，有"四自"精神，有致富业绩，有组织能力，尊老爱幼，办事公道，遵纪守法，热心为妇女服务等条件，任何一名本村妇女都可以参加竞选。原则上百户以下的村设3名妇代会成员，百户以上的村设5名。参选人数应达到应参选人数的半数以上，采取简单多数的办法确定当选。

在广泛动员妇女参加竞选和报名演说的基础上直选采取自愿报名原则，按照竞选演讲、现场投票、当场公布的程序进行。根据竞争的职位（妇代会主任或委员），在选举大会上当场进行竞选演讲。演讲结束后，进行现场无记名投票。选举大会现场设立五处：领选票处、秘密划票处、代笔处、投票处、咨询处。选民领取选票后，进入秘密划票间，填写自己要选的主任、委员姓名，再将选票投入票箱。当场计票，当场公布选举结果。乡妇联主席向新当选的妇代会成员颁发《当选证书》。

稳中求稳，在明确了直选操作程序后，县妇联决定在大规模试行之前先行试点，试点成功后再推向全县。经过充分酝酿，1999年12月13日，妇代会直选试点在兴城镇前铺村拉开序幕。选举大会会场设在前铺村委会大院里，全村363名妇女选民，到会360人，7名妇女上台演讲，200多名男性村民围观。此次选举由县妇联亲自按照选举工作办法严格操作，县人大、县政府、民政局、组织部、兴城镇党委、镇政府的有关负责人均现场督察，各乡镇党建办主任、乡镇妇联主席也到选举现场观摩。从参加竞选的 7 名妇女中，一个年龄轻、文化素质高、群众基础好的妇代会班子脱颖而出。试点取得成功，妇代会直选得到了县、乡有关领导和群众的认可。随后，把直选推广到 50 个村。50 个村的选举场面都盛况空前，妇女到场投票率达到了 96%，参加竞选者也很积极踊跃，最多的一个村有 17 名竞选者，平均每个村子里有 4—7 名竞选者。妇代会直接选举试行取得较大反响。

依据《中华全国妇女联合会章程》和《农村妇女代表会工作条例》的规定农村妇代会的换届工作与村民委员会换届同步或之后进行，迁西县妇联大胆突破，将妇代会直选的时间定在村委会换届前一个月左右的时间。这一创新对推动妇女干部进入村委会大有好处，一方面，通过直选，使优秀的妇女干部有了较好的群众基础，最先赢得了女性村民的选票，也给男性村民留下了深刻的印象，在紧接着的村委会竞选中，成功的概率就会增大；另一方面，妇代会直选为妇女干部竞选村委会干部提供了一次实战演习的机会，增强了妇女干部的竞争能力。此外，采用了统一选举日的办法，在各村同时进行直选，吸引大众的注意力，为直选造势，扩大直选的影响。

妇女参政不是仅停留在妇代会这一层次上，直选后，县妇联要求各乡镇妇联在妇代会民主换届的基础上，总结经验，组织好各村妇女骨干积极参与随后举行的村委会换届选举，要实现妇代会主任进两委和村委会中至少有一名妇女干部的目标。

三、成效与经验

迁西县妇联实施的妇代会直接选举制度效果显著，这一推动农村妇女参政的有效运作模式对全国农村妇女参政具有普遍推广价值，引起了中央电视台、《中国妇女报》、《乡镇论坛》、《河北日报》等媒体的广泛关注。2002 年全国 40 个县前往迁西考察"妇代会直选"的推行情况。

直选最直接的效果是提高了妇代会班子的人员素质,增强了妇代会干部的竞争意识、忧患意识和服务意识,从而促进了农村妇女工作的开展。通过竞选,一大批年轻、文化素质高、致富能力强的妇女被选进妇代会,使妇代会出现了生机和活力。以往党支书委任的妇代会干部往往缺乏群众基础。村民更愿意支持自己选出来的代表,直选增强了妇代会干部在群众中的威望和自身的信心。竞选时的承诺必须兑现,且三年换届一次,因此,新当选的妇代会干部普遍有较强的压力感和责任感。直选出的妇代会主任比起老妇代会主任,工作积极性更高,工作能力更强,带领本村妇女做了很多实事,在集体致富、集体学习过程中,增强了妇女的集体认同感,也使得妇女工作更容易开展。兴城镇前铺村通过直选,年轻、有文化、有群众威信的尚云萍当选为妇代会主任,取代了连任20多年的老妇代会主任,随后通过村委会竞选当选为村委会委员,上任后,她先后举办了科学种植、养殖培训班,并率先引进新品种,使该村100多户人家种上了地膜棉花,全村300多亩旱地全部进行了地膜覆盖,首次出现了3户大棚蔬菜种植专业户。尚云萍在农民增收上起到了带头帮扶作用,很快成为全村妇女的主心骨,树立了威信,使她在农村老大难问题——计生工作、民调工作上应付自如。

　　其次,直选提高了妇女参与意识、参政热情,增强了妇女参政能力。直选的宣传、培训、现场选举这一系列活动使妇女亲身体验、参与了政治生活,直选成为街头巷尾议论的话题,妇女参政不再是个抽象概念,妇女从直选中提高了民主意识、民主知识和民主能力。农村妇女参选率,由以往的70%提高到96%。也激发了她们提高自身素质的强烈愿望。目前,迁西全县有386名妇女干部报考了农函大和农业广播学校,学习文化知识和农业科学技术。据一位妇代会直选试点村的村长介绍,直选后妇女自主意识、参政意识明显有所提高。以前,有事情都是家里的男性出面找集体,现在妇女也敢主动站出来找集体。尚云萍在当选为妇代会主任之前是个致富能手,她说,当时唯一想着的就是自己的小家如何发家致富,有人动员她入党时,她的反应是:

"我入党干啥?"而通过介入妇代会直选并当选,她意识到除了个人价值之外,还应实现自己的社会价值。她任妇代会主任以来,工作取得了很好的成绩,增强了自信,表示将会参加新一届的村委会主任的竞选。她不止一次地表示:"现在,我任何一个机会都不会放过,只要给我机会,再大的官我也敢当。"从心理学的角度来说,人对介入公共生活领域、获得他人的认同都是充满渴望的,问题是如何调动起这份潜在的热情;参政能力是培养、锻炼出来的,一个社会公正与否就在于是否提供了平等的参与机会。

第三,直选拓宽了妇女参政渠道,促使妇女政治参与层次的提高。一位参加竞选的妇女这样说:"有了妇代会直选,有能力的妇女就能够站出来参加竞选,以前有能力的妇女即使有想法,但没有直选活动这一途径,妇女也很难有胆量和机会站出来"。[1] 以前,妇女主任很少能进入村委会,即使进入了村委会也只是负责计生工作,有人戏称女村干部其实就是"计生专员"。现在直选产生的妇女主任由于群众基础好,大多在村委会选举时又当选,有的还当选为村主任,实现了女性村主任职务零的突破,填补了迁西没有女村主任的空白。村委会成员女性当选比例由过去的12%,达到现在的24%,全县新增女村委会主任、女村支部书记6名,72%的村委会有女性成员。目前全县2009名农村两委会干部中妇女干部有313人。1311名村支部委员中有158名是女性,占12%。1195名村委会中有244名女性,占20%,其中有97名是交叉任职[2]。当选女性村委会成员文化程度高,大专学历的37人。直选有效解决了农村妇代会主任年龄老化、素质较低、任职终身制问题,缓解了农村妇女政治参与渠道不畅和人才选拔受限的困境。

第四,直选促进了基层民主政治建设。妇代会直选是与村委会选举相互配套的村级组织体制改革的一个创举,妇代会直选不仅有效推动妇女参

1. 2002年10月调研小组与村民座谈。
2. 县委组织部组织科科长王保中提供。

政，也为基层民主建设作了新探索。村委会选举的受众也是政治参与意识、政治参与能力较为薄弱的群体，妇代会直选的运作模式以及加强选举前的宣传与培训等做法可供村委会选举借鉴，妇代会直选加强了村民的民主意识，也为村委会选举奠定了良好的群众基础。社会由男、女两性组成，不论是村委会选举还是村民自治，少了妇女的声音，都是不完善、不合理的民主，妇代会直选使农村基层民主政治建设在深度和广度上都有了较大发展。

最后，妇代会直选最深远的意义在于为妇女介入公共生活领域提供了契机。直选展现了农村妇女的才能，一位男性村民说："妇代会直选让我们看到妇女中还真有有才能的人"，在一定程度上消除了社会对妇女及妇女参政的偏见和误解。妇代会直选不仅提高了妇女的政治参与热情，更提高了妇女对公共生活领域诸多方面的热情，增强农村妇女自尊、自信、自立、自强精神。在新的妇代会班子带领下，妇女通过参与集体政治生活、经济生活、科技学习活动，更加关心村内公共事务。新的妇代会班子文化素质较高，许多村的妇代会为妇女订阅了书报，给妇女提供学习新事物、了解外面世界的渠道，效果出乎意料的好，村里妇女们都很积极地传阅报纸。果树棚菜种植、家庭养殖等带来的经济地位的转变，也使妇女意识到自己的舞台不局限于家庭，在社会中、在经济领域中也大有可为。集体活动、组织生活将妇女的视野从个人、家庭的小圈子吸引到公共生活领域来。妇女在公共领域地位的提升也必将改善妇女在私人生活领域中的生存状况。

一个好的工作班子和丰富的资源是创新产生的有利条件。"妇代会直选"这一制度创新的提出和实施离不开迁西县妇联这一优秀的基层工作集体，这是一个乐于并善于学习、接受新事物的集体。县妇联1995年便在全国较早地创立了"妇女儿童法律服务中心"，并创建了"离婚前教育课堂"、"维权巡回法庭"。妇女儿童法律服务中心业绩突出，成为迁西县妇联打开工作局面的基础，该中心的创收也为县妇联部分缓解了基层群团组织大多会遇到的资金困境。由于该法律服务中心多年前与福特基金会建立了合作关系,迁西妇代会直选计划得以从福特基金会获得资金支持,并能够到国外考察基层妇女发展状况[1]。此外,她们充分利用迁西靠近北京的地理优势,与一些专家学者建立了紧密的联系以争取必要的理论指导[2]。与福特基金会、世界反家庭暴力组织、民政部以及社科院、高校研究人员等境内外组织或个人的密切联系与合作大大拓展了迁西县妇联的视野,赋予她们其他县级群众组织难以具备的物质资源、信息资源以及人力资源。但是,这并不完全意味着创新只能够在资源条件极其优越的地方才能产生。当被问及如果没有福特基金会的资金支持迁西妇联能否实现这一创新设想、如此大规模的系列培训能否得以进行、能否取得现有创新成效时,创新的总策划人王淑珍答道:"没有钱,我们仍然会做,没有钱搞集中培训我们就一个个村子去做,只是我们工作人员更辛苦些,战线拉得更长些。"迁西县妇联的得天独厚的资源优势并不能否定这一个案的可推广性,更重要的是她们的工作思路和工作精神。

细致的准备工作是成功的前提。迁西县妇联为直选顺利实施,做了大量的准备工作。客观条件上,争取了县领导对直选的支持,创造浓厚的舆论气氛。迁西县妇代会直选的成功很大程度上得益于与她们得到了县乡党委、政府、人大的支持和民政、组织、宣传等相关部门的配合。主观条件上,通过培训提高选举者和竞选者的民主意识与民主能力,通过制定详细的工作方案尽可能地减少创新的不可预测性。从出台《农村妇代会民主换届选举工作办法》到准备大会现场的宣传标语,再到制定"竞选演说提纲",县妇联充分考虑到直选操作的一切细小环节。贴满选举现场的宣传标语给选民以至男性村

---

[1]. 调研小组 2002 年 10 月调查时,县妇联、民政局的同志刚刚从印度考察回来,印度最基层的三级政府(县、乡、村)中 33% 的席位为妇女保留的做法更加坚定了她们进一步深入开展工作的决心。
[2]. 1999 年 10 月的"农村妇女骨干参政意识培训班"的授课老师中有来自中央党校、北京外国语大学、中国社会科学院政治学研究所和法学所的 4 位教授。

民以最集中最直接的妇女权益、妇女参政知识教育[1]。农村妇女的文化水平不高，准备竞选演说对竞选者来说是个不小的难题，县妇联为参选者提供了竞选演说提纲和演讲范文，很好地解决了这个问题。竞选者热情洋溢的竞选演讲为选举现场带来了活跃的气氛，给选民和旁观村民留下了深刻印象。

围绕创新中心采取多方面的配套措施。迁西县妇联在运作中不是为直选而直选，而是以提高妇女公共参与水平、提高妇女社会地位为根本目标，为此，迁西县妇联积极开展多方面工作。在经济工作方面，开展"双学双比"工作；在精神文明建设工作方面，开展"十星级文明家庭"创建活动；在妇女维权上坚持办好"妇女儿童法律服务中心"。政治参与需要经济参与辅助，通过经济参与推动政治参与。开展小额贷款扶持农村妇女发家致富（给每个有致富要求的妇女提供最少3000元的贷款，同时提供技术支持）、组织农村妇女外出旅游扩大眼界等，这些做法直接间接地提高了农村妇女参与公共生活的积极性。迁西县妇联还配合县委组织部积极发展女党员，每年发展的近500名的党员中22%—25%是妇女，近5年来发展了641名妇女党员，为女性参政打下了组织基础。

迁西妇代会直选的成功还与妇联的双重角色有关。妇联这一准行政性组织的双重角色对其开展工作是利也是弊。但是，迁西县妇联充分利用其双重身份，将弊转换为利，进行制度创新。

1. 运用体制内资源：

（1）利用行政渠道下发规范性文件，迁西县妇联在争取到县委批准后出台的《农村妇代会民主换届选举工作办法》这一规范性文件对减少工作阻力、推动直选工作开展起了关键作用。

（2）联合其他职能部门开展工作，迁西县妇联联合县民政局、县委组织

---

[1] 选举大会的现场到处贴有宣传妇女权益、鼓动妇女参政的标语，如：男女平等是基本国策；妇女能顶半边天；参与竞争、机会平等；敢拼才会赢；行使权利、积极参与选举；有为有位、权益靠争取。

部在基层宣传妇女政治参与的必要性，积极发展农村女党员，与县民政局、县委党校联合进行妇女干部和积极分子的培训。

2. 运用非体制内资源：

作为准行政性群众组织，妇联更便于与境外的第三部门和私人部门联系与合作，充分利用他们的物质资源、信息资源以及人力资源。

3. 运用软治理手段：宣传、培训。各种形式的宣传和培训等软治理手段的运用取得了良好成效。

4. 积极寻求机制创新、技术创新空间：

准政府性群众组织的规章制度有相对灵活性，具有一定创新空间。按规定，妇代会直选在村委会选举同时或之后，迁西县的做法是将妇代会直选提前到村委会直选前一个月举行。这一创新，大大增强了妇代会直选的政治价值和社会效应。

四、发　展

直选虽然取得了很大成效，但作为一种创新，不免存在不完善之处。妇代会直选没有先例，没有现成的法律、法规可依，虽然最后参照《村委会组织法》制定了相对严谨的《农村妇代会民主换届选举工作办法》，但妇代会选举毕竟不同于村委会选举，妇代会本质上是一个群众性组织，而村委会是全体村民的基层自治组织，两者的定位有所区别，工作要求也不能完全一致。群团组织制度建设的弹性可以相对大一些。比如，选民资格的认定问题，依据村委会选举法，必须是户口在本村的人才拥有选举权，但现在有为数不少的人拥有城镇户口但长期在农村居住（有些村民买了城镇户口，但仍然定居农村），这一部分人作为长期居民也应享有参与管理本地区事务的权利，作为群众性组织的妇代会的直选，应否给予这一部分人以选民资格有必要加以考虑。

民主选举
Democratic Elections

　　直选的宣传工作是个难点。第一次试行妇代会直选的宣传发动工作虽然已经作了很大努力，但一方面因为老妇代会主任往往有一些抵触情绪，不愿积极地做发动工作，另一方面农村宣传工具陈旧，只有喇叭、板报等传统手段，效果不理想。由试点发展到全面推广时，还须更广泛深入地进行宣传发动。

　　农村妇女参政意识低，个别村参选率刚刚过半。如何提高妇女的参政热情是个需要进一步解决的问题。此外，1999年试行直选暴露出农村妇女严重欠缺民主知识，很多妇女不会正确行使自己的权力，不珍惜自己的民主权、投票权，民主能力薄弱。加强培训，提高妇女的民主知识是下一步工作的重点。

　　除了农村妇女自身素质有待提高外，直选的工作机制上也有待完善。直选试行中发现基层缺乏懂选举知识的工作人员。1999年第一届22个试点村的直选靠的是妇联人员一个个点的实际督察，直选在全县推广时，就很难再使用这种办法，需要加强培训熟悉选举程序的工作人员。

　　妇联工作没有强制性，直选全面开展时，乡村一级不配合或配合不力的问题可能会逐渐凸现出来。村干部往往会消极对待妇代会直选，一方面因为虽然妇代会不是什么"实缺"，但因有一定的岗位补贴，以往村干部可以随意把妇代会主任、委员的名额给自己的亲朋好友，实施妇代会直选必然会剥夺村干部的"人情权"；另一方面长期以来很多村干部不重视妇女干部，认为妇女干部不过是做计生工作的，没有必要兴师动众地选个妇女干部，一些村干部会因嫌麻烦而有消极情绪。

　　依据规定，妇代会每三年换届一次。2002年底，迁西县面临三个换届：妇代会换届、村委会换届、党支部换届。为进一步推动农村妇女参政，把一大批有知识、有能力、有威信的优秀妇女选进村委会、党支部，县妇联决定在党支部、村委会换届之前继续运用直选的办法进行妇代会换届，此次直选将在1999年成功经验的基础上，在全县17个乡镇417个行政村同时进行。针对 1999 年直选试行中存在的问题，2002 年新一轮的妇代会直选将制定新的工作计划[1]。

首先是加大宣传力度。新一轮为妇女参政营造舆论氛围的工作计划包括了更多的内容：2002 年 3 月已举办电视专题宣传月，对全县现任 10 名女书记，2 名女村长的典型事迹反复宣传；利用三八节之机，各乡镇妇联（妇代会）积极行动，张贴标语，出动宣传车，集日播放录音，发宣传单，再次营造"妇女参政"的舆论氛围；5 月份，下发关于举办农村妇女骨干参政培训班的通知，要求每个村子负责推选 3—8 名优秀妇女骨干参加。各乡镇村妇联利用广播、板报反复宣传此次培训的目的、内容。参会代表采取自愿报名与妇女推选的方法产生，争取村村无遗漏，宣传面比上次更广泛。培训后，把"社会性别与妇女参政培训班"内容制成专题片，在县电视台反复播放。

面对 1999 年"妇代会"直选以来所暴露出的问题，迁西妇联加大了培训力度，实施 6 个层面的培训：①对决策者进行培训。通过培训，提高决策者的社会性别觉悟，促使他们支持妇女参政。争取出台 2 个文件，一是有关在全县范围内推广妇代会直选的文件；二是有关在村委会第六届选举实施方案中做出有利于妇女参政的具体规定，为农村妇女参政提供政策支持和舆论导向。②对农村妇女进行培训。一是骨干妇女参与意识与技巧培训。7 月 19 日—8 月 12 日，县妇联利用 17 天在 17 个乡镇举办了"社会性别与妇女参政培训班"，来自全县 417 个村的妇女骨干近 3000 人参加了培训。二是从中选出 200 名精英妇女继续进行强化培训。③对农村党支部书记进行培训。通过培训，提高他们的社会性别觉悟，要求他们对妇女参政的重视、支持，以提高在 3 个换届中妇女参与的程度和效果。④对选举工作人员进行培训。新一轮的妇代会直选将在全县 417 个行政村同时进行，时间紧、任务重，要实现整

---

[1]. 迁西县妇联提供：《以换届选举为契机　推动农村妇女参政工作再上新台阶——迁西县妇联妇代会直选项目进展情况》。

个选举过程的公开、公正、有序,选举工作人员的社会性别意识、民主意识和民主知识必须达到一定水准。⑤抓三个试点村,对村民进行社会性别意识培训。通过抓试点村,进一步探索促进农村妇女参政的有效方法。⑥对选举产生的女性两委干部进行跟踪培训(执政素质培训),以提高她们的执政能力和水平。帮助她们尽快进入角色,干出业绩,推动农村妇女参政走上良性循环的轨道。

最后,为保证妇代会直选实效加强外围工作的开展,争取相关单位的进一步配合,希望相关单位能够为妇女参政创造有利条件。如争取县委组织部进一步加大发展农村女党员的力度,通过直选认识到女干部的优势,党支部的"两票制"竞选中要关注女干部的作用及优势;争取民政局进一步做好妇女干部培训,增强妇女的选举知识;在村委会换届时,要求乡镇干部关注妇女的参选程度,鼓励妇女参选,把妇女干部纳入"村委会换届选举领导小组"中,把女性干部提到重要工作岗位来督导村委会换届工作。

五、结　语

迁西妇代会直选为农村妇女参政议政创造了一个程序化、制度化的民意表达和支持机制,使农村妇女政治参与、公共参与成为活生生的现实;也为准行政性组织如何推动弱势群体公共参与摸索出有效的运作模式。

迁西妇代会直选的思维逻辑为弱势群体的发展提供了一个新思路——给人以鱼,不如授人以渔。作为弱势群体的组织,可以考虑通过促进参政的方式来实现弱势群体积极参与社会。目前,我国一般采取行政命令的形式来对弱势群体进行政策性倾斜。如,许多地方明文规定某一级别的行政机构中要有多少比例的女性、少数民族等。这种倾斜并非从根本上解决问题的好办法。重要的不是在结果上给弱势群体提供倾斜性政策,而是为弱势群体平等地自己实现、保护自己权益提供有效的制度支持、资源支持。不是单纯地规定女性干部、少数民族干部应占某一级别行政官员的比例，而应创造良好的社会环境和制度环境，为他们平等地参与竞争、提升自身的能力创造条件。正如妇代会直选在妇女进入村两委中所起的桥梁作用一样。迁西妇代会直选的创新之处就在于它激发了妇女的参政意识，为妇女参政提供了一个接受民主知识、锻炼参政能力的舞台。

迁西妇代会直选不仅为弱势群体的发展提供了新思路，也积累了很多行之有效的实践手段。如，争取各个渠道的制度性支持、资源性支持。由于工作对象的特殊性，全面调动弱势群体的社会参与积极性有很大难度，可以以群体内精英为突破口，加强对群体精英的培训、以精英为群体代言人。通过宣传、培训等软治理手段以服务的形式实现对弱势群体的整合。

（原载俞可平主编：《地方政府创新与善治：案例研究》，北京：社会科学文献出版社 2003 年版）

工会直接选举：中国地方民主的新发展
——以浙江省的余杭、余姚、温岭为个案

陈剩勇　吴巍　陈燕
（浙江大学政治学与行政管理系）

一、导言：工会直选制与经济民主

发轫于20世纪70年代末、以经济市场化为取向的改革开放，工业化和民营经济的高速发展，90年代以来城市化的快速推进，从根本上改变了中国的社会经济结构，计划经济时代形成的以工人、农民、知识分子、干部等四大利益群体为主体的社会格局，由此发生了根本性的分化，逐渐形成了一种多元、复杂、异质的利益群体共存的社会新格局。在这样一种社会新格局中，民营企业主阶层依托民主党派、工商联、私营企业主协会等一系列制度性渠道，进入各级人大和政协参政议政，通过组织化的利益代表和表达通道，影响政府的公共政策，实现本阶层的利益诉求，在国家的政治生活中拥有了初步的、相对强势的话语权。与此形成鲜明对比，从农村进入城市打工的数以千万计的新一代工人阶级（即农民工或民工），因为传统城乡二元化的体制性障碍，长期以来未能获得劳工身份的认定，以致既无资格加入所在城市以国

营企业工人为主体的官方工会,又不能组建自治性的民间工会,因而缺乏组织集体行动的能力和资源动员的能力,在劳资双方的利益博弈中处于明显的弱势地位,以致其政治、经济和社会的合法权益都难以得到起码的保障。因此,如何解决新一代工人阶级的代表安排,如何建构起该阶层的利益代表机制和利益表达通道,一直是国家必须正视并且需要尽快加以解决的一个问题。新形势、新情况、新问题,催生了中国基层工会的改革。

在工会改革和制度创新方面,民营经济发展领先全国的浙江省,同样在全国先行一步。改革开放以来特别是20世纪90年代以来,浙江省在组建和发展民营企业工会组织、吸收所谓的农民工即新一代工人阶级加入工会和推行工会民主方面,都进行了一些富有建设性的探索。早在1986年,全国第一家非公企业工会在温州平阳毛纺织厂成立。1988年以后,浙江省正式开始了在非公企业组建工会的工作,到1996年9月成立省私营企业工会联合会时,全省已有467个非公企业工会;经过1996年至1998年的平稳发展期后,浙江省委又提出两年内非公企业工会组建实现突破性进展的要求,到1999年全省已有31139家非公企业组建了工会。据我们调查,截至2003年上半年,浙江省总共组建有非公企业工会102486家,非公企业工会会员数达到了309万人,大部分的民企职工加入了企业工会。

特别引人注目的是,近年来浙江省在推进进城劳工阶层的组织化、建构该阶层的利益代表和表达机制方面,朝着制度创新迈出了具有重要意义的一步。在温岭市,工会的组建也走在了改革的前列,2003年9月,新河镇羊毛衫行业组建了行业工会,通过与企业主商会的谈判和协商制定行会劳工的最低工资标准,以民主的方法,保障和维护行业打工者的基本权益。在杭州的余杭区、宁波的余姚市等地,在全面组建民企工会的基础上,又推出了工会主席的直接选举制。至2000年,余姚的企业已全面完成工会组建,目前,全市共有1136个企业工会,共涵盖了全市5351家企业,其中民营企业工会779家(其中包括一些联合工会,在余姚,企业职工人数较少的民营企业并不独

民主选举
Democratic Elections

立成立工会，而是加入所在行政区划的联合工会）。同样，余杭也已经完成了民营企业工会的组建工作，到 2003 年 7 月，全区共有 902 家基层工会，其中民营企业工会 623 家，几乎涵盖了全区所有的民营企业。与其他地区现行大部分经由体制内途径、由政府组建的或领导人由企业主任命、缺乏独立性和代表性的工会相比，余杭、余姚等地的民企工会组织，一般都在总工会的引导下由企业自发组建，并赋予劳工真正的选举权，实行工会主席直选，确保工会组织成为真正代表职工利益的社会组织。

工会主席直选制的推行，意味着将选择的权力重新回归职工个体，这就大大提高了工会组织的合法性，推进了工会组织内部的民主治理，使非公企业的工会组织真正成了广大劳工阶层表达和实现本阶层的利益诉求的民间自治组织，从而建构和疏通了进城劳工的利益表达和实现的通道，使劳资之间的谈判、协商或经济领域的民主治理成为可能，使劳工与政府之间、劳工与社会之间的沟通与协商成为可能。根据本课题组对浙江各地进行的社会调查，我们认为，浙江余杭、余姚和温岭等地工会改革的实践，在中国的地方民主政治发展进程中具有积极的意义。进城劳工阶层以民主的思想组建企业工会或行业公会，以民主的方法选举产生工会领导并且管理组织的内部事务，进而以工会为主体与私营企业主阶层就工资、劳动保障等问题进行平等的谈判和协商，对于劳资双方来说，这无疑都是一场广泛的民主实践。

二、民企工会组建与工会主席直选的背景

进城劳工组建工会、民营企业工会组织实行直选制度，是市场化改革进程中的一项组织创新，这一组织创新在浙江率先发生，具有深刻的制度背景和内在逻辑。我们认为，浙江省非公有经济的崛起以及随之带来的新的劳资关系模式，一系列政策法规的支持，进城劳工阶层自身权益意识的觉醒，以及 WTO 规则和外商对现代企业制度的规范效应，共同催生了浙江省民营企业

工会的组建和工会主席直选的产生。

浙江是私营企业发展最快、民营经济最发达的省份之一。随着经济体制改革的深化和市场经济的发展，非公有制经济，特别是个私经济在浙江省经济中的地位越来越重要，2002年，浙江省实现国内生产总值7670亿元，非公有制经济增加值达4065亿元，比重为53%，其中个私经济增加值达3450亿元，比重为45%。截至2002年12月，全省共有个体工商户152188万户，私营企业24173万户，个私企业注册资金2515143亿元，从业人员67916万人；实现个私经济总产值742617亿元，销售总额5892亿元，社会零售品零售总额264615亿元，出口创汇883194亿元；在专业市场和集贸市场的70多万经营户中，个体工商户和私营企业占了90%以上，80多万个零售网点中，个私经济占了96%，近11万个餐饮网点中，个私经济占了97.5%；2002年，浙江省非公有制经济上缴税收总量达575175亿元，占全省税收的45.3%，在许多县市，个私企业的税收已经成为当地财政收入的主要来源。1980年到2002年，浙江工业年均增长率约为24%，而非公有制经济则高达50%。在全省人均GDP增长最快的20个县市中，有2/3以上个体私营工业产值比重超过50%。非公有制经济已经成为推动浙江经济增长的主动力。

余杭、余姚和温岭三地的非公经济发展同样引人注目。在1998年以前，余姚市的国企数量在全省范围内算是比较多的，从这一年开始全面改制以后，非公企业发展迅速，截至2003年10月，全市共有5000多家民营企业，非公企业数量已占企业总数的95%以上。在余杭，截至2003年10月，98%以上的企业也已完成了企业产权制度改革，全区现有个体工商户近2万户，私营企业3000多家，非公有制企业在余杭整个国民经济中所占的比重高达90%以上。温岭市的非公有制经济工业产值已达到170亿元，占到当地工业总产值的92%。非公有制经济的快速发展成为温岭经济中最具活力的部分。非公有制经济的迅速崛起，大批大批的农民进入民营企业务工，由此出现了一种与计划经济时代迥异的新的劳资关系模式。

与民营企业的快速发展相适应，进城劳工的自我权利意识不断觉醒，他们开始运用各种正式或非正式的渠道来表达自身的利益诉求，维护自身的合法权利。然而，转型期中国社会制度性参与或表达渠道的缺失，导致了劳动争议事件史无前例地高发，并发展成为威胁社会安定的一大隐患。据2002年中国工会维护职工合法权益蓝皮书统计，2002年共提请劳动监督部门处理的违法劳动法律的行为和事件14782件；劳动法律监督组织受理违法违规案件50786件。工会角色的严重缺位，加剧了劳动争议事件发生的频率。

虽然近年来浙江省的不少民营企业在政府的倡导下建立了工会组织，但是，很多民营企业的工会还存在很多问题，许多工会的组建是先搭台子后规范，这些仓促组建的新工会日益暴露出许多问题与矛盾，这些问题由于种种原因而未能得到妥善解决。比如：（1）企业所有制变革后，劳资关系发生了新变化，职工工资、权益维护方面出现新的挑战，而由官员或老板指定的工会干部在这些方面往往无所作为，或者一筹莫展；（2）一些民营企业工会建立后，工作不规范、活动不经常、职能未履行；（3）一些民营企业工会主席由企业经营者的直系亲属或者亲信担任，工会不能代表和维护职工的利益，工会主席成为企业老板的附庸，工会组织几乎成了一种摆设；（4）直接任命的工会主席在素质、能力、工作积极性方面，都难以令人满意。因此，进城劳工阶层要求实行工会主席直选的呼声越来越强烈。

与此同时，我国加入世界贸易组织以后，WTO规则和外国投资商对民营企业组建工会也起到了某种推动作用。加入WTO以后，我国的各项制度日益与国际接轨，民营企业必须完善自身的经营管理体制，按照现代企业制度的要求加以规范，而建立工会组织、保护劳工的合法权益是其题中应有之义。余杭等地的不少外向型企业在与外商合作的过程中就明显地意识到了工会对于提升企业外在形象、赢得客户信任的重要意义。如杭州市余杭区鞋类出口企业杭州雅加实业有限公司的合作商——美国某著名鞋业销售商每年都会对雅加公司的年度劳工权益状况进行评估，对公司发放工资、生产环境、员工安全保护等方面提出些整改意见。这种外在因素的刺激，促进和激励了雅加公司在2001年成为余杭工会直选的试点。

正是在上述一系列因素的推动和作用下，余杭、余姚等地总工会领导层开始认识到，如果不扩大基层民主，改革工会主席选举制，建立一个具有活力的全新的企业工会，就难以解决社会和企业存在的种种问题和矛盾；只有让会员充分享有民主权利，按自己的意愿选出工会代表，选出自己满意的工会主席，才能使会员的权利真正得到维护与保障。因此，余杭区总工会把民营企业工会主席直接选举工作提到了重要议事日程，并于1999年开始着手直选试点工作。迄今为止，余杭区已有332家基层工会主席由会员代表大会直接选举产生，占全区独立建会企业单位的40%。在332家基层工会中，私企外企205家，占62%；股份制企业31家，占9%；事业单位96家，占29%。在宁波的余姚市，截至2003年8月也已有40家非公企业完成了工会主席直选的试点，即将在全市范围内全面推广开来。

三、工会直选的实践：两种模式

经过4年来的试点开展、经验推广和深化，余杭区、余姚市两地的基层工会主席直选已经被越来越多的工会会员与私企老板接受。工会主席直选已成为工会会员维护权利、实现民主的一种重要途径。在两地总工会领导的不懈努力与基层工会的不断探索下，工会主席直选得到不断加强与发展。余杭区、余姚市两地基层工会经过4年来的探索与实践，两地分别走了两条不尽相同的发展道路，确立了两种各有特点、各具特色的直选模式。

（一）两地直选的现状

余杭：在推行直选中，余杭区总工会着重抓了企业工会主席任职期满和

民主选举
Democratic Elections

新建企业工会成立的直选工作，对于2000年前建立的基层工会，他们要求在换届选举时实行直接选举工会主席；2000年以后，凡是新建基层工会，都要求直接选举产生工会主席。截至2003年8月，余杭全区共有基层工会902家，其中非公企业工会共有623家；共有322家工会推行了直选，其中非公企业占70%。现在，余杭区的工会主席直选工作已经从原先的民营企业发展到实行企业化管理的事业单位，再发展到目前的行政机关、事业单位。特别值得一提的是，1999年余杭试行基层工会主席直选时只想在民营企业里搞，结果余杭区教育局得知后要求推行，教育局还专门为此发了文件，现在80多家单位已有55家进行了直选。四年来，余杭区基层工会主席直选工作由点到面，由少到多，逐步发展，逐步壮大。

直选工作是否具有实效，民营企业的职工最有说话权。我们从调研中得知，职工对于工会主席直选制度的评价是积极的。2002年7月4日，余杭区总工会联合区委组织部又一次下发红头文件《余杭区基层工会开展民主评议工会领导干部工作的实施意见》，要求对基层工会干部的工作进行年度民主评议。这项制度规定，工会会员代表对直选出来的主席、副主席进行无记名评议。如果负面评价超过1/3以上的，应报请上级组织考察，不适宜担任者，将通过工会会员代表大会罢免。到2002年年底，余杭区已经对193个直选工会进行了民主评议，结果是95%以上的意见认为直选的工会主席是好或比较好。

余姚：从2001年开始，余姚市总工会在新丰轴承有限公司等一些民营企业试行工会主席直选，现在，余姚市已经在40个民营企业工会中实现了工会主席的直选，并且直选的程序很正规，直选的效果比较好，直选产生的新工会的工作开展得很好，企业主与工会主席关系融洽，工会主席能够有效地负起责任来，企业更加关注职工权益。据余杭市总工会基础工作部部长陈营江介绍：余姚的改革思路是先重点突破一些企业主比较开明、工会工作开展一向比较正规的企业，确保每个试点都能顺利完成直选，再以这些试点为榜样，以点带面，全面铺开。我们分别走访了余姚市新丰轴承有限公司总经理（企业主）马松苗和工会主席熊德锋及宁波长青塑胶有限公司工会主席吴焕中，这是三个比较典型的直选试点企业，它们具有的共同点是企业主比较开明，对工会主席直选工作有正确的认识，希望工会能发挥积极的作用；企业原有工会的工作开展一向比较正规；工会主席在企业中本身是中层以上干部，企业主比较器重，领导比较赏识，在职工中也比较有威望。在2003年3月的余姚市总工会11号文件中，明确提出了在新建和到期换届的民营企业工会（含外资企业，不含联合工会或工会联合会）推行工会主席直选制度。余姚的直选工作刚刚铺开，目前，已经把最有可能直选的企业基本上都实行了直选，现在的工作重心是如何把工会主席直选这一民主实践全面稳妥地推广到全市的799个民营企业工会。

（二）直选的两种模式

介绍和比较两种不同的选举模式，必然牵涉到候选人的产生、选举人的产生、投票的程序乃至各个利益主体的态度、影响和作用等等方面，限于本文篇幅和探讨方向，所以本文把问题聚焦在以下三个方面。

1. 候选人的产生

候选人的产生方式，是检验选民选举权利实现程度的试金石，作为选举人的选民是否拥有事实上的，而不是形式上的提名权，绝非小事，而是判断人民主权原则、平等原则是否真正兑现的标准之一。在候选人的产生方式上，余杭和余姚两地有着不同的做法。

余杭：2000年7月，余杭市委组织部、余杭市总工会（当时尚未撤市设区）联合制定的余杭市企业基层工会主席直选试点实施意见中除了规定了企业工会主席候选人的思想政治、工作能力、文化程度等一些基本条件外，还加入了一些限制要求,如企业法人代表及其直系亲属不得作为工会委员候选人;企业行政领导一般不宜提名为领导人等。

该文件规定工会委员会主席及委员候选人名单采取以下办法提名推荐:(1)以工会小组或分厂、车间、科室工会为单位推荐;(2)同级党委(总支、支部)、上级工会和上一届工会委员会推荐;(3)会员自荐;(4)符合法定程序的其他形式的推荐。可以说,这一制度设计是中庸而稳妥的,既保障了工会会员的权利,又兼顾了选举的效率问题,同时突出了党组织和上级工会及上届工会的作用,并且为基层工会在直选试验上进行创新留下了空间。

但是,在我们的实地调研过程中,我们也了解到这样一个情况:很多的民营企业工会在进行直选时,在产生候选人的方式上,大多采用了类似于文件中规定的第二种方法,即由党支书、上届工会领导、公司行政副总、车间主任、公司人事干部等人组成选举筹备组,由选举筹备组提名产生工会委员候选人。而会员自荐、会员集体推荐等方式都很难见到。据某镇的工会主席介绍,之所以不采用海选或自荐等形式,而大量采取由筹备组提名候选人这一方式,是由于看到了早前村民直选中出现了一些自荐或村民联名推荐的候选人蒙蔽村民,没有能力或别有用心的人最后当上了村委会主任,而使得村委会无法正常开展工作,工会直选不允许出现这样的情况,所以不得已才采用这种方式。

余姚:余姚市总工会〔2003〕11号文件提出了当选工会委员会主席及委员的基本条件:(1)认真贯彻执行党的路线、方针、政策。能结合实际,创造性地开展工作,有较强的组织观念,能坚持原则、秉公办事;(2)热爱工会工作,有事业心和责任感,有较强的群众观念和服务意识,敢于为群众说话,维护职工的合法权益;(3)有较强的民主作风和全局观念,能严格要求自己,廉洁自律,自觉接受群众的批评监督;(4)有一定的经济、法律、劳动工资、社会保障方面的知识,具有较强的组织协调能力,适应本企业工会工作的要求;(5)企业主要负责人的近亲属按《工会法》规定原则上不得当选工会主席、委员。

余姚市总工会推行的工会主席直选，采用了不确定工会委员会主席及委员候选人的海选方式，并因地制宜，采取了两种不同的方法：一是直接海选——由会员或会员代表用无记名方式直接在选票上选举工会主席及委员，在过半数的被候选人中，按票数多少直接确定工会主席和委员。二是两票制海选：整个过程投两次票，第一次先由会员或会员代表用无记名方式直接在选票上推荐工会主席及委员的候选人，按票数的多少确定工会主席及委员的候选人；第二次由会员或会员代表用无记名方式差额选举出工会主席及委员。

在我们走访的余姚市新丰轴承有限公司和宁波长青塑胶制品有限公司，他们在企业工会主席的直选中都采取了直接海选的方式，并取得了成功。

选举是公认的权力移交的唯一合法形式，不管这种选举是认可性选举还是罢免性选举都是如此。工会主席直选的性质，取决于候选人的提名方式和确定方式，假如候选人的提名方式和确定方式为当权者所垄断，那么这种选举一定是认可性选举，反之，则是罢免性选举。罢免性选举的特点是摆脱了指选名单的束缚，对于选民来说，更具民主性。站在笔者的角度，我们更加欢迎余姚的海选模式，可能在接下来的工会主席直选的推广中，余姚会因为这一制度安排而面临一些操作层面的困难，但毕竟，罢免性选举是我们的发展方向，我们可以在民主发展的步骤和力度上有不同的见解和实践，但我们不能否认民主的方向。

同时，余杭区的制度安排同样具有可圈点之处，在余杭总工会〔2000〕第43号文件中提倡符合竞选条件的企业党组织成员参加工会主席的直选，并规定企业行政领导一般不宜提名为工会主席候选人。这两条规定是有一定的实践意义，它努力推进民营企业中党组织的作用，并试图进一步减少企业主对于工会主席的制约。而采取由筹备组提名候选人这一方式进行对工会主席及委员候选人的限定，在一定程度上，也是在大环境中面临决策两难后的谨慎选择。

2. 选举人的确定

前面，我们比较了余杭、余姚两地工会主席直选中候选人的产生情况，与之相适，我们接下来将介绍一下两地如何来决定选举人，即由谁来参与选举。

余杭：余杭大体上实行的是代表制，即产生工会会员代表，由会员代表选举产生工会主席及委员。在余杭总工会（2000）第43号文件中，对于会员代表的确定有以下规定：（1）实行会员代表大会制度的试点企业，按照会员人数和上级工会的规定，确定代表人数。以工会小组或分厂、车间、科室工会为单位分配名额，并选举会员代表。代表构成中，职工代表不少于45%，工程技术人员不少于25%，中层以上干部不得多于20%，青年职工和女职工要占一定比例。（2）会员代表选出后，经会员代表资格审查小组按有关规定进行资格审查，在选举前三日内张榜公布当选的会员代表名单。

余姚：余姚市总工会〔2003〕11号文件中设计了确定候选人的两种模式：一种模式是全体会员参与工会主席的直选。这种模式有两种具体的做法：其一，召开全体会员大会选举产生工会主席及委员，这种模式适用于职工人数较少，经营者对工会工作比较支持的企业，如新丰轴承有限公司，职工约160人，经营者也同意召开会员大会搞直选，就采用了这种模式。

其二，采用流动票箱民主直选。即事先公布选举办法，把无记名选票发给职工，由选举工作人员持投票箱到车间、科室收回选票，再统一计票，选出工会主席和工会干部。这种模式主要适用三班制企业，工作场所较为分散的企业，余姚的锦华电器有限公司，原是覆盖于村联合工会的企业，2003年8月，从村联合工会分离，单独建立工会，在选举工会干部时就采用了这种模式。

另一种模式是，先按一定的比例确定委员代表名额（一般是15%），分配到各车间部室，各车间部室会员以无记名方式直接选举出会员代表，由会员代表参与工会主席的直选。这种模式适用于职工人数比较多的企业，主要是为了减少民主直选对生产工作的影响，如长青公司现有职工会员640人，为减少对生产的影响，采取了会员代表直选的办法，先按10%左右的比例以各车间、科室为单位，以无记名投票方式，选出了60名会员代表。在我们走访的一些企业中，有些是采用第一种方式，也有一些是采用第二种方式，至于具体采取哪一种方式，主要还是由该企业的会员人数的多少决定的。

余杭总工会在代表的组成上规定了一些具体的要求，这有利于代表能充分反映不同层次会员的利益诉求，但同时也使得代表产生过程中人为因素干扰民主选举的可能性增大，有些企业出现了车间主任为了使工会代表组成符合企业主要求而由个人指定产生代表的做法。而余姚的模式也不免产生与余杭模式相对的利与弊。到底产生代表的制度如何设计才能最大限度地达到民主的要求，这是我们现在无法回答的问题，只有放到实践中去慢慢寻找答案。不过，有一点是很明确的：民主是民营企业工会主席直选的精髓，坚持民主原则自是题中应有之义，而民主原则要求工会会员在权利上具有平等性，民主原则要求选举的过程具有广泛性，同时，民主原则要求工会会员在参与上具有直接性。而实现平等性、广泛性和直接性的一个主要途径，就是尽量让全体会员参与企业工会主席的直选，相信随着民主实践的推进和选举方法的改进和完善，在不远的将来，这应该是个不难解决的问题。

3. 直选的程序

余杭区、余姚市两地基层工会在开展主席直选活动中，都事先统一制定了严密的选举程序，并在选举过程中严格按照程序来实行，这一点在我们这个缺乏程序公正的理念的国度也属难能可贵。据我们调查，两地工会主席直选的程序是各具特点的。

余杭的程序是：(1) 建立筹备小组。筹备小组由党支书、上届工会领导、公司行政副总、车间主任、公司人事干部等人组成选举筹备组，报上级工会批准；（2）按比例和组成要求选举产生代表（具体方式见上文）；（3）代表资格审查、公布；（4）产生候选人（具体方式见上文）；（5）召开工会会员（代表）大会，差额选举产生工会委员会，同时选举产生经费审查委员会；（6）产生工会主席和副主席。直选产生的工会委员会作为主席、副主席的候选人，作竞选演说和答辩。也可以由同级党组织和上级工会在新当选的委员中提名主席、副主席人选，提交会员（代表）大会直接选举；（7）就职表态发言。新当选的工会主席、副主席作表态发言；（8）呈报结果。直选结果由企业工会上报上一级工会批复，并报市总工会备案。

余姚的程序是：（1）建立民主直选筹备小组。筹备小组由上届工会委员会成员担任，新组建工会的，由企业党组织或企业行政提出筹备小组名单，报上级工会批准；（2）凡新组建工会的，吸收职工入会，填写会员登录；（3）向上级工会提交民主直选报告；（4）制订直选办法。（由全体会员或海选产生的会员代表，通过直接海选或两票制海选的方式选举产生工会主席及委员）；（5）按照选举办法进行直选；（6）选举结果报上级工会批复。

由此可见，余杭、余姚两地的整个选举过程相当严密、紧凑，一环扣一环，体现了其应有的刚性与弹性。基层工会在主席直选操作过程中，从筹备到会员登记、制订选举办法再到选举，程序公开、公正，并接受上级工会领导和本工会会员监督，从过程公正中产生出公正的结果。这种程序性原则的体现，使得工会直选的性质得到保障、民主得到贯穿，更重要的是克服了一些原有工会选举草率的弊病，使得直选出来的工会主席更得人心、更具合法性。

自由公正的选举是保证被管理者的共同意愿这一民主政治基石的关键所在，自由公正的选举使权力与合法性同时诞生。余杭和余姚两地所形成的不同的工会主席直选模式，是制度早期安排和后期具体实践的产物，是原则性和灵活性的结合体。一种制度安排如果只具备灵活性，那在其实施过程中就很难被有效控制。只具有灵活性的制度安排往往留给人们以大量的自由裁量权，其结果也就很有可能被一些人加以误导和利用。这种后果只能使选举结果远离工会主席直选的初衷。所以，历来人们对具有较强灵活性的制度安排都会加以适当限制。最好的途径莫过于引入原则性规制，事先制定明确的原则和程序，实施过程一切按照既定的原则和程序进行。只有努力做到程序公正，结果公正才能有望达到；程序公正往往是结果公正的途径与基本，它也是民主与法治精神内在要求的外在体现。

一种制度安排如果只具备原则性，则无法有效指导具体的实践。由于我国当前特有的国情，各地的经济、文化和社会发展水平极不一致。因此，如果在诸多情形纷繁、错综复杂的广大地区推行同一个模式，必然会带来一刀切的严重后果；忽视了矛盾的特殊性，必然无法顺利解决矛盾。因此，一项新制度乃至一个小小改革在实施中首先要考虑到他们的可操作性，并在实践中体现出因地制宜的灵活性原则，才能够减少实施成本，减少实施过程中的阻力，才能带来更大的产出，获得更大的效益。由于各家企业工会情况不尽相同，实行统一的模式就很难收到预期的效果。余杭区、余姚市两地基层工会采取多种模式，根据实际情况来选择选举的操作模式，体现出了极大的灵活性，既减少了工会直选可能遭遇的阻力，又达到了收益大于成本的效果，从而使得工会直选具备较强的可操作性。

四、工会直选的制度绩效与民主的价值

浙江余杭区、余姚市等地基层工会的主席直选制推行 4 年多来，在不断探索与完善中，已经初步形成了一套基层工会民主治理的体系和网络，并逐步走上制度化、规范化、程序化的轨道，非公企业劳工工会的组织化和民主的绩效是显而易见的。工会主席直选的民主实践，一方面，提高了工会组织的合法性，使其真正成为职工利益的代言人，为非公企业广大职工特别是从

农村进入城镇的劳工阶层构筑了一条组织化、制度化的利益代表机制和利益表达通道，工会以其特有的组织优势，将广大职工在公共问题上分散的、模糊不清的个人意志转化为明确的、一致的组织意志，从而形成可以向资方或政府决策者输入的明确的利益信息，大大增强了工会在劳资协商和谈判中的地位，有效地维护了劳工的合法权益，促使劳资关系格局朝着共赢方向发展，促进了社会各阶层的利益均衡和协调发展。另一方面，通过工会组织这样一种民主治理实践，让刚刚脱离土地从农村进入城镇打工的劳工阶层，能够直接参与到企业和工会组织的民主治理，在此过程中接受民主选举、民主管理、政治参与方法的训练，通过参与学会参与，从民主中学习民主，渐进培养和熏陶该阶层的参与意识和民主精神，既有利于培养和塑造契合现代民主体制的公民文化，又大大丰富了我国地方民主和社会民主的制度体系，促进了社会各阶层的参与、表达机制的建立和逐步完善。

（一）工会合法性的提升与劳资博弈新格局的形成

政治学家李普塞物指出，所谓合法性，也可以说是社会的组织机构自认为以及被认为是正确和正当的程度。在一个现代的民主政治体系中，当权者的合法性将取决于他们在竞争性的选举中是否获胜。因此，选举是获得合法性最主要的途径。权力是民众经过投票选举取得，选举是服从者同意的表达，其主要目的是让被统治者任命统治者，这种同意的表达是由种种法律规定的程序及具体的表达行为而组成的一个整体。

由工会会员来选举自己的领导者，而不是由任何外界的力量来指定，这是保证工会的性质是维护劳动者权益的组织的基本条件。工会主席直选制使工人有了真正的选举权，可以按照自己的意愿和利益要求对使用权力的代表和领导人进行选择，从而大大提升了工会组织的社会合法性基础。当对政策的选择被放到选票上时，人们通过投票拒绝不满意的官员权利就得到了支持。

通过直选，工人们感到了自己权力的存在，也感到了自己权利能够得到保障，因此，直选出来的工会主席就更容易得到人们的认同，工会真正具备了代表或受托人的身份，使其更有资格代表劳工的利益与资方进行谈判协商，从而提高了谈判与协商的有效性。另外，由于工会直选而带来的民主的示范效应，在一定程度上也就更能获得上级工会领导以及当地政府的支持。上级赋予的权威和广大劳工认同的同时具备，增强了工会组织的行政合法性，使工会维护劳工权益的行动更加理直气壮了。

任何现代的社会制度都必须非常注意保护劳工阶层的正当利益，尊重劳工的政治、经济和社会权利。一个企业以损害劳动者利益为代价，可以短期受益，然而广大的劳动者的权益不能得到有效保护的企业，产业是不可能壮大为有国际竞争力的企业或产业，这样的国家也不可能实现可持续发展。因此，以维护劳工合法权益为目的而组建工会并实施直选，从长远的眼光看，是有利于企业的可持续发展的。民企工会组织的兴起改变了传统劳资双方力量对比极为不平衡的格局，它为劳工阶层与企业主阶层的平等协商构筑了一个对等的谈判平台。工会组织作为代表职工利益的组织，可以在劳资矛盾激化之前，以合法的团体谈判等形式，来处理很多不必要激化的劳资纠纷，是一种缓解社会矛盾的必不可少的社会安定装置或平衡装置，促进了劳资合作博弈新格局的形成。从余杭、余姚等地的工会直选实践来看，许多私营企业主对组建工会或主席直选也经历了一个从抵制、接受到积极推动的过程。这种新型工会对老板的约束作用是明显的。直选出来的工会主席不再是老板的亲信，而是劳工群体的代表。他们考虑更多的是劳工的利益、企业的整体利益，而不是老板私人的一时之利。但工会的角色并不是利益对抗式的，而是利益协调式的，它一方面代表其成员的利益，将他们的利益传达到企业主或企业的决策体制中去，另一方面，工会还具有公共责任，它管理并约束其成员的活动，使之提高理性化和组织化水平。正如一位基层工会领导所说的，我们不学外国人，我们要的是合作，而不是搞对立。

余杭、余姚和温岭等地非公企业工会组织运作的实践,也确实证明了其对企业发展的正面意义。直选工会对规范工厂管理、调和劳资矛盾、凝聚职工力量,调动职工生产的主动性与积极性方面,都起到了重要的作用。在直选制的不断推广中,越来越多的老板明白了直选工会的作用,有些还主动上门要求上级工会组织到企业中去指导组建和直选工会。余姚市新丰轴承有限公司总经理马松苗对企业工会主席直选的感受是:这是一个民主化的过程,工会的发展会推动公司的发展,职工的工作热情和积极性可以得到大幅度的提升。我们调查中遇到的一位企业主这样说:"新工会建立以后,我放心了,自己可以一心搞经济,职工有什么问题工会可以解决的。"由此可见,余杭区、余姚市两地的工会主席、副主席直选实践证明,直选工会不仅没有使企业的劳资关系走向对立,反而带来了劳资博弈的新格局和参与、协商的新方式,形成了一种合作共赢的博弈模式。

(二)工资集体协商制度:劳工参与机制与劳资协商机制的初步形成

维护职工的合法权益是工会的最基本的职能。余杭、余姚等地基层工会的主席直选制的推行,以及温岭市组建劳工行业工会的实践,为工会组织的维权及其他形式的参与的开展构筑了深厚的民意基础,使工会组织在维护劳工权益的工作方面有了实质性的进展。在非公企业工会与资方进行工资集体协商和谈判方面,这一点表现得尤为明显。

工资集体协商制度,指的是企业职工工资分配制度、分配形式、收入水平、职工年度平均工资水平及调整幅度、工资支付办法等事项,由企业工会代表或职工代表与企业主进行平等协商确定后签订协约,并按照协约的规定支付劳动工资的一种办法。余杭区、余姚市两地进行工会主席直选后,所有直选的企业现在都已经由工会代表职工与企业主签订了保障职工利益的工资集体协商协议书。例如新丰公司工会主席熊德锋代表职工与老板进行了集体工资协商,保证了职工最低工资限度、督促公司按时发放工资,并确保职工工资每年以5%—8%的速度增长;余杭一家民营企业因为资金周转困难而拖欠职工工资,工会主席就拿着协议书要求企业主兑现按时发工资的承诺,最后老板不得不从自己的腰包里掏出几万元钱垫付了工资。工资集体协商制度为职工民主参与企业管理提供了一个实实在在的切入点,它把劳资矛盾消除在萌芽状态,给企业长足发展提供一个稳定的环境,更重要的是它赋予了职工维护自身利益的机制,保障了职工合法权益。在台州的温岭市,地方政府和劳工还通过组建行业工会的方式,由工会与该行业的企业主代表谈判订立了行业最低工资标准,保障了全行业职工的合法权益。2003年9月,新河镇羊毛衫行业组建了行业协会,工会和行业协会按照少数服从多数的原则,在绝大多数员工和企业主认可的基础上,形成了本行业的最低工资标准。规定员工8小时劳动所得不得低于27元,每月工资最低不得少于800元,明确了每月工资支付的时间,这些约定在各企业张榜公布,通过集体谈判的方式敲定了最低工资,保障了该行业外来打工者的基本权益。

(三)劳工利益组织化与新的利益代表机制的形成

　　自20世纪90年代以来,随着工业化和城市化的发展,数以千万计的农民向城市流动和转移,从农村进入城市的劳工构成了我国社会的一个人数极庞大的社会群体。据有关部门统计,2002年,全国城市农民工已达到9000多万人,而浙江省作为全国民营经济最为发达的地区之一,进城劳工的数量尤为庞大。然而,现有的政治体制和权力结构显然还无法将该阶层纳入到现行的制度框架之内。由于劳工阶层的基本权利,包括工资待遇和最起码的生活条件等合法权益都缺乏应有的保障,因而激发了他们对现状的不满,他们的政治参与和利益诉求也随着该阶层的不断壮大而日趋强烈。

　　政治学家塞缪尔·亨廷顿认为,一种政治体系要成功地适应现代化,必须首先能够革新政策,也就是说,必须首先能够通过国家行动促进社会和经济的改革。第二个必要条件是能够把那些产生于现代化并因现代化而达到新的社会觉悟的社会力量成功地吸收在这一体系中。亨廷顿指出,稳定的政治秩序是任何一个政治系统推进体制改革、实现自我更新的重要保证。随着现代化、市场化进程的推进,普通民众的政治参与欲望迅速高涨,当人们对政府的要求无法通过合法渠道得到表达并在政治系统内得到缓解和集中时,就将严重地危及政治秩序的稳定,甚至产生动乱。20世纪50年代以来许多亚、非、拉发展中国家出现的国内政局持续动荡,就是由这些发展中国家的政治参与和政治制度化水平之间的差距造成的。

事实上,由于广大农民工合法权益得不到有效的保障,社会各个阶层和群体之间力量对比和组织化程度的差异日益拉大,各种社会矛盾、恶性事件日益增多,整个中国的社会结构越来越表现出一种断裂的倾向。可以说,转型期社会利益群体的急剧分化,打乱了原有的社会格局,在一定程度上引起了新的社会冲突和社会失序。而利益表达和政治参与的制度性渠道的缺失,导致了李景鹏教授揭示的如下一种政治现象,即凡是合法的利益表达都是无效的(相对地说),凡是有效的利益表达方式都是不合法的,这是一种经济必然性与政治结构发生矛盾时造成的两难境地。因此,数量庞大而分散的农民工阶层迫切需要一个组织化的利益代表机制,以便更好地向资方和政府部门表达自身的利益诉求,同时,政府也需要这一机制及时了解该群体的利益偏好,以便在公共政策的制定和执行中予以充分体现。

民营企业的工会组织因为实行了民主选举和民主治理,使工会组织真正成了劳工阶层利益的代表,成为协调劳资矛盾和纠纷的中介。现在,越来越多的劳工愿意,并且通过工会这一劳工的代表机构反映他们的呼声,维护自身的合法权益,实现自己的利益诉求。民营企业工会的组建和直选制的推开,大大增强了劳工阶层的利益组织化程度,得以在企业劳工与企业主之间、劳工阶层与地方政府之间,成功地建构起一种全新的劳工利益代表和表达机制,并以一种相对有序的方式将劳工阶层的利益组织和集中起来,传达到资方或地方政府的决策体制中,从而促进了政府和社会某种程度上的制度化合作。

(四) 地方民主:民主实践与民主制度的丰富和完善

浙江省民营企业工会组织的自发组建和主席直选,是市场经济快速发展过程中的一种制度创新。对于这一创举,从广大农民工、民营企业家到地方的各级总工会或政府官员,迄今为止实际上都是从经济和社会的角度来看待工会的组建和发展的。从政治学的角度审视,这一社会现象涵摄的民主的价值及其政治意义,同样是鼓舞人心的。工会主席直选制和民主治理使得劳工们拥有了实质性的选举权和参与权,可以按照自己的意愿和利益要求选择自己满意的领导人。这一制度的实施,一改往日由上级任命或候选人由上级确定的做法,真正做到工会的主席由工会会员自己来决定,在这里,工会领导的职位与机会对任何人开放,这就使民主的最大本质——平等原则得到了落实,使民主不但在结果上而且在过程上实现了公正。余杭区钱潮建材集团工会一位不愿透露姓名的副主席说,直选当时的感受就像外国人搞总统竞选一样,四个字:民主、激烈。余姚市新丰轴承公司一位职工说:"直选是按我们自己意愿选出来的,这样的工会我们当然相信,当然放心。"工会在直选中建立了自己的权威,获得了广大职工的信任与支持,拥有了最基本的合法性。

非公企业劳工通过工会组织维护了自身的合法权益,更为重要的是,成千上万尚未洗去泥土味的进城劳工,通过参与工会组织的民主选举和民主治理活动,从中经受了民主精神的熏陶,训练了个人的民主技巧,还通过工会创制社会团结网络结构约束放肆的个人主义,培养了公民间的合作精神。长此以往,这样的互动便会产生宽容、合作和妥协的协会文化。一般认为,宽容和合作是现代民主政体的精神基础和核心要素。彼德伯格和理查德纽豪斯指出:社团创制法律,选举官员,开展辩论,倡议行动进程,这就履行了民主学校的功能。虽然我们可能认为某些社团的目标是琐碎的、误导的或者怪诞的，但是它们的确履行了这一富有活力的功能。由此可见，基层工会的民主实践有利于提升劳工的民主意识，提供民主所需的实际的技术训练，起到了民主教育的功能。民主是不会从天而降的。余杭、余姚和温岭等地的工会民主治理的探索，不管对于企业主还是劳工阶层来说，都是一个自主或被动参与民主运作、渐进培养民主意识的机会，促使他们在民主中学习民主。

以农村村民自治、企业工会和商会直选等为主体内容的草根民主，虽在短期内还不可能作为一种成熟的民主形式发生效用，但从长远的观点看，尤其是对于亿万置身此一实践过程中的民众而言，却是一场意义深远的民主教育和民主训练。现代民主政治要求社会成员具有民主的精神、态度、共识以及能对公共事务作基本判断，要求公民熟悉并掌握民主的方法和技巧。从乡土社会跨入工业社会的劳工阶层，通过组建工会、选举工会领导，通过工会组织与资方的谈判协商，在民主实践的过程中学习民主，在学习的基础上不断提高民主实践的质量，这种双向的互动过程是改造基层社会的必由之路。因此，草根民主是中国民主政治建设的一项基础性、外围性的伟大实验，可在政治阻力较小的情况下切实探索和总结民主建设的经验，形成一种民主的文化氛围，大面积传播关于民主的观念、民主的思想，并训练民众掌握民主的方法和技艺，以适应未来国家层面的民主选举。进言之，草根民主是培育现代公民社会，改造基层社会组织和结构，从而打破中国几千年来形成的上层社会频繁变动而底层社会稳定不变的历史宿命，最终把中国导向民主理想国的一项基础性的伟大工程。

（原载《浙江社会科学》，2004年第1期）

选举行为背后：投机博弈
——以武汉市 C 社区居委会直接选举为例

陈伟东　姚　亮
（华中师范大学城市社区建设研究中心）

一、理论阐述

1. 相关概念分析

（1）本文中的投机博弈是指在社区共同体中，居民不是以公民身份，不是因关心社区公共事务而参与社区公共活动；相反，抱着一种投机心态，为获取个人短期利益，哪怕是蝇头小利而参与公共活动，致使社区公共利益受损。在社区选举中，投机博弈具体表现为多种行为模式：要么是为获取补贴、纪念品而参与投票；要么是因无法分享公共资源而采取不参与或对抗行为；要么是为了从掌管公共资源中获利，通过隐蔽结盟，采取非公开的、群体性的竞选；要么是为获得个人就业岗位而参与竞选。

（2）需求表示的是个人或家庭在社会、经济、健康等方面存在的欲求，[1]它是生命活动的表现。选举需求就是指居民在选举过程中表现出来的各种物

---

1. ［美］埃伦·内廷等：《社会工作宏观实务》，北京：中国社会出版社 2004 年版，第 227 页。

质性和非物质性需求,分享公共资源及其所带来的收益是主要需求。

(3)选举行为是指围绕选举而展开的各种活动。从狭义的社区层面而言,主要是指围绕社区居委会选举而进行的一系列活动。它包括候选人的选举行为,诸如发表竞选演说、入户竞选或拉票、投票、了解有关选举以及得票情况等;选委会成员的选举行为,组织和监督整个选举过程;选民的选举行为,主要是选民登记、为候选人拉票、投票等等。

2. 产生投机博弈的原因

(1)历史文化传统原因

一直以来我国的社会结构是政府垄断权力和资源,自上而下地建立起自己的"单位",形成垂直式的、依附式的权力关系结构,依靠行政指令来协调各方行为,老百姓只有通过与外部权威建立私人交换网络来追求个人的、即时的、短暂的利益。在这种"庇护—附庸"的关系网络中,受庇护的依附者之间没有直接的联系,其个人利益的取得不需要其他依附者的支持。换言之,他们既没有共同的利益去反对互相欺骗,也不惧怕互相疏远和隔离,相互之间难以实现合作,从而容易导致投机行为的泛滥。"跑部钱进"、"有事找单位"等现象生动地说明了人们这一纵向关系网络所进行的投机行为。又如在中国农村,人际关系是一种以家族为中心的"圈层式"网络,人们的行为主要是靠习惯、习俗等内在制度来规范的;城市则不同于农村,调解居民的行为主要依靠外部权威来进行,但这种权威存在一个很大的缺陷——难以实行有效的监督,这往往就为各行为主体的投机带来便利。在普特南看来,这种垂直的网络,无论多么密集,无论对其参与者多么重要,都无法维系社会信任和合作,对于庇护者和附庸者双方来说,他们都更有可能出现投机行为。[1]这也是在当前中国经常出现投机行为的原因之一。

---

[1] [美]罗伯特·D. 帕特南:《使民主运转起来》,南昌:江西人民出版社2001年版,第204—205页。

(2) 现实原因

公民社会是善治的现实基础,没有一个健全和发达的公民社会,就不可能有真正的善治。[1] 目前中国的城市社区是"公民缺失的社区",现代公民是以关心公共事务、参与公益事业、承担社会责任为基本标志,以横向的公民参与网络为组织载体,以信任与合作为价值理念。然而在当前城市社区中,社区中介组织发育不够,公开的横向网络不多,居民无法走出家庭来参与各种社区团体,也无法通过交往构建信任与合作关系,陷入投机主义的可能性随时存在。普特南认为,公民参与网络能培育起强大的互惠规范,可以促进人们之间的交往和合作,从而增加了人们在任何单独交易中进行欺骗的潜在成本,也即有助于抑制投机主义。

3. 走出投机博弈的权宜之计

在现实状况中,既要保证选举的"双过半",又要保证高投票率和高当选率,这就需要抑制投机行为。目前,走出投机博弈困境,通常采用两种办法:一是进行政治或行政动员,也即利用行政命令强制居民进行参与选举,然而随着单位制解体,大部分居民与政府或企业脱离,对原有单位已不再有所求,因而这种单一的行政机制势必难以奏效,也就难以保证较高的参选率;二是建立物质激励机制,即通过满足居民的物质需求来提高居民参与选举,如在选举过程中,对参与选举的居民发放纪念品或补贴等,这在一定程度上收到了成效。

4. 理论模型及解释

现阶段我国随着"单位制"社会解体,越来越多"单位人"变为走进社区、依托社区的"社区人",[2] 下岗、失业在城市居民中普遍存在,就业、住

---

1. 俞可平:《治理与善治》,北京:社会科学文献出版社 2000 年版,第 326 页。
2. 徐勇、陈伟东:《中国城市社区自治》,武汉:武汉出版社 2002 年版,第 28 页。

房、医疗等是居民亟须解决的最主要问题。现实的生存需要使得多数城市居民理所当然地成为理性的"经济人",他们最大限度地寻求满足个人或家庭生活需要的资源,更多的是关心自身的个人利益而非社区的公共利益。也即是说,他们仅是纯粹意义上的居民而非现代意义上的公民——即便他们有着共同的公共需求,也未必会采取集体行动。

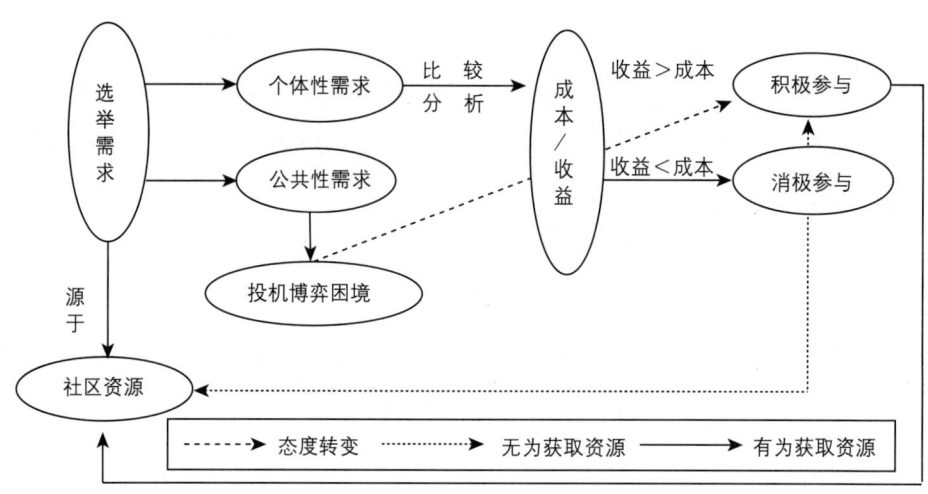

图2 居民的选举行为与需求之间的关系

上图反映了居民的选举行为与需求之间的关系、投机博弈困境的出现以及如何走出这一困境等问题。在选举中,居民的选举需求源于社区所拥有的资源,而作为个体的每位居民又有着两种需求——个体性需求和公共性需求。正常条件下,缺乏公民意识的居民只会关心和追求个人利益而漠视公共利益,并常会为获取私利而采取投机行为。具体说来,就是当居民面对的是个人需求时,他们精于参与选举的成本与收益的计算和比较:当收益大于成本时,就会采取积极的选举行为,以获取社区资源,可称之为"有为获取资源"(实线箭头);反之亦然,消极行为或弃权成为他们的理性选择。而当居民面对的是公共需求时,大多数居民都会竞相投机,采取"搭便车"行为,而这时就会造成"投机博弈困境"——大家都不积极参与选举。当然这并不排除他们获取社区公共资源的可能性,这种情况便是"无为获取资源"(虚线箭头)。安东尼·唐斯曾就此提出理性选民假说,他在《民主的经济学理论》中用理性选择的观点对选民的投票行为进行了深入的分析,他指出:"在一个较大规模的选区中,由于投票所获回报是如此之低,以致很小的成本都会使选民弃权。"[1]

在当前中国的选举中,解决这种"投机博弈困境"主要是通过行政强制和物质激励来保证高参选率和高当选率,这种机制在一定程度上推动了居民的参选,使一部分居民发生"态度转变",走出"投机博弈困境",积极参与社区选举,由"无为获取资源"转化为"有为获取资源"。

二、相关个案分析

为了更好地论证上文所阐述的相关理论假设,本文以 2003 年 10 月武汉市 C 社区居委会直接选举为个案,通过剖析社区居民需求及其所产生的选举行为来进行验证。笔者根据选举需求和选举行为的主体不同,把参与选举的居民需求及选举行为分为两大类:

(一) 竞选人的需求及其选举行为

社区是指由一定数量居民组成、具有内在互动关系与文化维系力的地域性生活共同体。[2] 社区的定义表明它不仅是人的共同体,也是资源的集合体,包括资金、权力等各种有形和无形的资源。居委会作为城市社区的法定代理

---

1. 胡荣:《理性选择与制度实施》,上海:上海远东出版社 2001 年版,第 31 页。
2. 徐永祥:《社区发展论》,上海:华东理工大学出版社 2001 年版,第 33—34 页。

人,承担着社区的大部分事务,拥有支配和使用社区中公共资源的权力。布洛克认为,权力是指它的保持者在任何基础上强使其他个人屈从或服从于自己的意愿的能力,[1] 也即可以控制和制约别人的能力。众所周知,几千年来的"权本位"思想一直残留在人们心中。在居民看来,居委会工作人员也是政府干部,管理着社区内的各种事务,手中有权,是巷里的"小总理"。一些居民参与竞选的目的也就在于——企图把这种"支配社区资源的公共权力"变成自己的私权,从而控制别人和牟取自身的利益。而能否争夺到职位,是争夺社区资源和权力的前提,为此各竞选人在选举中相互之间展开激烈的角逐。在 C 社区直选中,选举表现异常激烈,并由此出现了两种截然不同的竞选方式:

1. "五人组合式竞选"

在 C 社区,激烈的选举使得单凭个人的力量很难有胜算的把握,联合起来进行竞选成为各候选人的最佳选择,然而这一动机并不意味着任意竞选人之间就能联合起来,它还要取决于各竞选人之间所拥有的联合资本或砝码。在 C 社区选举中,共有 8 位正式候选人,其中的五位进行了组合。在选举中,这五人的具体需求及其选举行为:Q 某,原居委会主任,本次选举希望自己和原班人马当选,以便最大限度地实现和维护自己既得利益,其砝码就在于他手中拥有 100 名低保志愿者为其效劳;L 某,原物业公司经理,是 Q 某一手提拔的,但她总觉得自己在社区缺乏合法地位,要看别人脸色行事,因而她参与竞选的目的在于获取合法的社区职位,并进而获取社区资源,其资本在于——她在一部分群众中有相当大的影响力,这就为她和其他人联合奠定了基础;M 某,是街道办事处下派的参选人员,街道办事处的大力支持是她的雄厚资本,为了牟取职位和维护自己的颜面,与其他竞选人联合成为她的

---

1. [英] A. 布洛克等编:《枫丹娜现代思潮词典》,北京:社会科学文献出版社 1988 年版,第 453 页。

理性选择；而另外两人都是原居委会成员，与 Q 某和 L 某等有过长期合作的经验，在社区中也有一定威望，这就为他们的联合提供了便利。正是在这一特定情况下，他们实现了"五人组合式竞选"。在整个选举过程中，这五位竞选人都非常积极，跑上跑下，忙于为自己和集团拉选票，可谓是把他们累得够呛的，如他们自己所言："选举一天不结束，我们就一天睡不着觉。"当然"皇天不负有心人"，最后"五人团"胜出，在宣布当选的候选人的一刹那，其中的几位都"心酸地哭了"。

2."散状的个人式竞选"

而其他的三位候选人则是处于既无地位又无影响力的弱势居民。但实际上他们比其他竞选人有着同样的甚至更为强烈的当选欲望，因为他们都是下岗职工，希望能竞选到居委会岗位，从而解决自己的就业问题。然因缺少畅通的信息渠道和联合的资本，他们之间只能是零散的"马铃薯"，无法联合起来与其他五人进行对抗。也即是说虽然他们的需求欲望很强烈，但其表现出来的行为却是很消极，他们也坦言："我们的参选只是陪衬，肯定是竞争不过他们五人的。"

从中可以看出，由于社区居委会还处于一个发育不健全的阶段，资源分配决策机制不健全和信息渠道不畅通，不利于居民之间的平等竞争，这就容易造成竞选人之间的分层。根据对参加竞选成本与收益的不同判断，各竞选人会采取各自不同的选举行为。

（二）选民的需求及其选举行为

1. 选民需求

每个社区都是由各种不同层次的居民个体所组成的，因而他们表现出来的选举需求也是千差万别的。根据选民需求的对象不同，可把选民的需求分

为：个体性需求与公共性需求。

（1）个体性需求

C社区是20世纪80年代由搬迁户占主体组建而成的，社区内有居民2872户，共8600多人。其中社区内有特困家庭200多户，无职业者近500人，老年人1500人左右，素有"特困家庭多、无职业人员多、老年人多"的"三多社区"之称。社区居民的人均月收入只有300元左右；根据对C社区经济状况的问卷调查得出：该社区家庭月收入在1000元以下的社区居民占64.4%。另一份问卷调查：你生活中最大的困难是什么？回答没有工作占40.4%，没钱看病占33.3%，住房紧张占9.9%。这些数据和资料表明C社区是一个弱势居民占多数的社区，居民有着比其他社区的居民更为强烈的物质欲望，更希望从社区获取公共资源满足其个人低层次的生存需求。

从这一现实情况出发，居民必然是理性的"经济人"而非具有公民意识的现代公民。在选举过程中，他们的选举需求就具体表现为：一方面是现实层面的需求。亚伯拉罕·马斯洛把人的需求分为生理、安全、归属、自我实现等7个层次；而马克思把它分为自然生理或生存需求、社会需求、精神需求等三大需求。他们都反映了这样一个事实：人的需求是一个由低级到高级的发展规律，需求与个人的行为之间是密切相连的，并认为生存需要是人的最基本需要。既然居民首要解决的是个人生存问题，而参与选举却又需要花费一定的时间、精力等成本，那么能否从参与选举本身获取直接的、现实的利益是选民的首选目标，能获取的利益越多，其行为就越积极；反之亦然。在许多地方居民参与选举活动能够得到一定的补贴或物品（如纪念品），这一直接的物质利益极大地推动着居民参与的积极性。而且根据以往的参与经验，居民产生"路径依赖"意识——希望从参与选举能获取直接的利益。另一方面是潜在层面的需求。人的需求不仅表现在对显性的、直接的物质需求，还包括其他隐性的、间接的物质需求和非物质需求。如对于下岗工人和无职业者来说，他们希望选出能干的领导班子，从而能为他们多提供就业渠道，以帮助其解决就业问题；对于无劳动能力和残疾人来说，他们则希望新一届居委会干部能给他们的基本生活带来保障，享受低保；对于老年人而言，他们希望社区能开展更多的活动。老年人往往在时间上比较空闲，且因其子女都已成家和参加工作，相互之间的接触渐少，在心理上他们会产生一种孤独和寂寞感，而更多地参与社区公共事务，可满足其精神需求，摆脱空虚和寂寞。

（2）公共性需求

你最希望社区做好哪件事？回答环境卫生工作占被调查者的 42.6%，社区治安工作占 40.4%，其他如社区就业、医疗、低保等问题共占 17%。下面是一组有关 C 社区公共性需求的数据：

表19　居民需求满足状况（N = 145）

题目	良好	一般	很差
你认为本社区的环境状况如何？	22.7%	60.4%	14.2%
你认为本社区的治安状况如何？	17.7%	62.4%	12.8%
你认为本社区外来人口与常住人口的关系如何？	12.8%	69.5%	5.0%

由上表可看出该社区的这些与居民息息相关的社区公共事务状况并不良好，毫无疑问居民都希望社区在这些方面有更大的改善。在正式选举的竞选演说中，选民提问候选人最多的问题就是卫生和治安问题，这正说明了居民有着很多的公共需求。社区的公共需求首先是对资金的需求。一个社区要正常运转，除了作为主体的人、组织机构之外还必须有一定的资金。社区公共事务涉及居民生活的各个方面，如社区的环境卫生、草地绿化、房屋修缮、修复路面、添置娱乐设施等等，都是与居民日常生活密切相关

的事情，需要资金的投入来不断改善这些状况。其次是对社区公共权力的需求。在每个社区内有许多事情靠居民单个的力量是无法解决的。在 C 社区，社区内的其中一条道路几乎成了街道，各种小商贩都在路两旁摆起地摊，给居民的行路和休息带来极大不便，居民对此反应甚是强烈，然而居民个人对此却是无可奈何，这就需要居委会出面进行处理，也即借助居委会的公共权力来运作。最后是对社会资本（社会交往）的需求。社会资本是指社会组织的特征，诸如信任、规范以及网络，它有利于促进社区与居民的合作。[1] 在一定的共同体内，横向的网络越密，社会道德越规范，人们之间的就越相互信任，社会资本也就越高，也就意味着共同体内的人际关系越融洽。而无论是作为哪一种共同体内的居民，都希望自己的生活共同体内人们之间是充满信任、合作、安全的，因而每一个社区的居民对社会资本都有着强烈的需求。

2. 选民的选举行为

选民既有个体性需求又有公共性需求，这是否就意味着选民的积极性就高呢？实际上因居委会是一个"半官方半民间"的组织，致使居民之间的利益分配不平等，进而造成选民的分层。基于此，当部分选民难以通过正当的途径获取利益时，采取投机或逃避的方式也就成为他们的理性选择。换言之，由于选民对参与的成本与收益的预测不一，使得不同的选民之间的选举行为存在极大的反差。

（1）面对个人需求时选民的选举行为

在 C 社区，其中有几个单元的居民因与原居委会成员的关系比较紧张而受到排斥——大多数居民没有被登记为选民，而部分登记过的居民也没能领到选民证。在他们看来，社区选举不会给他们带来什么利益，因而他们对选

---

1. [美] 罗伯特·D. 帕特南：《使民主运转起来》，南昌：江西人民出版社2001年版，第195页。

举也不抱任何期望，致使许多居民走向自我隔离（漠视选举）甚至反抗。在正式选举那天，这几单元的居民围在流动投票站，大发抱怨，甚至出现过激行为，从而极大地扰乱投票站的秩序。与此形成鲜明对比的是原来从社区获得过好处的100名低保人员，他们对参与选举充满期待，他们所表现出来的行为也就非常积极：既充当选民登记工作人员，又为候选人拉选票积极奔走。而更多的居民则处于观望态度，对参与选举成本进行缜密的分析和考虑，且更多的是考虑选举是否能带来直接的现实的利益。当其成本小于从选举中获得的利益时，他就会参与；当参与的成本大于其酬赏时，弃权或采取消极行为就成了选民的一种理性选择。[1] 在C社区预选中，驻辖区单位共有500多张选票，但是投票时只派了一名代表投票，其原因是大多数职工不居住在该社区，有的还要上班，参与投票意味着要支付成本，而又无法从投票本身获取额外的补贴，从"经济人"的角度出发，弃权或委托投票成了最佳的选择；在正式选举中，6571名选民中有1286人选择了弃权，无法获利是其采取消极行为的动因。从正式选举的结果上看，共收回选票5465张，其中委托投票1930张，那么实际到场参与选举的居民应该为参加投票选民总人数去掉委托投票选民人数，[2] 也即5465 – 1930 = 3535（人），仅约占该社区满足登记为选民条件的居民总数（近7300人）的48%。出现这种结果的原因在于该社区信息渠道不畅通，部分居民因缺乏获取社区资源的可靠途径而低估参与选举的收益，从而选择了弃权或委托投票。

（2）面对公共需求时选民的选举行为

大多数选民在面对公共需求时，都可能会采取"搭便车"的行为。曼瑟尔·奥尔森对此作过经典论述：有理性的、寻求自我利益的个人不会采取行动以实行他们共同的或集团的利益。[3] 社区所拥有的资源对每位居民来说是一

---

1. 胡荣：《理性选择与制度实施》，上海：上海远东出版社2001年版，第62页。
2. 史卫民、刘智：《规范选举》，北京：中国社会科学出版社2003年版，第379页。
3. [美] 曼瑟尔·奥尔森：《集体行动的逻辑》，上海：上海三联出版社2003年版，第2页。

种公共产品，只要有人提供这种无法排他的产品，其他人都能获得由此带来的好处，而无论他是否为此作出贡献，即"无为获取资源"。这种投机行为就会产生"集体行动的困境"，而在当前中国的选举中，主要是靠通过外部力量来解决这一困境，如建立选择性激励机制（给予补贴或发放物品）等。C社区的事实证明了这一假设：预选中选民委托投票达2465张，而在正式选举中，由于参与投票的选民都能得到一份纪念品，委托投票缩减到1930，此外选委会还补办选民证160多张；为此也发生一些意想不到的事情，在其中的一个分投票站由于物品发完没及时送到，当时就不乏有选民大声嚷道："纪念品还没到，我们还选什么？回去吧，等纪念品到了再来，反正选谁都一样，与我们无关。"这说明许多居民投票的动机是为了得到那一份物品，他们关心的并不是谁当选，也并非真正关心社区的选举，而是关心能否从中得到个人的好处。这种物质补助在一定程度上激励了部分居民参与选举的积极性，选民就由"无为获取资源"转变为"有为获取资源"。但这种物质激励带来的一个严重的后果就是会增大选举的成本，C社区选举总成本达8万多元，其中劳务费11500元，纪念品费18484.5元，这样一笔巨大的开支无疑使得这种直选难以在各地推广和普及。

二、几个基本结论

通过本文的验证和分析，我们从中可以得出下列几个基本结论：

（1）随着"单位制社会"的解体，大量的"单位人"成为了"社区人"，他们与原来政府、单位的依附关系逐渐弱化，也即政府和单位不再管他们的"帽子和票子"，居民的自主性增强，单一的行政强制或指令难以奏效。这在当前城市社区选举中表现尤为明显，许多居民宁愿"理性的无知"，从中获取投机收益。

（2）在选举中建立物质激励机制来满足投机动机容易带来一个很大的负

面效应：会增加选举的成本，若是不需要物质激励来刺激选民投票，则可以省去一笔相当大的开支。而且这种激励也难以改变投机的现状，相反的却是会带来恶性循环，居民的"胃口"会越来越大，一次比一次的要求更高，其成本必然越来越大，当前村民自治中给选民发放误工补贴不断增加的事实足以说明这种物质激励是难以长久的，也是行不通的。

（3）靠这种机制维持的选举是没有多大价值的，选举是否具有的民主不在于投票率的高低、当选率的高低；而在于选举的质量，也即居民是以公民身份还是因图小利而参与选举，以及选举出来的居委会成员能否代表广大社区居民的利益。当前各地社区选举的参选率和当选率大都分别高达90%和80%以上；但事违人愿，在实际调查中，居民的认同率不高，许多居民表示选举是形式，谈不上真正的民主。

（4）"问渠哪得清如许，为有源头活水来"，要走出投机博弈所带来的困境就必须发育公民参与网络，培养社会资本，防止居民的角色错位，把单纯的市场"经济人"转移到社会公共事务中来，让居民的角色分化——在家庭里是家庭成员；在市场经济中是经济人；而在社会公共事务中则是公民。市场经济可以培育具有精于计算的"经济人"，但不会天然塑造具有公共精神的"公民"，更不会天然地生成现代公民社会。[1] 因而当前最重要的是培育公民社会，发育现代的公民意识。首先是要大力发育社区中介组织，把大量的社区事务从社区居委会中剥离出来，交由这些组织处理和提供服务，并不断从制度上保证社区中介组织发育的土壤。其次是社区的工作事务要公开化，切实保证居民获取信息渠道的畅通，在社区内建立起居民之间、居民与社区组织以及居民与政府之间的面对面的协商机制，从而为居民参与社区公共事务提供可行的途径和制度保障，从而真正做到让社区居民直接组织、管理和参与社区内自己的事务，如建立社区的居民论坛。最后就是政府要建立和健全对

---

1. 陈伟东：《社区政治参与：公民意识培育的有效途径》，载《社区》，2004年第1期。

居民和社区中介组织的激励机制,从物质上和精神上鼓励居民和中介组织的参与,充分调动他们的积极性和主动性。只有这样才能最终培育出强大的公民社会,居民才会积极参与社区事务,从而最终走出居民低参与和投机博弈困境,实现真正意义上的社区居民自治。

(原载《华中师范大学学报》,2005年第3期)

参考文献

1. 俞可平主编：《地方政府创新与善治：案例研究》，北京：社会科学文献出版社 2003 年版。
2. 黄卫平、邹树彬主编：《乡镇长选举方式改革：案例研究》，北京：社会科学文献出版社 2003 年版。
3. 林尚立主编：《社区民主与治理案例研究》，北京：社会科学文献出版社 2003 年版。
4. 俞可平主编：《中国地方政府创新案例研究报告（2003—2004）》，北京：社会科学文献出版社 2005 年版。
5. 俞可平主编：《中国地方政府创新案例研究报告（2005—2006）》，北京：北京大学出版社 2007 年版。
6. 俞可平主编：《中国地方政府创新案例研究报告（2007—2008）》，北京：北京大学出版社 2009 年版。
7. 俞可平主编：《中国地方政府创新案例研究报告（2009—2010）》，北京：北京大学出版社 2010 年版。
8. 俞可平主编：《中国政府创新年度报告》，北京：中央文献出版社 2006 年版。
9. 俞可平等：《中国政府创新的理论与实践》，杭州：浙江人民出版社 2006 年版。
10. 陈雪莲、杨雪冬主编：《地方政府公共管理创新：经验与趋势》，长春：吉林大学出版社 2009 年版。
11. 杨雪冬、陈雪莲主编：《政府创新与政治发展：理论与经验》，北京：社会科学文献出版社 2011 年版。

12. Hairong Lai, Yeling Tan, *China Experiments: From Local Innovations to National Reform by Ann Florini*, Washington, D. C. : Brookings Institution Press, 2012.

13. 俞可平主编：《中国地方政府创新蓝皮书2008》，北京：社会科学文献出版社2008年版。

14. 俞可平主编：《中国地方政府创新蓝皮书2009》，北京：社会科学文献出版社2009年版。

图书在版编目(CIP)数据

民主选举 / 闫健主编. —北京：中央编译出版社，2013.8
（中国的民主治理：理论与实践 / 俞可平主编）
ISBN 978-7-5117-1737-5

Ⅰ. ①民…
Ⅱ. ①闫…
Ⅲ. ①选举制度-研究-中国
Ⅳ. ①D621.4

中国版本图书馆 CIP 数据核字(2013)第 177911 号

民主选举

出 版 人	刘明清
出版统筹	薛晓源
学术统筹	陈家刚
责任编辑	盛菊艳
责任印制	尹 珺
出版发行	中央编译出版社
地　　址	北京西城区车公庄大街乙 5 号鸿儒大厦 B 座(100044)
电　　话	(010)52612345(总编室) 　(010)52612335(编辑室)
	(010)66161011(团购部) 　(010)52612332(网络销售)
	(010)66130345(发行部) 　(010)66509618(读者服务部)
网　　址	www.cctphome.com
经　　销	全国新华书店
印　　刷	北京印刷一厂
开　　本	787 毫米×960 毫米　1/16
字　　数	202 千字
印　　张	18
版　　次	2013 年 8 月第 1 版第 1 次印刷
定　　价	55.00 元

本社常年法律顾问：北京市吴栾赵阎律师事务所律师　闫军　梁勤
凡有印装质量问题，本社负责调换。电话：(010)66509618